先秦乐教

从德性生命到理想社会

王顺然 著

2020年度国家社会科学基金青年项目
"先秦诸子乐论研究"(20CZX024)结项成果
获"优秀"等级

商务印书馆(成都)有限责任公司出品

序 | 郭齐勇

顺然的著作要在商务印书馆出版，请我写个序言，我很高兴地同意了。顺然在武汉大学读哲学，本科是比较哲学班。他开始是对西方哲学感兴趣，选修了不少有挑战性的课程，有些据说挂科率很高，他的成绩也不错。后来他对中国哲学兴趣渐浓，来旁听我讲的研究生课程，很认真，本科毕业论文也请我指导。硕士期间，他开始系统地跟我读中国哲学，问题意识很好，常有新见。毕业后，我鼓励他到香港中文大学继续深造，这些年也欣喜地看到他一步一步的成长。

顺然的这本书是在他博士论文的基础上修改完成的。我还记得他在博士答辩前，专程从香港飞回武汉和我讲他的论文。我召集了几位在武汉的博士，计划大家一起交流一下，不想这次交流竟变成了一场小型的答辩会。顺然的很多观点有新意，大家提问的兴致高，一下子就讨论了几个小时。我知道他们答辩比较严格，便和他说，要放松心态，一定没问题。

讲到本书的议题，作者在《导言》中就强调，本书要讨论的是定位于"先秦"的、"儒家"理想的"乐教"的形态。按照学界过往的看法，中国传统文化中广义的"礼"，包含着"乐"，而狭义的"礼"则与"乐"并举。对这种讲法，本书有自己的意见，认为原初的"乐""乐教"本身就是一种社会性的文化，甚至是一种传统，更具基础性。除行文中给出的辩护理由外，作者提出的这种意见也反映出目前学界在"礼乐"问题研究中的一些问题。目前的研究更多的是从"礼"的视角来看"乐"，所以对"礼"的研究有热度、有成果，对"乐"的研究则相对薄弱，少有从"乐"的视角来审视"礼"的。然而先秦儒家的传统，向来讲"礼别异""乐和同"，"礼"是促使社会秩序化，"乐"是促使社会和谐化，这里的"礼""乐"至少是一个平齐的关系。研究现状的形成有其客观因素，除了文献等方面的问题外，"乐"的特殊性给研究增加了难度，也是因素之一。

作者对音乐理论的学习基础，是他能够并愿意对传统乐论进行深入研究的因缘。作者能将出土文献的资料与传世文献相结合，注重对"声""音""乐"等基本概念的辨析，从"乐"的本身来理解"乐"、把握"乐"，重构"乐"的解释系统，则依赖他哲学训练的基本功。可以说，本书是我所见的最有创见又扎实厚重的、关于古代"乐"与"乐教"的学术专著。

以下我针对本书的学术特色简要讲几点：

其一，本书在吸收学界现有研究的基础上，提出了乐论研究的"三代说"，将文献汇编、乐教思想研究和乐教的现代性研究区别开，很有价值。通过对现有研究的分判，作者认为学界对先秦"乐""乐教"形态的探索和描述比较缺乏，这就形成了一个有价值的问题意识。从这一问题入手，可以说本书从立论处就有了新意。

其二，从章节布局看，本书围绕"乐、乐教是什么"的问题，提出了"作乐""奏乐""赏乐"三分的乐论研究方法，这个结构对先秦乐教具有较强的解释力。本书第一章专门讨论"声""音""乐"概念在传统文献中的主要差异，并考察了这些概念在现代语境中的对应理解。在解释的过程中，作者尤其注重像"音乐""乐舞""戏剧"等古今共存的概念其内在的差异，力图找到准确的古今对应关系，比如以 musical-drama 对译"乐"。这既要依赖作者对经典文献的判读能力，也要考究作者对音乐学、戏剧学的理解程度，从这两方面看，本书都有着不错的表现。本书的第三至四章，作者以"作乐""奏乐""赏乐"三分的结构来系统地分判传统乐论的文献，由此细述传统乐论的不同环节。这种基于分判的展示，对乐论问题研究很重要。从阅读的经验看，传统文献中讲音律、讲乐器的部分和讲形上、讲伦常的部分虽然都与乐论相关，但其中的差别还是比较大的。如果将这些文献按照"作乐""奏乐""赏乐"三分的结构各归其类，那么这些问题就能达成一种比较准确、立体的展示。

其三，本书提出了一些值得重视的观点。比如，作者认为先秦的乐论隐藏着一个从"大乐教"到"小乐事"的转向，在这个转向中，先秦的"学统"发生了再造，而礼乐关系也被重构。这种讲法，对礼乐关系的解释是一次很好的理论探索。再如，作者认为"乐""乐教"作为一个社会制度，其优劣在诸子眼中是见仁见智的。诸子乐论的争鸣，是针对不同层面、不同问题而呈现出来的一种交叉状态。墨子讲"非乐"是突出社会的大利，老子讲"无声"是注重人生境界的超越，历代儒者对"乐"的辩护更不是单一的、片面的。这种交叉性、多样性，通过"作乐""奏乐""赏乐"三分的研究方法呈现得更清晰。本书将诸子乐论的互动性凸显出来，也使先秦乐论更加生动。

讨论"乐教"不得不提的是，顺然在从事哲学研究之前还积累了不少的舞台经验，从童年时代起，他多次参加全国性的比赛，获得过大奖，还有一些市面可见的影音记录。他是"乐教"的研究者，也是实践者，有对"乐"的体知。在研究生学习阶段与工作之后，逢学术会议的茶余饭后，师友们都热情地请他一展歌喉，唱后还会"再来一个，再来一个……"，其乐也融融。这些都留在我美好的记忆中。

是为序。

甲辰春节于苏州

序 | 郑宗义

顺然将博士论文修订成书，索序于余。提笔之际，不禁想起与他相识的往事。2010 年 5 月我往武汉大学讲学一个月，他当时是本科生，跑到我下榻的宾馆来问学，其好学的热忱在我心中留下了较深的印象。三年后他完成武大硕士学业，考入香港中文大学哲学系念博士。还记得当他说想以先秦乐教为题邀我任导师时，我曾有过犹豫。因为这题目既非我所长，且自忖五音不全，自己怕是以后也不会做此方面的研究。但在知悉顺然的声乐造诣颇深后，乃心想教学相长，他的题目或有以教我，便硬着头皮答应了。而后来他确实也不负所望。

由于文献不足征和零散，研究先秦的"乐"，相比起"礼"，远有不及。尽管过往也有些整理文献，环绕古代音乐思想为探究核心，甚至运用跨学科视角研究的成果，顺然仍勇于摸索新途。此即本书的两项工作：一是衡定"乐"的形态及其所涉及的方方面面；一是试图梳理先秦乐教从产生到败坏的整个过程。对"乐"的形态，他认为不应是今天意义上的音乐，而是结合乐曲、诗辞、舞蹈以至戏剧等元素，且以教化为鹄的的艺术形式。他更借助《礼记·学记》中"声""音""乐"三分的概念框架析而论之，提出乐器的制作是声的实现，音律的创作是音的实现，而把乐曲、诗辞、舞蹈等相互融合发明的编排是乐的实现。尤有甚者，礼是教化，乐亦如是。从作乐、奏乐到赏乐，皆表现出对和、美与善的唤发，以促成各参与者（创作、表演和观赏者）对德性生命的体悟与对理想社会的向往。至于乐教的崩溃，顺然则归因于制度化即形式化带来的危害，他说："简单来说，'制度'的设立带来了客体化、形式化的危害，作为主体自身的德性修养丧失了生动的实践状态，而'人'的问题则主要集中在审美倾向与道德价值的错位，两者并不是不能统一，但错位却是一种常态。"但个中孰为因孰为果恐怕仍有斟酌的余地。此外，他在书中还分析了孔子以点化为挽救礼乐的努力及其后老、庄、墨、荀四家对乐教的不同看法。总之，本书在文献释读和义理铺陈两面都显示出作者不俗的功力，各章结构分明，行文流畅可读，值得学界参考。

顺然博士毕业后，较顺利地在深圳大学觅得一枝之栖，而这些年下来，他亦努力不懈，我看在眼内，很为他高兴。读他近年出版的文字，可知他正不断努力开拓新的课题，这固然值得肯定。但是我的一点私心却是寄望他能把"乐"的研究继续下去，追问礼坏乐崩后的"乐"何去何从，与传统中国文化和哲学思想的交织情况。因为在我看来，这课题并不是人人都有能力处理的，起码我不胜其任。

2024 年 4 月 26 日写于香港中文大学冯景禧楼

序 | 杨儒宾

在华夏文化的脉络中,"乐"的概念通常和"礼"的概念一起出现,"乐"代表感通原理,"礼"代表秩序原理,秩序与感通相互补充。感通乃秩序的感通,通而不乱;秩序乃感通的秩序,序而不滞。礼乐的原理和礼乐的造字一样,礼乐两字都有乐器的成分。"礼"(禮)字所从之"豆"当是"鼓"之义;"乐"(樂)字从"丝"从"白",亦来自乐器。但乐器的摆置即预设了秩序的安排,没有无礼之乐。文化领域的礼乐并称,就如自然领域的阴阳并称,就如道德领域的仁义并称一样,它们都是该领域的总摄原理。

礼乐不只和阴阳、仁义这些组别的概念并列,分别为文化、自然与道德领域的总摄原理。它们的内涵还可相互渗透,分别进入其他领域,跨越原初的界限。日常语言的运用会带来概念的重组,如礼乐原为人类各文明必有的组织形式,仪式(礼)中有乐,仪式与音乐同现,此事不仅见于西周的礼乐文化,夏商时期何尝没有,其他文明又何尝没有。然而,在华夏文明内,我们看到礼乐的领域特别广袤,在《乐记》中,礼乐分别成为自然秩序的原理,甚至是形上学的核心概念,如云:"大礼与天地同节,大乐与天地同和。"在《中庸》《孟子》处,礼乐渗透进入人的道德意识处,孟子在辞让之心中看出礼之端,子思在性命与天道的交会处看到礼乐极致的"中和"境界。

就礼乐与阴阳、仁义这些概念的相互渗透这种现象来看,我们如以任一组概念作为核心,观察中国哲学的发展,既可发现不同哲学的理据,也可发现不同哲学家的特色。如我们从仁义入手,即会将道德的主体性作为检证哲学的理据,从孟子到牟宗三的一系儒学有此理路。如果我们将阴阳这组既是自然哲学也是宇宙论的概念作为最高的哲学原理,我们在阴阳家或某部分的《易经》流派中,可找到此系的主张。但我们如果以礼乐作为思考的重心,我们无疑就会将一种在世存有的文化人的本性作为思考的依据,从《荀子》《礼记》以至后世的叶适、荻生徂徕都有此主张。其中,以礼乐为核心的思考在中国哲学史里虽不陌生,但显然还有胜义待发,哲学江山正等待斯人出世。

顺然的《先秦乐教:从德性生命到理想社会》可以说即是有意重构礼乐哲学的一部新作,乐教之义尤为核心。此书的观点与最近中国哲学界的重探荀子,还有大量出土的战国、汉儒简所述,恰可相互发挥,可谓"预流"之作。顺然具音乐修养,是香港中文大学哲学博士,我有幸与他在香港认识,他当时的博论对于乐的理解与常人不同,但仍勇于跳入争议之中。多年过去,他对乐义的了解自然已远超往昔,也超出了我的能力所及。作为中国哲学同行的先行者,总期待慧命相续,很高兴看到此书能在此地此刻适时出版。

2024 年 7 月 31 日

目 录

导 言 / 1

第一章 "声""音"与"乐":先秦乐教的基本概念 / 21
一、从物之理看"声""音"概念 / 23
二、从心性论看"声""音"概念 / 34
三、作为基本概念的"乐" / 55

第二章 "乐器"及"音律":"声"与"音"的实现 / 67
一、"声"的实现:"乐器"及其特质 / 68
二、"音"的实现:"音律"及其特质 / 84
三、从"乐器"到"音律":多种解释理论的内在一致性 / 97

第三章 "作乐"及"奏乐":"乐"之时空形式的实现 / 109
一、"作乐"及主体意向的表达 / 111
二、"奏乐"及意向传递的可能 / 134
三、"乐"时空形式的完成 / 148

第四章 "赏乐"及"乐言":"乐以成教"的证立与效力 / 163
　一、"赏乐":对受众身心的引动 / 164
　二、"乐言":"和"意义的呈现 / 186
　三、"乐教"的实践与效力 / 206

第五章 "乐制"与"人心":"乐以成教"之核心的抉择 / 221
　一、"乐制":"乐教"制度化的建立 / 222
　二、"人心":"乐制"的危机与孔子的重建 / 245
　三、"乐教"核心之争:从老、庄、墨、荀四家看 / 271

附录一　部分文献综述 / 299

附录二　郑玄注《礼记正义·乐记》分篇 / 309

参考文献 / 325

后　记 / 333

导　言

在《导言》中，我们将集中讨论以下三个问题：其一，本书要讨论的是什么问题；其二，我们为什么（还）要讨论这个问题；其三，我们要如何讨论这个问题。

本书要讨论的是什么问题

本书书名中包含的"先秦""乐教""德性生命""理想社会"等概念，可以说是围绕"先秦""乐教"和"儒家"三个概念展开的。总的来看，"先秦"是时间定位，也是"理想"定位；"乐教"是"被客观化"的研究内容，也是尝试带入"主体感受"的场域；"儒家"代表着立场，也代表着儒家从"德性生命"到"理想社会"的关切。质言之，我们要讨论的是定位于"先秦"的、"儒家"理想的"乐教"形态。

稍微展开来说，"先秦"代表着一个时间段，是囊括"乐教"自萌芽、建立，到鼎盛、衰败（即"礼崩乐坏"）整个过程的时间段。作为一段时间，它一方面限制了研究所能依赖和使用的文献，另一方面也使研究势必呈现为一种基于推断的"理想"。对前者而言，文献的不足是"先秦乐教"，乃至"先秦"相关研究都要面对的情况。无论是成书年代的不确定,还是文献材料的零散分布,都导致了学界难以从历史或思想史的角度形成对"先秦乐教"的准确定位和系统性解释。对后者而言,传世文献常见的演变、增删、伪造等情况,在乐论的相关材料中也都有出现,这就使研究的推论过程变长,其结论的史实可靠性降低。更进一步,即使文献中明确记录的内容,又是否真正地在"先秦"时期实现过,或者只是理论上的"理想"状态?这可以说是"不可解之谜"。

"乐教"一词对现代学者而言似乎并不陌生,它一般指"乐以成教"或者"以乐为教"。用孔颖达的话说,是利用"乐"所具有的"和通为体,无所不用"的特质,使人随之"从化"而达至"良善"。但回到传统文献,无论是将"乐教"独立看,还是将"乐教"连着"先秦"讲,都存在着指称的模糊性问题。比如,《礼记·经解》用"乐教"一词较早,它讲:"广博易良,乐教也。"这句话,孔颖达在《礼记正义》的疏解中给出了"乐"和《乐》两种可能的解释。回归文本,以《乐》经为主语的解释更符合《经解》的文本逻辑,那么这句话就是说《乐》经能教人"广博易良"。相较而言,出土文献《性自命出》中虽没有"乐教"一词,却有谓"《赉》《武》乐取,《韶》《夏》乐情",这里的"取""情"是指《赉》《武》《韶》《夏》等"四代乐""六代乐"带来的教化,这种用法反倒更符合以"乐"为"教"的理解。

"乐教"一词如果放回到"先秦乐教"这个概念中,它的内涵也会发生变化。《尚书·尧典》记帝(尧)曰:"夔!命汝典乐教胄子,直而温,宽而栗,刚而无虐,简而无傲。诗言志,歌永言,声依永,律和声。八音克谐,无相夺伦,神人以和。"这段话是说,帝尧告诉掌管"乐"的大臣夔:"(我)授权你用'乐'来教导宗亲子弟,(培养他们的品性,)使其正直而温和、心胸宽大而谨慎、刚强而不暴虐、说话精练而不骄傲。(这些都通过'乐'的不同艺术形式来实现,)诗可以表达内在的情志,歌可以抒发辞章未尽的情怀,曲调是情绪抒发的途径,音律是用来规范曲调的标准。一旦能够达到令所有的乐器声音和谐的状态,纲纪伦常就可以在他们心中树立起来;神和人也就能相安无事。"很明显,在帝尧的"规划"中,"乐"之为"教"可由"人格塑造"进至"人伦纲纪树立",最终达到"神人以和"的境界,它涵盖了从德行、情感、人伦纲纪到宗教世界等方方面面的内容。从范畴上讲,这里的以"乐"为"教"比《性自命出》中的"乐之教"大了很多。可以说,同样是"乐教",在"先秦"这段时间中也发生了不小的变化。①

"乐教"内涵的变化,与"儒"的概念变迁也相关。我们平常讲"儒家",一般是指孔子开创的学派,这里并不包含更早时期的那些专司祭祀礼仪的"儒"或者儒士。但当我们讲"乐教"时,至少根据《礼记》《周礼》的相关记载,乐官、乐师、乐工就是祭祀礼仪的主要负责人,是"儒"。乐官、乐师、乐工是"儒","乐教"自产生起也就和这些"儒"联结在一起。换言之,"儒"在孔子前后身份上的连贯性与差异性,也影响到"儒家乐教"概念的内涵。或者可以说,孔子之前,"儒"作为从属,是"乐教"之"儒",而孔子上溯周公,讲"人而不仁",立"君子儒","儒家乐教"就成为强调儒家立场的"乐教"。所谓"儒家立场",它体现在从"德

---

① 参见王顺然:《"乐崩"现象的背后:"大乐教"到"小乐事"转向中的"学统"再造与礼乐关系重构》,《孔子研究》2022年第1期,第106页。

性生命"到"理想社会"的教化次第之上,也透显出《大学》"止于至善"的教化宗旨。

以上,通过疏解"先秦""乐教""儒家"等几个关键词,我们粗略地表达了本书需要讨论的几个大问题。只讲到这一层,我们已经能感觉到"先秦乐教"问题的复杂性,更不要说还有一些学界一直存在的、争议不断的"历史遗留"问题。像《礼记·乐记》的文献成书过程、《乐记》与《荀子·乐论》《史记·乐书》的文献相似性等,这一类问题大概是研究"先秦乐教"绕不过的,似乎因此我们必须要给征引文献的可靠性一个说明。果然如此吗?要回答这个问题,先得说明"我们为什么(还)要讨论这个问题"。

我们为什么(还)要讨论这个问题

在讨论"我们为什么"的问题前,需要先回顾一下学界目前对先秦"乐""乐教"研究的进展。从研究的视角上看,学界现有的对"乐""乐教"的研究大致可以分为三个阶段:

第一个阶段属于文献整理期。像吉联抗、杨荫浏等编写的选辑类书目,辑录传世文献中包含"乐""音"等概念的章节,有《吕氏春秋中的音乐史料》[1]《春秋战国音乐史料》[2]《秦汉音乐史料》[3]等。这一工作开启了"乐教"相关问题的研究,而这一代的研究者所具备的音乐学背景,使"乐教"研究从开端处便融合了思想

---

[1] 吉联抗:《吕氏春秋中的音乐史料》,上海:上海文艺出版社,1978年。
[2] 吉联抗:《春秋战国音乐史料》,上海:上海文艺出版社,1980年。
[3] 吉联抗:《秦汉音乐史料》,上海:上海文艺出版社,1981年。

史与音乐学两个领域的研究视域。但这种视域融合，使先秦文献中的"乐"概念不断向现代的"音乐"概念靠拢，这其实是一种误导。①

对于"乐""乐教"思想的讨论，时间跨度其实更长，但较之文献整理而言，可以统一算作第二阶段的研究。人民音乐出版社编辑部在1983年出版的《〈乐记〉论辩》，引起了学界对"乐""乐教"思想的热烈讨论。这本书集合了不少学者有关《礼记·乐记》相关问题的短篇成果，比如其中第一篇文章就是郭沫若所写之《公孙尼子及其音乐理论》。或许是受到文献整理相关成果的影响，早期有关传统"乐论"的研究基本上被"中国古代音乐思想"的讨论代替了，如蔡仲德的《中国音乐美学史论》②、蒋孔阳的《先秦音乐美学思想论稿》③、李美燕的《中国古代乐教思想》④、修海林的《中国古代音乐美学》⑤等等。以上研究或者在题目中直接用"音乐"解释"乐"，或者在行文中从"音乐"概念展开对"乐论"的讨论。虽然传统"乐论"也是在讲"声""音""乐"，将"乐论"讲成"音乐思想"不能说是错的，但用"音乐思想"讲"乐论"的背后，既会让研究者预设一个现代"音乐"（music）概念作为前见，也会使阅读者不经意间陷溺于现代"音乐"概念中。传统"乐"的形态究竟有什么争议？为什么"乐"的形态差异是个问

---

① 如吉联抗很多书是以"某某朝代音乐史料"为题，像《春秋战国音乐史料》等。
② 蔡仲德：《中国音乐美学史论》，北京：人民音乐出版社，1988年。
③ 蒋孔阳：《先秦音乐美学思想论稿》，北京：人民文学出版社，1986年。
④ 李美燕：《中国古代乐教思想》，台湾：丽文文化公司，1998年。
⑤ 修海林：《中国古代音乐美学》，福州：福建教育出版社，2004年。

题？我们举个例子：

> 古代的"乐"，大体相当于我们今天意义上的"音乐"。……有关声、音、乐的关系及区别，……声是自然层面的声响，是音响的物理属性。音是人为之声，是乐的表象，即"声者，乐之象也"。①

> 中国古代的"乐（Y）"，作为一种结合了音乐、诗歌、舞蹈及早期戏剧萌芽等多项艺术形式在内的综合性社会活动……②

以上两段引文都在描述"乐"的"形态"或者说"形式"。显而易见，第一段引文认为"乐"就是"音乐"，而第二段引文却认为"乐"是诗辞、乐曲、舞蹈等多种形式结合的"社会活动"，这里的差别比较明显。如果说"音乐"是一种相对抽象的艺术形式，那么有诗辞、舞蹈加入的"乐"则是一种相对直观、具象的艺术活动。如果"音乐"是一种依靠听觉感受的活动，那么传统的"乐"显然就是一种综合了听觉、视觉、记忆、理性等内容的、更为复杂的活动。这两种明显不同的研究对象，代表着研究方法、研究结论的差异。并且，合"诗辞""乐曲""舞蹈"的"乐"还不是先秦"乐"的全貌，"乐"所具备的教化能力、政治价值、学统意义等，都和它更为复杂的形态有关，这些都是本书要给大家说明

---

① 方建军：《声、音、乐及其思想技术涵义》，《音乐探索》2008年第3期。
② 许兆昌：《先秦乐文化考论》，哈尔滨：黑龙江人民出版社，2010年，第15页。

的内容。

当然，对"乐"形态的解释虽然存在差异，但这并不能遮蔽相关研究的价值。比如前文所列著作中涉及对"乐"的美学思想、教化思想、伦理思想的讨论，还有关于本体论、心性论、形上学等内容的说明都很重要。另外，如祁海文的《儒家乐教论》[①]、熊申英的《乐以和同：东周之前的乐思想研究》[②]、雷永强的《情文俱尽——先秦儒家乐教思想的深层意蕴》[③]等，既重视"乐"思想在观念史脉络中的发展过程，又关注"乐"在先秦社会中的演变。无论是研究方法，还是相关结论，都值得我们借鉴与参考。

随着交叉学科、创新性研究的需求不断增长，学界对"乐"的研究也出现了新的热点，这些讨论可以归类于"乐"研究的第三阶段。比如，历史政治学对"乐"的关注（如黎国韬的《先秦至两宋乐官制度研究》等）、音乐考古学对"乐"的关注（如王友华的《先秦编钟研究》等）、音乐心理学对"乐"的关注（如蔡幸娟的《音乐治疗：中国古代医学与音乐治疗》等），等等。这些研究展现了"乐""乐教"思想潜藏的可能性与丰富性，提升了传统"乐""乐教"的现代价值。

以上是对学界现有对先秦"乐""乐教"问题研究的简要概述，在此基础上，我们才能解释"我们为什么（还）要讨论这个问题"。回答"我们为什么"的问题至少要从两个层面讲，其一是"乐""乐

---

① 祁海文：《儒家乐教论》，郑州：河南人民出版社，2004年。
② 熊申英：《乐以和同：东周之前的乐思想研究》，南昌：江西人民出版社，2010年。
③ 雷永强：《情文俱尽——先秦儒家乐教思想的深层意蕴》，北京：中国社会科学出版社，2012年。

教"本身的价值,其二是本书相对于现有研究而言的价值。

回答前一个问题,本身就是本书研究的目的之一,我们在这里只做简单地说明。诚如王阳明所讲:

> 若后世作乐,只是做些词调,于民俗风化绝无关涉,何以化民善俗!今要民俗反朴还淳,取今之戏子,将妖淫词调俱去了,只取忠臣、孝子故事,使愚俗百姓人人易晓,无意中感激他良知起来,却于风化有益;然后古乐渐次可复矣。①

按照王阳明的讲法,将当时(明代)的"戏"里面那些有伤风化的词调(诗辞等)去掉,换成忠臣、孝子的故事,那么这些"乐"也能因其情节感动人心、引发人心之本有德性,足以让百姓反思,进而形成教化。由此可见,"乐""乐教"的价值始终存在,"妖淫词调"的影响在,"忠臣孝子"的影响也在,如何引导、如何取舍,当然需要好好做一番研究。

后一个问题的回答,要相对于目前的研究来讲。我们前面说过,目前对"乐""乐教"的研究还缺乏对"乐"形态的共识、缺少对先秦乐教整个发生过程的系统性解释。"先秦乐教"是一个丰富且细致的系统,它既有时间性也有空间性,像乐器、乐律、乐制、心性、治道、审美,乃至本体论、形上学,等等,这些问题都会在"乐""乐教"中有所涉及,但它们各自都有相应的位置,要对应地、落在实处上讲。这要求我们首先形成对研究对象——"乐"

---

① 王阳明:《王阳明全集》,上海:上海古籍出版社,2006年,第113页。

的基本形态有整体性把握、对复合词"乐教"的实际内涵或者说实际展开方式做出过程性描述,这才能使相关思想观念得到结构性、层次性的嵌入,从而避免对思想观念碎片化地讨论。另外,现有的研究强调思想观念的超越性、关注思想观念发展的独立性,这反而使思想观念与"乐""乐教"呈脱离之势。比如我们讨论"礼坏乐崩",就要从具体的现象上看,看到"乐器""乐律""乐制"到"心性""审美""治道"不同层面的"崩坏",所有的解读都要对应地讲,不能超越地讲,要在相应层面关联地讲,不能将思想观念独立地讲。

本书试图以有限的篇幅,勾勒"乐"的可能形态、描述"乐教"可能的发生过程,旨在把与"乐""乐教"相关的概念、乐器、乐律、乐制、心性、治道、审美,乃至本体论、形上学问题放回到相应的位置。所以,在"乐"的形态上,我们会从"声""音""乐"的概念次第讲起,在"乐教"的发生过程上,我们会以"作乐""奏乐""赏乐"三分的结构来解释。这些内容就涉及"我们要如何讨论"的问题。

我们要如何讨论这个问题

要说明"如何讨论",就要先解释我们对文献问题的基本态度,这也正是前文遗留未展开的问题。研究先秦的"乐""乐教"所能依赖的文献相对固定,"专门"的文献如《礼记·乐记》《荀子·乐论》,另如《论语》《诗经》《尚书》《礼记》《周礼》《国语》《左传》《吕氏春秋》等传世文献和《史记》《战国策》《汉书》等史书中有关先秦"乐""乐教"的记录,以及郭店简、清华简等出土文献中《性自命出》《乐风》《五音图》等涉及乐论的篇章,可以作为追溯历史原型的重要依据。可以说,在目前这些文献中,《礼记·乐记》还是各类"乐"研究的纲领,而它的成书问题、和《荀子·乐论》《史记·乐书》的关系问题也一直被学界关注、争论。

事实上,作为一篇编纂类的文字,《乐记》各段文本的产生时间与全文的成文时间并不统一,对此学界并无异议。而《汉书·艺文志》《隋书·音乐志》所讲的都只是全文成文、传世过程:

> 六国之君,魏文侯最为好古,孝文时得其乐人窦公,献其书,乃《周官·大宗伯》之《大司乐》章也。武帝时,河间献王好儒,与毛生等共采《周官》及诸子言乐事者以作《乐记》,献八佾之舞,与制氏不相远。其内史丞王定传之,以授常山王禹。禹,成帝时为谒者,数言其义,献二十四卷记。刘向校书,得《乐记》二十三篇。与禹不同,其道浸以益微。①

> 窃以秦代灭学,《乐经》残亡。至于汉武帝时,河间献王与毛生等,共采《周官》及诸子言乐事者,以作《乐记》。其内史丞王定,传授常山王禹。刘向校书,得《乐记》二十三篇,与禹不同。……《月令》取《吕氏春秋》,《中庸》、《表记》、《防记》、《缁衣》,皆取《子思子》,《乐记》取《公孙尼子》……②

---

① 班固著,颜师古注:《汉书》,北京:中华书局,1983年,第1712页。
② 魏徵等撰:《隋书》,北京:中华书局,1973年,第288页。

按照以上两段引文的讲法，"乐"的传承在《乐记》编纂时已经基本断绝，汉初学者是在各种传承下来的文献中找寻到相关文字，然后编纂在一起形成《乐记》。以上两段都讲了《乐记》的编纂与传承之事，且后者进一步猜测了《乐经》的存在。对《乐经》存在的猜测目前还没有更有力的证据，但《乐记》摘编过程的记录却足以说明《乐记》成书的时间与篇章中某段文字产生的时间关系不大。可以说，编者在编纂过程中对原文所做出的修订，比如某单音节词经修订改用了汉初习惯的双音节词，使得早期形成的思想观念以一种很"年轻"的文字语言表达了出来，这种现象对文献学的研究影响较大，增加了《乐记》成书的断代难度。但编纂毕竟不是改写，这一过程很少会发生对原有文字思想的重大改造，也很少会对"乐""乐教"的社会形态做出欺骗性的描述，这样一来，对于我们意欲整体地、系统地把握"乐""乐教"这一目的而言，编纂产生的偏差并不会造成根本上的理解不当。

对我们而言，关于《乐记》文字的编纂更重要的问题其实是如何确证其中思想的来源，以及如何来定位《乐记》文本观点的归属。比如，李学勤认为《乐记》的某些观点可与《性自命出》前三十六简相互印证，如"'性感于物而生情'（《性自命出》），乐有教化的作用，可以陶冶性情"，这与《乐记》"人心受外物引动而成声"的观念相合，《五行篇》亦有类似印证关系。[1] 这样看，《乐记》的文字中有思孟学派的影子，说其取自《公孙尼子》也有一定的可信性。但《乐记》在文本上又有七百多字与《荀子·乐论》

---

[1] 李学勤：《重写学术史》，河北：河北人民出版社，2001年，第96页。

相同。徐复观讲，"从文字看，整理《乐记》之人，尚在荀子之后，所以吸收了《乐论》"[1]，可见《乐记》的思想还明显受到荀子及其后学的影响。而如杨振良讲，"《乐记》一文，吾人一方面处处可见儒家'礼乐不可斯须去身''礼有报而乐有反''所以官序贵贱各得其宜''所以示后世有尊卑长幼之序'。一方面又可见道家之语：'乐者，天地之和也''礼者，天地之序也''大乐与天地同和'……"[2] 如果真依此讲，《乐记》中可能还含有墨、道的观点，那么《乐记》的编纂来源更复杂，其思想更无统一性可言。

《乐记》编纂来源的复杂性，以及由此导致的内在思想的差异，很容易使有关"乐""乐教"思想的研究落入"断章取义"的境地。一方面，这要求我们对《乐记》的文本，尤其对《乐记》文本的思想内涵要"拆着看"，注重段落甚至文句的独立性，对《乐记》思想的"整体观"反而要慎重一些。但另一方面，对于具体的文段，无论其文字取自何家、何子、何派，基本不会影响我们对先秦"乐""乐教"形态的把握。因为思想、观点、态度的差异性，并不能影响其讨论对象的相对一致性。所以，讲起一些基本的概念、规范等时，编纂来源的复杂性也可以适当地忽略。基于这样的结论，在涉及"乐""乐教"内部结构（inner-logic）、形态、发展过程的讨论中，我们相信《乐记》是汉代儒者对先秦"乐"思想的一种整理性的、可靠的总结。而当我们讨论"乐""乐教"不同层面、相应过程的思想问题时，我们就要把《乐记》等相关文

---

[1] 徐复观：《中国艺术精神》，上海：华东师范大学出版社，2001年，第6页。
[2] 杨振良：《〈礼记·乐记〉音乐观初探》，台湾花莲师范学院，八十学年度师范学院教育学术论文。

献独立看、对照看。

以上是以《乐记》为例，简单说明了我们在论述中对文献使用的基本态度。当然，这些回应的主要目的，还是在怀疑中建立文本的可靠性、在怀疑中找到文本相对可靠的使用方式。在某种程度上说，这是材料不足的情况下，不得已的论述。

基于对文献材料的判断，我们可以将研究的起点定在"声""音""乐"这几个基础概念上。通过第一章的讨论，我们可以说，"乐"在形式上包含"诗辞""乐曲"和"舞蹈"等艺术元素。而相较于"诗辞"和"舞蹈"透过文字及肢体动作表达意义来看，"乐曲"以旋律、节奏的变化来感动人性、促发人情，这种方式既抽象又直接。尤其是这种感动、感通的直接性，受到历代学者的重视。"乐"中"乐曲"一义的强化与突出，此是重要原因之一。

同样按照我们的讨论，"乐曲"是落在"声""音""乐"三层概念中"音"的这一层来讲。而"声""音""乐"三层递进的关系，在传统文献中体现得还是比较明显的。除第一章讨论中所列举的材料外，我们还能举出很多这样的例子。比如，《周礼·春官宗伯》有谓"凡六乐者，文之以五声，播之以八音"，此处的"六乐"是展示历代圣王功绩的大乐舞，"五声"在讲音律，而"八音"则讲乐器；又《礼记·内则》有谓"十有三年学乐，诵《诗》，舞《勺》，成童舞《象》"，此处是将"学乐"分成学诗、学舞等不同科目；再如《孟子》有谓"今王鼓乐于此，百姓闻王钟鼓之声，管籥之音"，此处讲宫闱之内是奏乐，是有诗、有曲、有舞，但墙外只能听声音，是"闻"乐器发声和曲调变化；还有如《论语》有谓"行夏之时，乘殷之辂，服周之冕，乐则韶舞；放郑声，远佞人，郑声淫，佞人殆"，此处的"声""乐"之分更为明显，不符合规则的只能称"声"，其原因我们在正文论述中会讲到。

有了对"声""音""乐"等概念的辨析，"乐"的形态在理论上就能得到基本的确定。而从"乐"到"乐教"，研究对象的形态从一种相对具体的社会活动转变成具有过程性的、体系性的事件，甚至是更大的社会环境。这里，"乐教"之"教"包含有"教育""教化"两层含义，"教育"义偏重道德主体的自我提升，而"教化"义偏重"乐"对社会、民风潜移默化的改善。当然，"教育"与"教化"两层含义在其实践的过程中是紧密联系的。

"乐教"于客观世界中的实现，首在"乐"中不同艺术元素（诗辞、乐曲、舞蹈等）的实现，从概念层次来讲，首在"声""音"的实现。所以，第二章（"乐器"及"音律"："声"与"音"的实现）的讨论便是通过分析早期"乐器""音律"发展的基本原则，诠释"声""音"在现实中实现的方式。该章第一节对"乐器"的讨论也就是对"声"实现的说明，第二节对"音律"的讨论，对应"音"的实现。如《学记》所谓"不学操缦，不能安弦；不学博依，不能安《诗》；不学杂服，不能安礼；不兴其艺，不能乐学"，"声""音"的实现是"乐""乐教"实现的"质料因"。

第二章的讨论也涉及"乐曲"的抽象性表达的问题。"乐曲"既包含"德性"（善）和"美感"（美）两个面向，便可在实践层面引出两个问题：其一，如何使"音"（以"乐曲"为例）所表达的"德性"意义更为具体；其二，如何看待"音"中抽象的"美感"。为了使"音"能表达出具体的意义，"乐器""音律"都被赋予了特定的形象和解释。比如乐器的"八音"、十二律的"律名"

等,通过概念名称被赋予固定的意向。这些具体的意义交织成系统,既能有助于赏乐之人对"乐曲"意义的理解,又能对"乐曲"中的"美感"形成节制与规范。

"声""音"是"乐"实现的前提,但具有"戏剧"性质的"乐"并非是"诗辞""乐曲""舞蹈"等艺术元素的堆砌。"乐"更强调有主旨、有步骤地再现某些情境、展示某种德行,这就进入了第三章第一节对"作乐"的讨论。"乐"的创作起于百姓、得益于乐师、形成于圣王,而圣王终将其德性体证融入"乐"中。所谓"作者之谓圣,述者之谓明"(《乐记》),"乐"仅仅依靠圣王创作是不够的,还要有人能够将"乐"中蕴含之丰富意义通过剧情之表演充分地展现在舞台上,这就是"奏乐",是第二节讨论的中心。有了"作乐"和"奏乐",不同的艺术元素通过组合形成了现实中的"乐"。而"诗辞""乐曲""舞蹈"等不同艺术形式的组合,还涉及相互协调、相互发明的问题。这个问题又进一步分为客观上时间、空间、形式之间的配合与主体上"作乐"者和"奏乐"者之间知、情、意的连贯等两个方面,这都是第三节需要说明的内容。总之,第三章("作乐"及"奏乐":"乐"之时空形式的实现)的讨论围绕"乐"从无到有的形成过程而展开,"乐教"也具备了客观的形式结构。

承接第三章的讨论,有着具体形态的"乐"表现出对受众身心的影响。"乐"与身心的互动,以"乐言"的形式集中在"赏乐"的过程中。在第四章("赏乐"及"乐言":"乐以成教"的证立与效力)的第一节中,我们先对"赏乐"展开讨论,并以"乐曲"为例,论述其与身心互动的不同途径。"乐"与身心之互动的最终目的，还是促使受众德性心灵的朗现。在第二节的讨论中，我们以"乐言"为中心解释"乐"能够给予受众何种提拔，并以《大武》为例，将其所"言"展现出来。有所言说的"乐"，才是可以"成教"之"乐"。"乐"之言说虽有差异，然其核心不离"和"。"和"的意涵有三重：其一，"乐"中不同艺术形式之间的"和"；其二，"乐"中各种规制、形式（如乐律、乐象）与自然天地流变之"和"；其三，"乐"中（人伦世界的）意义与个体德性生命的展开相"和"。这三重意涵又可收摄在"美"与"善"这对概念之中。能与自然天地之流变相"和"即为"美"，能与德性生命之展开相"和"即为"善"。无论是"美"，还是"善"，都需要受众通过对"乐"的修习、领悟才能体会出来。这个不断体会"和"（"美"与"善"）的过程，也是"乐"逐次成教的过程。换言之，受众"赏乐"，对"乐"中之"美""善"要慢慢把握，而且要找对方法才能领会"乐"。如《乐记》中魏文侯谓"吾端冕而听古乐，则唯恐卧"，就是说即使魏文侯强逼自己去欣赏"古乐"，他也完全搞不清楚其"美"在何处，只有当子夏以其恰当的方式引导他后，他才打开了"古乐"的大门，这才有可能不断地发现"美""善"，不断地有惊喜和收获。这就是第四章最后要说明的问题，也是对"乐教"之"教育义"的展开。

"教育义"之后，就是"教化义"。"教化"是对民风、民俗而言，是治道的一种。此时，"乐教"作为相对独立的形式，开始与制度规范、"礼"产生关系。在第五章（"乐制"与"人心"："乐以成教"之核心的抉择）的讨论中，我们会对"乐教"实施、运行所依靠的制度（乐制）进行说明。依靠相关的制度规范，"乐教"从"教育"功能推扩为"教化"功能。在推扩的过程中,"作乐""奏乐"及"赏乐"三分的结构相应地延伸于"教化义"之中,亦使"乐制"分别对应落实在"作乐""奏乐"及"赏乐"三个面向,形成"采风""乐官"及"学校"等具体制度。

然而,任何制度都有其不完满处,并在实践过程中被暴露出来。"乐制"之不合理处也就成为"乐教"走向崩坏的重要原因。在本章第二节中,我们将"乐教"崩坏之因做简要总结,并以孔子复兴礼乐的观念为纲,探讨"乐制"之得失与孔子的解决办法。到此,我们可以说初步完成对"乐教"完整形态的说明。

早前说过,将"乐"确定为具备"诗辞""乐曲""舞蹈"等不同艺术形式的社会活动是本书的立场;而以"作乐""奏乐""赏乐"三分的结构处理"乐""乐教"相关问题,则是本书的基本方法。这种方法在以下两个问题的讨论中,能够发挥明显的优势:其一,"乐""礼"的关系;其二,先秦诸家对"乐教"的批判。而这两个问题就是本章最后一节讨论的重心。

事实上,只有在"乐教"的形态展示出来后,我们对"礼乐"关系的讨论才有意义。可以这样说,具有"戏剧"形式的"乐"能够在受众观赏之时唤醒其本有之"仁心";若进一步想使得此"仁心"发出恰当的行动,需要有"礼"之规范作为保障。《礼记·曲礼上》谓"夫礼者,所以定亲疏,决嫌疑,别同异,明是非也",这是说"礼"可使"仁心"的发用更加清晰明确。"礼""乐"成教具备互补之状,实在此二者成教之结果上看。当然,我们的讨论既然集中于"乐教",其笔墨放在"乐"如何发明本心的能力之上也不为过。如《乐记》①强调：

> 君子曰：礼乐不可斯须去身。致乐以治心，则易、直、子、谅之心油然生矣。易、直、子、谅之心生则乐，乐则安，安则久，久则天，天则神。天则不言而信，神则不怒而威，致乐以治心者也。

这段引文虽以"礼乐"之教不离身开始，却重在说明"乐"发明本心之能。孔颖达疏曰："易，谓和易。直，谓正直。子，谓子爱。谅，谓诚信。言能深远详审此乐以治正其心，则和易、正直、子爱、诚信之心油油然从内而生矣。言乐能感人，使善心生也。"②这是强调"乐"能够通过其情节的展现，引动受众内心本有的灵明、良知，若可保全此良善扩充之，便有"心安而理得"的德行。如此，"乐教"是以由内即外的工夫，其发端处便是仁心。此仁心所发的结果应自然地合于"礼"之制度规范。同时，此仁心又为"礼"之制度规范于人性中之根基。此相辅相成的状态，正合于《乐记》所谓"知乐则几于礼矣"。"乐教"工夫的"天""神"至境，便有所谓"天则不言而信""神则不怒而威"，诚如《礼记·表记》曰："君子隐而显，不矜而庄，不厉而威，不言而信。"既然有谓"致乐以治心"，便是说"乐"重在"治心"而非"治行"。直接对治行为的不道德处，还要靠"礼""刑""政"等不同方式，这也是"礼""乐""刑""政"各自成教方式的界限处。

---

① 本书关于《乐记》的原文，见附录二。
② 郑玄注，孔颖达疏：《礼记正义》，北京：北京大学出版社，2000年，第1328页。

除儒家外，墨、道诸家都有对"乐""乐教"的讨论。所以，讲"儒家乐教"，就得对诸子论辩有所照顾。就以往的讨论来看，老、庄、墨论"乐"过于标签化（比如，老子之"大音希声"、庄子之"天籁"、墨子之"非乐"等，将老、庄、墨等活泼泼的论述变得沉闷）。我们还是希望把论辩的对象进一步具象化，也就是将不同的观念放在相应的问题中展开。通过重新组织老、庄、墨、荀之论证，形成诸家的对话，如此亦可使儒家之观念更加明确。而在这种对话重组的过程中，"作乐""奏乐""赏乐"三分的结构亦起到重要的作用，这一点在相应问题的讨论中会有体现。

以上便是第五章最后一节需要讨论之问题，也是对"先秦乐教"最基础的外延问题的回应。如果将这两个问题继续深入下去，又将是另一个讨论的开始，或许这也是我们之后可以做的工作。

对于正文五章的讨论，我们有两个遗憾：其一，有关"行为心理学"的讨论；其二，有关西方音乐哲学问题与"先秦乐教"问题在音乐、"音"上之差异的说明。虽然我们在文中对这两个问题与"乐教"相关的部分，都有相应的说明，但是，限于论述轻重的安排及阅读的方便，很多有趣的问题尚未得以充分展示。比如，我们虽借用了心理学的结论来说明"乐曲"对身心感受的影响，却没有用相同的方法说明舞蹈动作对身心感受的影响，这需要一些"行为心理学"的知识来补充。再比如，西方音乐哲学讨论"音乐"的"形式"与"内容"，这和"音"的"美""善"两面很相似。但是，西方音乐在没有"五行""伦常"等意义赋予的情况下,"它(音乐)可以表示所有可能想象到的东西"[①]。这两者的比较也应该是有趣的问题。

基于导言文字的铺垫,我们就可以带着问题、带着方法开启对"先秦乐教"的探索。我们亦希望通过温"先秦乐教"之故,知德性生命之新。

[①] 参见爱德华·汉斯立克:《论音乐的美——音乐美学的修改刍议》,杨业治译,北京:人民音乐出版社,1980年,第111页。其曰:"这些(音乐)形式(减七和弦、小调主题、起伏的低音)可以表示一个妇女,不是青年男子,可能是一个被警探而不是被复仇女神们追赶的人,可能是心怀嫉妒、有报仇之心,或被肉体痛苦所折磨的人,总而言之,如果我们执意要一首乐曲表示什么东西的话,那它可以表示所有可能想到的东西。"

第一章 "声""音"与"乐"：
先秦乐教的基本概念

从哲学的视角看，欲讨论先秦乐教，首先要解释清楚"声""音""乐"等基本概念，而这一点并不容易。

从文本上讲，如孔颖达说："周衰礼废，其乐先微，以音律为节，又为郑、卫所乱，故无遗法。汉兴，制氏以雅乐声律，世为乐官，颇能记其铿锵鼓舞，而不能言其义。"[1]孔颖达讲的，是汉初《乐记》文本形成的基本背景：其一，春秋以降，周之乐、礼的政治、文化传统崩坏，乐与礼的内在关系错位[2]，且相较于礼而言，乐传统的断裂尤甚；其二，在乐传统崩坏、娱乐化的过程中，其最基本的音律规范也被郑、卫之新声混淆破坏，律制产生的依据、原则未得到保存；其三，汉初乐官能记下来的，多是传世乐章之音律曲调，个中思想内涵不能确准。如此看来，《乐记》虽是"武帝时，河间献王好儒，与毛生等共采《周官》及诸子言乐事者"，在传世文献中，已经代表着汉初学者对周乐之制度、思想最集中、最有体系的总结。但汉初对传统生疏的状况，在孔颖达看

---

[1] 孙希旦撰，沈啸寰、王星贤点校：《礼记集解》，北京：中华书局，1989年，第975页；又见班固著，颜师古注：《汉书》，第1712页。
[2] 参见王顺然：《"乐崩"现象的背后："大乐教"到"小乐事"转向中的"学统"再造与礼乐关系重构》，《孔子研究》2022年第1期，第106页。

来，已经给《乐记》解释周乐思想的可靠性打了折扣。

从学说上讲，《乐记》是汉初儒生集体编纂的，其思想总体上是偏向儒家的。比如，很多在《荀子·乐论》中与墨家对辨的论述，在《乐记》中成为陈述性的结论。这样的思想倾向，将一种心性论的立场嵌入《乐记》对"声""音""乐"概念的说明当中，构建了人性论意义下的"声""音"理论。这究竟是周乐理论的本意，还是儒家的特色，有待于我们在分析的过程中逐一分辨。

有鉴于以上情况，在本章对"声""音""乐"概念的梳理中，我们把目标文本就集中在《乐记·乐本篇》[1]。只讨论这数百言的文字，既能最大限度地避免文献编纂所导致的杂乱，又能给"声""音""乐"概念确定一个基本的解释。而有了这一基本的解释，我们也能在面对其他涉及礼乐传统的文本时展开比较、判别，以形成对观念转变的定位。

在本章的讨论中，我们首先从《乐本篇》的第一段文字入手，在物之理的层面确定"声""音"概念的意义及两者之间的关联；继而通过《乐本篇》第二至四段文字，在人性、人心的维度解释"声""音"的由来及其内在的关系；有了以上的准备，我们就能够讲明"乐"在形式、价值等不同层面上的具体意义。值得注意的是，在解释"声""音""乐"概念的过程中，我们会不断发现这些概念与现在所说的"音乐"（music）存在距离，而这些距离也常给我们带来误解。

---

[1] 郑玄将《乐记》分为《乐本》《乐施》《乐言》《乐象》《乐情》等篇目，具体内容参见附录二。

一、从物之理看"声""音"概念

开始讨论前,我们先做两项准备:第一,解释什么是"物之理",它和"物理"(physics)有什么异同;第二,简要梳理论证本节要分析的目标文本。

我们这里所说的"物之理",是指传统以气论为基础所呈现的自然流变规律。一方面,与现代"物理"不同,它不以"能量""振动""非线性"等概念来展开对"声""音"的解释,也塑造出了不同的"声""音"的价值内涵;但另一方面,若想对传统文献中的"声""音"概念形成准确的定位,对文本所涉及的一些重要问题、重要现象有准确的说明,我们又必须借助现代物理学的解释方式。质言之,我们要在"物之理"和"物理"的异同辨析中,把握周乐传统的"声""音"概念。

而本节要讨论的核心文本,其实只有《乐本篇》的第一段话,即:

> 凡音之起,由人心生也。人心之动,物使之然也。感于物而动,故形于声。声相应,故生变,变成方,谓之音。比音而乐之,及干戚、羽旄,谓之乐。

按字面意思看,大凡"音"的出现,都是从"人心""生"来的;而"人心"的萌动,又起因于外物;(人心)受感于外物而产生萌动,便"形化"为"声";"声"之间的相互"应和",就能产生"变化";"变化"有了"规矩"或者"章法",就可以称之为"音";(我们)将这些"音"排列起来,"乐"化它们,配合着武(舞)器、装饰进行舞蹈，就可以称之为"乐"了。

上述文本内容，先从"音"反推出"声"，再从"声"一步步讲到"音""乐"，"声""音""乐"概念内在的层次感非常明确，"乐"之形成要奠基在"声""音"之上。在"声""音"这两个概念中，"声"无疑是最小、最基础的元素，我们就先来看看"声"的意思。

先人使用"声"这个概念指称很多内容：可以是自然界最基本的发声现象，或者说能直接被听觉感知的声响，如"声者，鸣也"（《白虎通·礼乐》）；可以是符合"律"的乐音（musical sound 或 musical tone，与噪音相对），如"声依永，律和声"（《尚书·舜典》）；还能特指人与人语言交流的腔调、文辞[1]，如"上用目则下饰观，上用耳则下饰声"（《韩非子·有度》）。要解释这一复杂的指称情况，我们需要对"声"的概念做一个层次上的疏解。

首先，最基本的"声"，既是一种听觉对现象的感知，也是外物对听觉形成的作用。前者作为一种听觉现象的感知，能被听觉感知到的变化与振动就可以叫"声"，"声"因此对应于一种知觉的事态。这里就与现代物理学所讲的"介质的振动"有所不同，比如"大音希声"的"声"对应于一种知觉的事态，它就符合传统文献中的"声"的概念。而作为一种外物对听觉形成的作用，"声"又标识着"人心"的变动。《乐记》曰："人心之动，物使之然也。感于物而动，故形于声。"物动而人心应，相应的过程就是"感"。何谓"感"我们暂且不表，只说若人心寂如死灰，"感"不

---

[1] 首先指人之语言交流中的元音、辅音、腔调等，更进一步引申出语言的表达方式，详见下文论述。

到外物，便产生不了"声"。也就是说，有"声"出现就对应着"人心"的活动变化。这里的"声"也具有动词的意义。《周礼·大司乐》谓："凡建国，禁其淫声、过声、凶声、慢声。"这里的种种"声"就是发出声响，特指弹奏乐器而发声的技巧。

其次，"人心"对"声"的好恶，促成了"律"的产生。以"律"为标尺，悦耳的"声"被选择了出来。这一过程近似于现代人以"振动的规律性"为标准，而将"一台钢琴所能演奏的88个主音音高及其组合而成的泛音列"①确定为"乐音"②。也就是《尚书·舜典》所谓的"律和声"——依照人心好恶与自然规律交汇而成的法则，对听觉感受的所有现象进行甄别。③如是，"声"具有了"乐音"一层含义。

"人声"比"乐音"的范围更小，却是"声"概念内涵里比较重要的一层。孔颖达疏曰："人心既感外物而动，口以宣心，其心形见于声。心若感死丧之物而兴动，于口则形见于悲戚之声。心若感福庆而兴动，于口则兴见于欢乐之声也。"④这是说，人心感受到外物变化，就能从嘴巴里发出声音，所以人声表达的是人心的状态。如果人心死丧，就发出悲戚的声音，如哭声；人心感受到外

---

① 按现在通用的十二平均律，从最低音（每秒振动16次左右）到最高音（每秒振动4186次），整个乐音体系中约有97个音，而钢琴中的88个音是最为常用的乐音。乐器的音高通常和谐波震荡有关。譬如弦乐器或管乐器可以震荡空气产生声音，亦可以不同的频率震荡而发出不同频率的声音。根据驻波的原理可知，这些频率大多数呈现倍数关系，这些声波即组成泛音列。
② 按理应称为"乐声"，时下称为"乐音"，下文沿用"乐音"。
③ 编钟、编磬等出土乐器所用声律并非现代常见的"十二平均律"，见下文详述。
④ 郑玄注，孔颖达疏：《礼记正义》，第1251页。

物的福庆，就发出欢乐的声音，如笑声。当然，这里"口以宣心"所讲的不只是哭声、笑声，也包括人们说话时的语音语调，能微妙而又清晰地宣示出当下的情绪，值得进一步探讨。

人的发声是身体不同器官的一次整体性协作：一方面，肺部挤压空气振动声带，声带产生的振动引动腔体（如颅腔、咽喉、胸腔和口腔等）共振，原本细微的振动被腔体的共振扩大；另一方面，振动在口鼻间被腭、舌、唇等肌肉运动挤压产生变化，出现一些特定的音高、语调和字音。同时，日常的经验告诉我们，身体状态深受主体情绪、情感的影响，比如"（人心）感死丧之物而兴动"，那么主体就会有一种悲戚的情绪，这也使得身体各器官都处于一种消沉的状态中，此时若发声，则各器官的消极状态便使声音暗淡，有如一声长叹，就是所谓"悲戚之声"。更进一步，人心有感于不同的死丧之物时，身体也随之处于不同程度的悲戚、消沉，宣之于口（鼻）也有细微的差异。由此我们不难理解，经过身体各部分协同作用而发出的"声"，体现的是人们当下最细致的身体状态，也真切反映出当下的情感状态。

最后，"人声"体现人心对外物的感触，也表现为人心将自身的情感投射到对某种外物的描述之中。既然"人声"可以直接地宣示人内心的感受，情感可以通过"人声"而表达，语言也就有了形成的基础。德国哲人洪堡（Wilhelm von Humboldt）认为，除去类似语气词、特殊名词，人们可以通过声音"直接的模仿"表示对象物在心中的形象，如"猫"得名于它发出的"喵喵"叫声等；也可以使用"非直接的模仿"化用人声和外物某种意向的对应联系[1]，比如我们看到一只蜗牛，心中产生一种蠕动，甚至恶心的直觉感受，这种感受就可以通过发出"wo"声，借舌头的蠕动模拟出一种恶心的感受[2]。同时，人和人能够通过发声进行沟通，依赖着这种能引发共情的交互作用，一个"wo"声可以使大家都感觉到舌头的蠕动，这也为情绪的表达做了准备。总之，"人声"对人心状态的反映，为语言的形成奠定了基础。[3]

综上，从听觉可感知的"振动"，到人耳所喜好的"乐音"，再到宣之于口的"人声"，"声"的指称范围越来越小，也越来越具体。我们看到的指称范围的缩小，是建立在"振动频率""介质"等现代物理学理论之上——要满足特定频率的"振动"才能称为"乐音"，而人类音域的表现范围又只是"乐音"的一小部分。那么，传统又如何建立对"声"现象的基本解释呢？答案就在"气"上，一切"声"现象都是"气"流动变化的展现。

---

[1] 洪堡认为人类语音的运用包含"直接的模仿""非直接的模仿"和"通过表达概念的类似性而形成的语音相似"等三类。参见威廉·冯·洪堡：《论人类语言结构的差异及其对人类精神发展的影响》，姚小平译，北京：商务印书馆，1999年，第90—92页。

[2] 洪堡认为，像st的听觉印象给人一种"稳定"的感受，故而有stehen（站立）等表示稳定的词汇；像w能造成"动荡不定、模糊紊乱的运动"的感受，便对应有weben（吹刮）、wind（风）等表示运动的词汇，诸如此类。参见威廉·冯·洪堡：《论人类语言结构的差异及其对人类精神发展的影响》，姚小平译，第94页。

[3] 从"舌""言""音"等字在汉语字源学之衍生关系中，我们也可以看到"人声"发展成为"语言"需要经历数个阶段，正是所谓"声"相应、生变而成"音"，详见下文讨论。

首先,"声"是人感知"气"之流动变化最直接的方式之一。①如《庄子·齐物论》讲:"夫大块噫气,其名为风,是唯无作,作则万窍怒呺,而独不闻之翏翏乎。""气"的流动变化就形成风,风吹物成声,"声"是流动变化的一种形著化表现。人们通过触觉感知到风,通过听觉感知到声,两种感知相互支持形成对"气"的直观体验。风与声的关系很紧密,所以在乐的传统中让君主体察民情的行为叫"采风",而《诗经》中的"国风"则是反映诸侯国文化特质、文化声音的篇章。

其次,"乐音"是"气"引动乐器所形成的有规律的振动,"人声"则是"气"在人体中引发之振动。《春秋左传正义》中讲"气"时说:"人以气生,动皆由气,弹丝、击石莫不用气,气是作乐之主,故先言之。"②这里说"气是作乐之主"强调"气"是"乐"所形成的首要基础。一者,金、石、丝、竹等乐器要靠"气"来产生"乐音";再者,人声可以入"乐",而人本就禀气而生,四肢百骸之动离不开"气",人之发声更伴随有明显的呼吸之气。

总之,以"气"解"声"包括自然风动之"气"、乐器吹奏之"气"和人声呼吸之"气",相应于"发声""乐音"与"人声",在振动频率递减的规律上与物理学的解释是相仿的。

另外,以"气"解"声"还有更深的理论目的,即回归"同

---

① 朱载堉《律学新说》中讲:"律与天地之气相通而无窒碍,然后正音出焉。"李约瑟于《中国之科学与文明》中论及"气的概念与声学的关系"时亦曾提到,欲了解中国声学思想必须从"气"的概念出发。"声"与"气"的关系紧密而复杂,中间还包含"风"等其他概念相互支撑,详见下一章讨论。

② 杜预注,孔颖达疏:《春秋左传正义》,北京:北京大学出版社,2000年,第1614页。

声相应、同气相求"的基本原则。传统气论讲天地之气与万物、万事同源，牵一发而动全身，如《吕氏春秋·季夏》有言："不可以兴土功，不可以合诸侯，不可以起兵动众，无举大事，以摇荡于气。""举大事"则伤天地之气，伤天地之气即伤万事万物流行之气，这也是一种"同气相求"。按《乐本篇》的讲法，"凡音之起"是"人心感于物而动"，这里的"感"就是指外物与"人心"产生"同气相求"的关联，外物之"气"动，而心所同之"气"相应而动。

值得注意的是，《乐本篇》讲"凡音之起"，此处是"音"而非"声"，又说"声相应，故生变；变成方，谓之音"，换言之，从"声"到"音"至少还有"相应""生变"和"成方"等几个阶段。那么，这几个阶段该如何来理解呢？

先说"相应"。在一间摆放着不同乐器的房间里，我们随机弹奏某个乐器使其发出特定音高，就会让房间里的其他乐器跟着产生相应的音响，这就是共振现象，也就是《易》所谓"同声相应、同气相求"。一件乐器，无论是管乐还是弦乐，只要它发声，就有特定的振动；这个振动传递开来，带动周围的空气（介质）一起振动；空气（介质）振动刺激耳膜，我们就能听到这个声音，包括它的音高、音色、音量等；传到其他乐器上，引发相应频率的振动，在音高相同的情况下，音色的差异构成一种和声效果，这是"相应"。

有"相应"就有"生变"。自然事物、现象的差异性不容许千篇一律的"相应"发生。以弦振为例，一根振动的弦，除了全弦之振动所表现出的频率外，弦每部分也独立发出成倍的音高。全弦振动的音高，与它的半弦、三分之一弦、四分之一弦等的振动所表现出的音高成一定比例，这些成比例的变化音，我们叫它泛音,它们的集合,就是泛音列。泛音的出现,标志着"生变"的情况不断出现;而泛音列的产生,使得"生变"的情况既复杂又有规律。比如让钢琴演奏的一个"dol"音引动小提琴,则小提琴也会发出一个"dol"音,但是在听觉效果上,两个"dol"音会有明显的"音色差异"[1],这就是泛音列带来的效果。换成人声来看更直接,如果"我"唱一个"dol"音让第二个人模仿,那么第二个人唱出来的"dol"音一定有着不一样的听觉感受,如果换成男女相互模唱,这种差异更为明显。这就是在"声相应"时,由客体禀赋之差异、气质之差异而导致的"生变"。《乐本篇》用一个"故"字将"相应"和"生变"联系起来,体现出"相应"与"生变"既自然而发、相为因果,又一体两面、相辅相成的关系。

"相应""生变"相对好理解,"成方"二字就要复杂些,郑玄注"成方"曰:"方[2],犹文章也。"孔颖达疏曰:"声既变转,和合次序,成就文章,谓之音也。"[3] 郑玄所谓"文章",即孔疏"转变而合次序",如果将"方"理解为"辨别而合次序"[4],就是说"声"之变符合了某些"规则"而得以条理清晰才是"成方"。"成方"

---

[1] 根据音色的不同,我们能在同一音高和同一声音强度下,区分出该声响是由何种乐器或人声发出的。就好像每一个人说话有不同的音色,可以据其分辨不同的人。同时,音色也能使人联想,比如有的人说话声"沙哑",我们听后感觉到一种莫名的压力,联想到原野间飘荡着泥土制成的埙发出的"沙沙"的声音。

[2] "方",《说文》曰:"方,并船也。"是说"方"起先是表明相并的两艘船。之后渐渐出现了"齐等、相当"的含义,继之出现"法度、准则"之义。《诗经·大雅·文王之什·皇矣》有曰:"万邦之方,下民之王。"毛传:"方,则也。"

[3] 郑玄注,孔颖达疏:《礼记正义》,第 1251—1252 页。

[4] 韦昭注"民申杂糅,不可方物"(《国语·楚语下》)曰:"方,犹别也。"

依赖规则，那么规则何来呢？我们需要借助实验现象来解释一下。

我们取等音高的弦 A（以下简称"SA"）与管 A（闭口管，以下简称"TA"），测定 SA 全弦振动发声的泛音列为 N（即 n_1, n_2, n_3, n_4, n_5, …）与"TA"全管振动发声的泛音列（即"驻波"）为 M（即 m_1, m_2, m_3, m_4, m_5, …）。根据实验显示，泛音列 N、M 所含振动频率中，除主音 n_1 及 m_1 相同外，其他各音均有差异。我们将最明显的差异音称为"特征音"，是乐器音色差别的基本表现。如果以 n_3、m_3 标识 SA 与 TA 的特征音，实验可发现：

（现象一）如果单独奏响 SA 一次引发 TA 共振，或相反，则现实保留时间最长的振动（即所谓"余音袅袅"），便是 m_3、n_3；

（现象二）如果同时奏响 SA 与 TA，使共振相互影响，最早消失的则是 SA 与 TA 的"特征音"n_3、m_3。

根据实验中的现象一，拨动弦 SA 所发出来的声音是以 SA 基音 n_1 为主的整个泛音列（即 n_1, n_2, n_3, n_4, n_5, …），此时 SA 的振动也引起了 TA 的共振，但 TA 的振动却产生了特征音 m_3，这是原泛音列 N 中没有的音。如孙希旦在《礼记集解》中讲："然既形则有不能自已之势，而其同者以类相应。有同必有异，故又有他声之杂焉，而变生矣。变之极而抑扬高下，五声备具，犹五色之交错而成文章，则成为歌曲而谓之音矣。"[①] 孙氏这里说的"他

---

① 孙希旦撰，沈啸寰、王星贤点校：《礼记集解》，第 976 页。

声之杂",就是指"特征音"m_3的出现,"变之极而抑扬高下"对应特征音的延迟、保留与凸显,而"五声备具"则指不同类型、材质的乐器(比如石、鼓、竹等),其特征音也在"五声"的范畴内,甚至能组成完整的五声谱系。①

由现象一转向现象二,"成方"的规则问题就显露了出来。事实上,当我们同时拨动弦 SA 并吹响 TA 时,两个"泛音列"N 和 M 会通过介质相互影响,其中相同频率振动(如 n_1 和 m_1,n_2 和 m_2,……)的"相位差"在相互激荡中消失,但振动(即音高)得到保持;而以"特征音"为代表的不同频率振动却在偏转中消失。同频的振动得到延续,不同频的振动在偏转的过程中消失,最终留下的稳定结构,就是"成方"。"成方"也就是"声"与"声"之间形成的稳定的组合,这种组合可以是同时发出的共时"音程"或"和弦"等,也可以是先后出现的旋律"音程"等。"声"的不同组合导致其在"成方"的过程中产生千姿百态的现象,也就是所谓"交错成文章"。

对"声"之"相应""生变"而"成方"的过程,孙希旦称其为"不能自已之势"。换言之,"声"之"相应""生变"和"成方"是势所必然的,自"声"的发出开始,其向外扩散之"势"就不可阻止。无论是自然之"声",还是"人声",都起于一气振动引

---

① 在这种对应关系中,随着增多实验中的变量 SA 及 TA,"五声"便有机会全部模拟出来;而"五声之抑扬高下"说明"生变"的音高不必局限在所谓的一个"八度"之中。另,前人注疏一般将"声"之种类定为五种,这里包括音乐史上的一些争论,本文将"五声"作为一种概说。与"四声""七声"之论相当,为虚指,"生变"之"声"具在其包含范围之内。

发的共振，后因气之夹杂变化、相互激荡而归于平静，起落间其"势"具现。可以说，"声"自其出现之时，便不能自己地向着"音"发生转变。这种由声及音的转变过程，在《乐记》中表现出两条进路：其一，是"人声"向"语言"之转进；其二，是"乐音"向"乐曲"的转进。

"人声"向"语言"之转进，前文已经有所提及。"人声"能对情感进行细腻而准确的传递，这就是"相应"；不同的"人声"相互组合构成了"语词"，这就是"生变"；"语词"通过语法、逻辑之规范而形成"语言"，这就是"成方"。换言之，"语言"的形成，就是由"声"而变为"音"的过程。当然，"语言"也包括"诗"。"诗"能传递信息、表达情感，自然也是由人心生的"音"，而且它具备一般的"音"不能匹敌的韵律，这种韵律是对"成方"规则的强化。所以，"诗"更成为"乐"的直接组成部分之一。站在"乐"的角度看"诗"，"诗"是"乐"最重要的文辞表现形式。通过歌、诵、咏等形式的承载，"诗"又与其他乐器演奏的旋律交织，融洽在统一的审美感受中。

"乐音"向"乐曲"的转进，可以在"乐曲"的演奏中得到展现。乐器被演奏而产生有规则"振动"，就是"相应"；乐器同时或先后发出的不同"乐音"相互作用形成"音程""和弦"和"旋律"等形式，这其中就是"生变"；这些"音程""和弦"和"旋律"等按照一定的规则、比例次第排成"乐曲"，这就是"成方"，所以说"乐曲"是"声"成方而为"音"的第二类。

以上两条"声"转为"音"之路径，是《乐记》中"音"最为常见的两层含义。而在先秦文献中"音"所包含的更多意义，可以在后文的不断深化中再展开。通过本节的讨论,我们已经从物之理的角度解释了"声"的意义和由"声"成"音"的过程,而在《乐记》的心性论意味中还蕴含着另一条围绕"人心"概念展开的"声""音"解释进路,尤其值得注意。所以下一节,我们将站在"凡音之起,由人心生"的角度,再看看心性论立场下的"声""音"意义。

二、从心性论看"声""音"概念

将"声""音"与"心""性"概念连讲,《郭店楚墓竹简·性自命出》算是较早的文献,其开篇有云:

> 凡人虽有性,心亡奠志,待物而后作,待悦而后行,待习而后奠。喜怒哀悲之气,性也。及其见于外,则物取之也。性自命出,命自天降,道始于情,情生于性。……知情者能出之,知义者能内(入)之。好恶,性也。所好所恶,物也。……凡性为主,物取之也。金石之有声,弗扣不鸣,人之虽有性,心弗取不出。[①]

这里的"性"不只有心性意味,也有气性意味。前者如"好恶,性也""情生于性"等在讲"心、性、情"的发用,是在心性论脉络里讲"性";而后者如"喜怒哀悲之气,性也"则从材质形成上

[①] 荆门市博物馆编:《郭店楚墓竹简》,北京:文物出版社,1998年,第179页。

讲"性"，表现出明显的气论特征。又因为气论的这一层意义托底，所以引文"金石之有声，弗扣（叩）不鸣，人之虽有性，心弗取不出"一句，虽然明确了"声""音"与"心""性"的关系，但这个关系更依赖自然流变中"同气相求"的对应性，这一点和《乐记》的解释明显不同。

我们讨论《乐记》如何在心性论脉络中建立"声""音"的意义，也是倚重《乐本篇》中的内容。在展开讨论前，同样需要先简单地梳理这部分文本，其文见：

> 乐者，音之所由生也，其本在人心之感于物也。是故其哀心感者，其声噍以杀。其乐心感者，其声啴以缓。其喜心感者，其声发以散。其怒心感者，其声粗以厉。其敬心感者，其声直以廉。其爱心感者，其声和以柔。六者，非性也，感于物而后动。是故先王慎所以感之者。

> 凡音者，生人心者也。情动于中，故形于声。声成文，谓之音。是故治世之音，安以乐，其政和。乱世之音，怨以怒，其政乖。亡国之音，哀以思，其民困。声音之道，与政通矣。

> 宫为君，商为臣，角为民，徵为事，羽为物。五者不乱，则无怗懘之音矣。宫乱则荒，其君骄。商乱则陂，其官坏。角乱则忧，其民怨。徵乱则哀，其事勤。羽乱则危，其财匮。五者皆乱，迭相陵，谓之慢。如此，则国之灭亡无日矣。

> 郑、卫之音，乱世之音也，比于慢矣。桑间、濮上之音，亡国之音也，其政散，其民流，诬上行私而不可止也。

凡音者,生于人心者也。乐者,通伦理者也。是故知声而不知音者,禽兽是也。知音而不知乐者,众庶是也。唯君子为能知乐。是故审声以知音,审音以知乐,审乐以知政,而治道备矣。是故不知声者,不可与言音,不知音者,不可与言乐。知乐,则几于礼矣。

这段文本内容偏长,引文三段首句都是"凡音之起,由人心生也"的变体,陈澔注曰:"愚谓首节言人心之感而为声,由声而为音,由音而为乐。其自微而至著,有是三者之次。……此二节言人之感而发为声者由于政,所以申首节言'声'之意。"[1] 总的来看,"凡音之起,由人心生也"最直接的意义是在讲,"声"之"相应、生变、成方而名音"的整个形成过程是"由人心生"。而分看三段则可以这样说:一方面,表述上的差异标明三段论证各自的独立性,三段文字是在"声""音""乐"三个层面分别进行的阐述;另一方面,论证的独立性反过来又使这三句类似的话具有了不同的指向,分别在说"声""应""变""方"乃至"不能自已之势"俱为"人心"本有。以下随文解之。

第一段论述讲"情"动而成"声","情"是人心本有之情,不同之"情"产生不同之"声"。其对应关系如下:

是故其哀心感者,其声噍以杀。其乐心感者,其声啴以缓。其喜心感者,其声发以散。其怒心感者,其声粗以厉。

---

[1] 孙希旦撰,沈啸寰、王星贤点校:《礼记集解》,第977页。

其敬心感者，其声直以廉。其爱心感者，其声和以柔。六者，非性也，感于物而后动。

如何理解人情？与传统常见的"四情""七情"说稍有不同，《乐本篇》将"生而静"的"心"受外物引动而生之"情"分为三类六种，方悫解释说："凡人之情，得所欲则乐，丧所欲则哀；顺其心则喜，逆其心则怒；于所畏则敬，于所悦则爱。"[①] 方氏对《乐记》讲"情"的概括，是以"得丧所欲""顺逆其心""所畏所悦"等三类，分"情"为"哀""乐""喜""怒""敬""爱"两两相对的六种。在三类区分中，"得丧所欲"说的是外物，"哀""乐"就是"心"对外物之得失所表现出来的状态；"顺逆其心"说的是内心，"喜""怒"就是"心"对自身之得失所表现出来的状态；"所畏所悦"说的是德性，"爱""敬"就是德性流露所表现出来的状态。这种区分颇见深意，也为解释"人心"应对外物时产生的差异性保留了空间，如孔颖达说："心既由于外景而变，故有此下六事之不同也。若外境痛苦，则其心哀。哀感在心，故其声必踧急而速杀也。"[②] 依此见，外物引动人心所表现出来的哀、乐、喜、怒、敬、爱六种是最原初的、最独立的情实（emotional disposition），也是意义发生的根基。

基于对"情"的区分，"声"在音响效果上的差异，如"噍以杀""啴以缓""发以散""粗以厉""直以廉""和以柔"等六种形态，便能与"哀""乐""喜""怒""敬""爱"形成对应关系。"噍

---

① 孙希旦撰，沈啸寰、王星贤点校：《礼记集解》，第977页。
② 郑玄注，孔颖达疏：《礼记正义》，第1253页。

以杀"的表述将"噍""杀"分置"以"字前后也代表着一种发展的过程,"以"字之前的"噍""啴""发""粗""直""和"等六种近"情"之动,而"以"字之后的"杀""缓""散""厉""廉""柔"等六种则近"声"之形(即音响效果)。这里的"声"同样包括"人声"和"乐(器)声",孔颖达讲:"此声皆据人心感于物而口为声,是人声也。皇氏云'乐声',失之矣。"[①] 孔氏讲"人声"较之"乐声"对"情"的反映更加敏锐自然不错,但"人声""乐声"都能够以其音响效果而相应于情也是客观事实。

对于"声"与"情"的对应关系,方悫还有进一步的展开:

> 噍则竭而无泽,杀则减而不隆,盖心丧其所欲,故形于声者如此。啴则宽绰而有余,缓则舒徐而不迫,盖心得其所欲,故形于声者如此。发则宣出而无留遗,散则四畅而无郁积,盖顺其心,故形于声者如此。粗则壮猛以奋发,厉则高急而凌物,盖逆其心,故形于声者如此。直则无委屈,廉则有圭角,盖心有所畏,故形于声者如此。和则不乖,柔则至顺,盖心有所悦,故形于声者如此。[②]

方氏一边疏解人心之动而生情,另一边又用这些特定状态对声音进行定向的描绘,以达到"情""声"二者间之对应。以"噍以杀"为例,"噍"描绘出人心因外物引动而使身心处于"焦急"而心竭之状态,而"杀"则指身心"焦急"之状态表现在人口发

---

① 孙希旦撰,沈啸寰、王星贤点校:《礼记集解》,第977页。
② 孙希旦撰,沈啸寰、王星贤点校:《礼记集解》,第977页。

声、手弹乐器等过程中，因用力的相应变化使"人声""乐声"带出肃杀而快速的"音色"与"节奏"。"焦急"等状态为何能使"声"与"情"相应呢？

"焦急"而心竭，通俗地讲就是心慌意乱，是一种紧张的心理状态。这种心理状态导致我们的神经、肌肉处于过度兴奋和活跃的状态，此时发出的"人声"或"乐声"自然带出快而紧凑的感受。同理，"啴""发""粗""直""和"等心理状态亦对应表现出相应感受之"声"。

"相应"如此，而后是"生变"。"肃杀"等效果就是"声"对"情"之"生变"。"肃杀"本是用来形容"人声"或"乐声"在听觉感受中的印象，这种印象可能是主体对二阶感受的描述，之所以说是"二阶"，是因为这里包含一个反省印证的过程。换言之，外物引动"人心"而生出特定的"反射"（如"噍"），这种"反射"影响身体机能的表现（如"焦急"或"竭而无泽"），导致发出或演奏出的"声"有了对应于"反射"的效果（如"减而不隆"），这种效果再一次通过听觉被"人心"把握而产生感受判断（如"杀"），这种感受判断让"人心"对自己当下的状态有所反思，并促使主体产生新的意向投射。原有的"噍"与再次投射产生之"杀"的二阶感受有明显的不同，这种差异正是"声"相应于"情"（即"噍"）而"生变"（即"杀"）的结果。依《乐记》总结来看，就有"杀""缓""散""厉""廉""柔"等六种。

比之"相应"而言，"生变"更加复杂多样。这是因为"生变"有赖于"人"的气禀材质，气禀的差异使得"生变"增加了更多偶然性。而在"声"与"情"的"相应""生变"的过程中，"人心"之表现层层外扩，陈澔注"六者，非性也，感于物而后动"一句时说："六者（指六类情感表现）之动，乃情也，非性也。性则喜怒哀乐之未发者是也。"[①]"心"之萌动并非直达为"情"，它先是受外物牵引，这一步是"感"，继而向外发动，这一步是"相应"，具体为"噍""啴""发""粗""直""和"，再宣之于口、奏之于乐器而成"声"，这其中是"生变"的过程，相应有"杀""缓""散""厉""廉""柔"。此上便是喜、怒、哀、乐已发之象，故谓之"情"。

另外，心物间的相互引动就是"感"。所谓"感"，有两种状态：其一是"心"处于原初之"静"，应外物之动而动；其二即如"其哀心感者，其声噍以杀"所讲，是说"心"已经处在"哀"的情感状态之中，此时"人心"不是"生而静"而是"动且哀"，这样的"人心"更容易把握外在"噍以杀"之"声"，反而对其他声响不甚敏感。"人心"既可受"物"引动，又可主动选择受感之"物"，这是《乐记》对"感"理解的深刻之处。也正因为"感"的这种双向作用，《乐记》才说："先王慎所以感之者。"质言之，作为"人心"动而生"情"的起点，虽然"声"之"相应""生变"均为"不能自已之势"，本身似不具备"当"与"不当"的区分，但圣王见微知著，要在此"声"初生之际看到"感"对人、物两边的限定与影响。

---

① 宋元人注：《四书五经》（中），北京：中国书店，2009 年，第 204 页。

以上所论即引文第一段所讲"声"起于"人心"之动,我们可以看到,这里也讲到了"声"之"相应"与"生变"等如何在"人心"中展开的过程。当然,由"声"成"音"还有"成方"一句,就进到了引文第二段的内容:

> 宫为君,商为臣,角为民,徵为事,羽为物。五者不乱,则无怗懘之音矣。宫乱则荒,其君骄。商乱则陂,其官坏。角乱则忧,其民怨。徵乱则哀,其事勤。羽乱则危,其财匮。五者皆乱,迭相陵,谓之慢。

如果说在第一段引文中,"声"是根据"音色(情感)"之差别而分成六类,那么此处的"声",则是依于"音高"差别分成五种。很明显,"音高"是一个关系性概念,至少要有两个"声"放在一起才有高低比较。而将几个"声"排列成有"宫""商""角""徵""羽"规范的高低顺序,显然就已经是"成方""成文章"的样子,所以这里称"(无怗懘之)音"而非"声"是准确的。

有规律地排列音高就是"律",这里有两个主要内容:其一是确定标准音高,即所谓"定音";其二是确定音高的生成关系,即所谓"生音"。所谓"定音",就是确定基准音高,比如现行西洋乐器以机械波为440Hz、波长78cm的小字一组的a音作为标准音;而所谓"生音",就是以基准音高为起点,按照一定生成关系找出其他音高,比如现行十二平均律是将纯八度音程(如440Hz与880Hz之类的、成倍的振动频率,即为纯八度关系)十二等分的半音作为音高的生成关系。有了"定音"和"生音"标准，一个完整而独立的乐音体系就能确定了，换言之，"定音""生音"方式的差异也会产生不同形态的乐音体系。如果"定音"方式稀奇古怪，像《左传》所记的"周景王造无射大钟"，会导致乐音体系不稳定；如果"生音"方式标新立异，如常见所谓"郑卫之音"的讲法，也同样会使乐音体系不合规制，这些情况等我们讲到乐教崩坏的表现时会有详述。

先秦文献中记录的"定音"方式充满神话色彩，也体现了一种神圣权力。我们看到很多"定音"的故事和"夔"有关。或以"夔"为上古一足神兽，见《山海经》记："其上有兽，状如牛，苍身而无角，一足，出入水则必风雨，其光如日月，其声如雷，其名曰夔。黄帝得之，以其皮为鼓，橛以雷兽之骨，声闻五百里，以威天下。"这里黄帝以夔皮制战鼓就是一种定音的方式。或以"夔"为帝尧、舜时期之乐官，见《吕氏春秋·古乐》记："夔乃效山林溪谷之音，拊石击石，以象上帝玉磬之音，以致舞百兽。"这里效"山林溪谷之音"以象"上帝玉磬之音"也是"定音"的方式。"黄帝""神兽""日月""风雨""雷""山林溪谷""上帝"等意象都具有超越象征，这种超越象征代表着"定音"的合法性，也就是说"定音"行为本身也体现着权力。

当然，"定音"的方式也随着历史发展慢慢从神话转向理性，尽管这种所谓理性的方式依然带有神秘色彩。"飞灰候气法"在《礼记·月令》中就有记录，而《后汉书·律历上》中的记载更为完整：

是故天子常以日冬夏至御前殿，合八能之士，陈八音，听乐均，度晷景，候钟律，权土炭，效阴阳。冬至阳气应，则乐均清，景长极，黄钟通，土炭轻而衡仰。夏至阴气应，则乐均浊，景短极，蕤宾通，土炭重而衡低。进退于先后五日之中，八能各以候状闻，太史封上。郊则和，否则占。候气之法，为室三重，户闭，涂衅必周，密布缇缦。室中以木为案，每律各一，内庳外高，从其方位，加律其上，以葭莩灰抑其内端，案历而候之。气至者灰动。其为气所动者其灰散，人及风所动者其灰聚。①

"飞灰候气法"的理论依据在"候气"二字，而"候气"是由传统气论发展而来。依传统气论，一年中的节气变化对应阴阳二气的进退升降，尤其是引文所讲的"冬至""夏至"两节更具特征性。其中"冬至"是阴气至极、一阳来复，恰好测定阳气发动之机，其"乐均清，景长极，黄钟通，土炭轻而衡仰"；而"夏至"是阳气至极、一阴初生，则测定阴气初生之机，其"乐均浊，景短极，蕤宾通，土炭重而衡低"。"飞灰候气法"的具体步骤是：在一个密闭的房间里，将不同长度的管顺次插入木案，使其上端平齐，下端覆以绢帛，同时将芦苇灰放入管内。在冬至日，一阳来复，地气蒸腾，管内气流向上升。当气流力量与管长比例最恰当时，飞灰则正好能冲出管，这个管就是"黄钟管"，吹响此管所发出的声响，就是"黄钟音"。

---

① 范晔撰，李贤等注：《后汉书》，北京：中华书局，2001年，第3016页。

从理论设计来看，黄钟管向下延伸较长，感应地中阳气早，其长度又恰好允许浮灰飞出，应是唯一的选择。[①]但据文献记载，除北齐信都芳曾宣称测候成功[②]之外，少有人能验证，明代律学大家朱载堉的尝试亦以失败告终[③]。这种情况主要由两个原因导致：其一，实验器材、设备难以统一，无论房间之大小、位置，管壁厚度、直径、材料密度等，浮灰密度、颗粒的细密程度，都不易控制；其二，时空不可重复，究竟实验地点是南方还是北方，具体的湿度、温度、地球公自转周期变化等因素都可能影响实验结果。所以说这个方法的可重复性太低，实验难有成功。[④]

[①] 反过来，也有用黄钟管确定冬至日的讲法，如下文讲北齐信都芳之例，两者间有一循环关系。

[②] 《隋书·律历上》中尝记北齐信都芳之事曰："后齐神武霸府田曹参军信都芳，深有巧思，能以管候气，仰观云色。尝与人对语，即指天曰：'孟春之气至矣。'人往验管，而飞灰已应。每月所候，言皆无爽。又为轮扇二十四，埋地中，以测二十四气。每一气感，则一扇自动，他扇并住，与管灰相应，若符契焉。"

[③] 朱载堉在《律吕精义》中讲："旧说凡造律，河内葭莩灰、上党羊头山黍、宜阳金门山竹，三者不可缺一。然此三者皆易得之物也。所谓河内，即敝邑也。北距上党，南距宜阳，皆约三四日路。万历八年，庚辰之岁，余尝遣人采取三者，单粒之秬、双粒之秠、长节之竹，不止数万。亦自种之，黍成顷、竹成林，至今田园所收黍竹，皆彼处之种也。然地土不宜，不如彼处所产也。又尝依蔡元定之说，自长十寸，递减毫厘，至于五寸，共有三百八十四等，浅深排列，试验吹灰，竟无吹灰之理。始觉凡信此者，皆愚人、妄人也。"

[④] 王阳明在《传习录》中谈"元声在何处求"时也有此批评："曰：'洪要求元声不可得，恐于古乐亦难复。'先生曰：'你说元声在何处求？'对曰：'古人制管候气，恐是求元声之法。'先生曰：'若要去葭灰黍粒中求元声，却如水底捞月，如何可得？元声只在你心上求。'……'然至冬至那一刻时，管灰之飞或有先后，须臾之间，焉知那管正值冬至之刻？'……"参见王阳明：《王阳明全集》，第113页。

"飞灰候气法"的定音方式具有较明显的周文化特征，除它本身就记录在《礼记·月令》中外，一者它对"冬至"的注重带有周历特征[①]，二者这种定音方式弱化了神圣性而强化了规则、条件的自然属性。

　　一旦确定了标准音的音高，"黄钟"就成为一个乐音体系的基础。有人会问，为什么不通过多次实验生出不同的"声"，再将这些不同的"声"放在一起成为一个乐音体系？我们看"飞灰候气法"在设计上确实"置"不同管、测定更多"声"，但事实上，通过更多次的实验来确定不同的"声"，会使声音频率误差更大，其直接后果就是这个乐音体系内部不和谐。[②]所以，标准音确定以后，最易操作的办法便是直接在"黄钟管"管长上做文章，这就形成了"三分损益法"。

　　所谓"三分损益"，就是将"标准音"的管长均分三份，以减一份或增一份所得的管长发声来生成音高。比如我们确定了"黄钟管"管长，则"三分损益"的第一步就是从切分"黄钟管"开始。《礼记集解》引刘向语谓：

　　　　五声之本，本生于黄钟之律，其长九寸，九九八十一，是为宫声之数。三分损一以下生徵，徵数五十四；徵三分益一以上生商，商数七十二；商三分损一以下生羽，羽数四十八；羽三分益一以上生角，角数六十四；角之数三分之不

[①]　《史记·历书》云："夏正以正月，殷正以十二月，周正以十一月。"

[②]　其原因见第二章详述。

尽一算，其数不行，故声止于五。此其相生之次也。①

这段文字系统记述"损益"管长之数而生音的过程，以其中第一步为例：首先，我们定"黄钟管"为"九寸"②，并以此管的发声作为"宫"音。其次，将管长八十一等分，减掉三分之一（即"三分损一"），在数量上是五十四份，新管的发声与"黄钟"是五度关系，即为"徵"音③。如果，再以"徵"之五十四份为标准，三分而增加十八份（即"三分益一"），便能产生"商"。定"徵"、定"商"的完成，标志着"三分损益"之法的实操性较强，之后依"商"生"羽"、依"羽"生"角"，则相生两音都符合"三分损益"的规则，同时又保持与"宫"声的管长整数比率。

"三分损益"在实践中也有一些常见问题，比如：因为单纯地损或益会导致生音频率的偏移，所以何时损、何时益也要进一步考量；又，刘向说损益之法在生出一轮次的"宫、徵、商、羽、角"之后便"不尽一算"，如果再用于产生第六"音"，则第六"音"管长与"黄钟管"便不能成比例，二者音高也就不会和谐，所以"三分损益"生出五音后，乐官要再根据实际和声效果进行调试。另外，除"三分损益"之外，还有其他辅助的生音方式。

---

① 孙希旦撰，沈啸寰、王星贤点校：《礼记集解》，第979页。
② 此长度被称之为黄钟尺长，参见吴南薰：《律学会通》，北京：科学出版社，1964年，第343页。
③ 应为"林钟音"。另，刘向只说"宫声"而不说"商""角""徵""羽"为"声"，是因"商""角""徵""羽"皆依官声"成方"而来。

以上定音、生音的方法在音高上确定了"宫""商""角""徵""羽"的音程关系,也就是确定了一种乐音体系,或者说一种调式,进而结合音色的"杀""缓""散""厉""廉""柔"等六类,则有了三十种不同的音响效果。这种丰富性,为"声"的心性论意义之建立奠定了基础。

首先,《乐本篇》为"宫""商""角""徵""羽"赋予了人伦意义,曰"宫为君,商为臣,角为民,徵为事,羽为物"。孔颖达以"宫"为例,疏曰:

> "宫为君"者,宫则主君,所以然者,郑注《月令》云:"宫属土,土居中央,总四方,君之象也。"又"土爰稼穑",犹君能滋生万民也。又五音,以丝多声重者为尊,宫弦最大,用八十一丝,故"宫为君"。崔氏云:"五音之次,以宫最浊,自宫以下,则稍清矣。君、臣、民、事、物,亦有尊卑,故以次配之。"①

前面谈到,依于"情感"的对应关系,"音色"被赋予了心性论的意义,而此处依于音律中音高之间的关系,亦即音律中具有的意向,"宫""商""角""徵""羽"在调式中也被赋予了人伦意义。比如,"宫"有"居中央、总四方""丝多声重为尊"和"浊"而最"尊"诸象,此诸象在人世间与"君"相

---

① 郑玄注,孔颖达疏:《礼记正义》,第1256页。

配,以此类推,"商为臣""角为民""徵为事""羽为物"[①]等亦遵循此理。可以看出,依意向而赋予"宫""商""角""徵""羽"以"君""臣""民""事""物"等意义,这一做法建立起了人伦世界与音乐体系之间的联系。当然,"人心"能够依"律"中之"象"赋予相关意义也是有条件的。"律"内音高虽是固定的,然"宫""商""角""徵""羽"却只代表音程关系,并无固定音高规则。[②]所以,"宫""商""角""徵""羽"对应"君""臣""民""事""物",主要还是依赖在具体乐曲表现中的

[①] 《礼记集解》注曰:"商为臣者",郑注《月令》云:"商属金,以其浊次宫,臣之象也。"解者云:"宫八十一丝,商七十二丝,次宫,如臣之得次君之贵重也。"崔氏云:"商是金,金以决断。为臣事君,亦以义断为贤矣。""角为民",所以为民者,郑注《月令》云:"角属木,以其清浊中,民之象也。"解者云:"宫浊而羽清,角六十四丝,声居宫、羽之中,半清半浊,故云以其清浊中也。民比君、臣为劣,比事、物为优,故云角,清浊中,民之象矣。"崔氏云:"角属春,春时物生众,皆有区别,亦象万民众多而有区别也。""徵为事",所以为事者,郑注《月令》云:"徵属火,以其徵清,事之象也。"解者云:"羽最清,徵次之,故用五十四丝,是徵清,徵清所以为事之象也。夫事是造为,造为由民,故先事后乃有物也。是事胜于物,而劣于民,故次民,居物之前,所以徵为事之象也。"崔氏云:"徵属夏,夏时生长万物,皆成形体,事亦有体,故以徵配事也。""羽为物",羽所以为物者,郑注《月令》云:"羽属水者,以其最清,物之象也。"解者云:"羽者最清,用四十八丝而为,物劣于事,故最处末,所以'羽为物'也。"崔氏云:"羽属冬,冬物聚则成财用,冬则物皆藏聚,与财相类也。"

[②] 比如,"黄钟""太簇"可以互为宫商,"大吕""夹钟"亦可互为宫商,这就是所谓"旋宫转调",参见第二章讨论。

"形声会意"①。

既然音高已经具有了意义,再加上音色反映出的情感状态,这一特定的调式体系就相应建立起一个稳定的意义世界。《乐本篇》有言:

> 是故治世之音,安以乐,其政和。乱世之音,怨以怒,其政乖。亡国之音,哀以思,其民困。……五者不乱,则无怗懘之音矣。宫乱则荒,其君骄。商乱则陂,其官坏。角乱则忧,其民怨。徵乱则哀,其事勤。羽乱则危,其财匮。

"杀""缓""散""厉""廉""柔"既然是"声"之"相应"于"情"而"生变"的结果,若不能如先王一般对这种"不能自已之势"小心谨慎,则和"律"之"音"(即"宫""商""角""徵""羽"等)就会偏离自己的位置而"跑调"。孔颖达谓:"君、臣、民、事、物五者各得其所用,不相坏乱,则五声之响无敝败矣。……若五音之敝败,则政乱各有所由也。荒,犹散也。若宫音之乱,则其声放散,是知由其君骄溢故也。"② 什么是"君骄溢"?既然"君"是"宫","骄溢"是"喜""怒"无

---

① 在这个依"象"解"声"的过程中,有一个有趣的现象并未被历代注疏家提及。我们看到,历代注家都是就独立的"宫""商""角""徵""羽"来解释其中的意义,却并没有论及它们的"相生"过程。在实际的生音过程中,"宫"之后依次为"徵""商""羽""角",对应来看即"君"之后依次为"事""臣""物""民",这与"君""臣""民""事""物"的伦常顺序大相径庭。在听觉感受中,直接"相生"的两音最为和谐,而在音高顺序上"相邻"的两音最不和谐,这一现象值得注意。

② 郑玄注,孔颖达疏:《礼记正义》,第1257页。

常，而"喜""怒"无常便带来演奏时过分的"发散"和"粗厉"①，所以，"君骄溢"就是"宫"表现出过分的"发散"和"粗厉"之状。而"宫"本就是调式中最"浊"（音量大）、最"低"的音，如果不加收敛而肆意"发散""粗厉"，那么整个乐曲便被这一个音掩盖。同理，"商乱则陂，其官坏""角乱则忧，其民怨""徵乱则哀，其事勤""羽乱则危，其财匮"②，调式对应着现实的政治生活，而调式的混乱也反映、预示着现实政治的弊端。

另外，"宫""商""角""徵""羽"在调式中各自相对的音响效果存在着不同的流变倾向。例如，"宫"低而浊，最易流向"发散""粗厉"的境地而掩盖了其他的声音；"羽"高而清，最易流

---

① 即"其喜心感者，其声发以散。其怒心感者，其声粗以厉。"
② 注曰："宫乱则荒，其君骄"者，前明音声与政通，若五事皆正，则音不敝败，是声与政通，故此以下明声与政通也。若五音之敝败，则政乱各有所由也。荒，犹散也。若宫音之乱，则其声放散，是知由其君骄溢故也。崔氏云："宫声所以散者，由君骄也，若君骄则万物荒散也。""商乱则陂，其官坏"者，陂，不平正也。若商音之乱，则其声欹斜而不正也，是知由其臣不治于官，官坏故也。崔氏云："商声所以倾邪者，由臣官坏也，官若坏，则物皆倾邪也。""角乱则忧，其民怨"者，若角音之乱，则其声忧愁，是知由政虐，其民怨故也。崔氏云："角声所以乱者，由民不安业，有忧愁之心也。"民无自怨，皆由上失政，故下民生怨也。"徵乱则哀，其事勤"者，若徵音之乱，则其声哀苦，是知由徭役不休，其民事勤劳故也。崔氏云："徵所以乱者，由民勤于事，悲哀之所生。""羽乱则危，其财匮"者，匮，乏也。若羽音之乱，则其声倾危，是知由君赋重，其民贫乏故也。崔氏云："危者，谓声不安也。"羽音所以不安者，由君乱于上，物散于下，故知财乏，不能得安，故有匮乏也。"五者皆乱，迭相陵，谓之慢"者，迭，互也。陵，越也。若五声并和，则君臣上下不失。若五声不和，则君臣上下互相陵越，所以为"慢"也。崔氏云："前是偏据一乱以为义，未足以为灭亡，今此以五者皆乱，故灭亡无日矣。"灭者，绝也。亡，叛也。无日，言无复一日也。若君臣互相陵慢如此，则国必叛灭，旦夕可俟，无复一日也。参见郑玄注，孔颖达疏：《礼记正义》，第1257页。

向"和柔"的境地而变得细不可闻。"宫""商""角""徵""羽"在调式中的本来倾向,对应到"君""臣""民""事""物"上也体现着伦常的意向。如果"宫""商""角""徵""羽"乱,则乐曲无法进行,如果"君""臣""民""事""物"乱,则国家无法运行,所以《乐本篇》讲:"五者皆乱,迭相陵,谓之慢。如此,则国之灭亡无日矣。"《乐本篇》又进一步展开到:

> 乱世之音,怨以怒,其政乖。亡国之音,哀以思,其民困。……郑、卫之音,乱世之音也,比于慢矣。桑间、濮上之音,亡国之音也,其政散,其民流,诬上行私而不可止也。

这里先解释一下"郑声"与"郑音"的不同,也借此再说明一下"声""音"概念的差别。孔颖达疏《五经异义》说"郑声",曰:"烦手淫声谓之郑声,言烦手踯躅之声使之淫过矣。"这里"郑声"之"声"是"发声",弹奏义,"淫过"指轮指快速弹奏,"郑"通"踯",徘徊义。合起来就是说,在一个片段中依靠手指技巧快速、反复弹奏。可见,这里"郑声"代表一种特殊的演奏方式[①]。而郑玄注"郑音"时则讲:"郑音好滥淫志,……是乱世之音。虽乱而未灭亡,故云比于慢。"根据前文对"音"的解释,"音"有"语言""诗歌"和"乐曲"之义,此处之"郑音"应指称郑国之"诗歌""乐曲"。"郑声""郑音"的区别从另一个方面体现了郑国乐教

[①] "杀""缓""散""厉""廉""柔"为正常弹奏方式,而《周礼·大司乐》谓:"凡建国,禁其淫声、过声、凶声、慢声。"孙注曰:"四者由轻而重,则声之失莫甚于慢矣。"可见,除六种正常弹奏方式外还有其他不合理的四类演奏方式。

的特点，有些类似"炫技派"。表演注重技巧，诗歌（如《诗经·郑风》）喜好骈俪，"郑音好滥淫志"的评价也是名副其实的。

以郑、卫之音为代表的"乱世之音"不同于"亡国之音"，对于"乱世之音"的特质，孙希旦说："五者偏有所乱者，乱世之音也。"这里的"五者"是指被赋予伦常、情感意义的"宫""商""角""徵""羽"，其"偏有所乱"就是说在表演方式、诗曲规范等方面有不符合规则的情况，进而导致整个"乐曲"不和谐，由此表征或预示着政治治理的"乱世"。

"乱世之音"如此，"亡国之音"更甚。《礼记正义》记郑玄注曰："昔殷纣使师延作靡靡之乐，已而自沈于濮水，后师涓过焉，夜闻而写之，为晋平公鼓之。"[①] 按照这种说法，卫国旧地"桑间、濮上"遗留了亡国之君殷商纣王命乐师师延创制的"新声"，到春秋中期，卫国国君偶然得之，并献与晋平公。《韩非子·十过》记："师涓鼓究之……晋国大旱，赤地三年。平公之身遂癃病。"[②] 晋平公演奏"亡国之音"，结果晋国大旱、平公大病。按孙希旦的讲法，"亡国之音"是"五者皆乱，至于迭相陵侮，而为慢者"，赋予乐音体系的意义世界发生混乱、崩塌，反映到现实中，就是律制与规则失去了效力。

对于乐音体系与政治治理之间的相关性，《乐本篇》就讲："声音之道，与政通矣。"这里的"声音之道"，是讲"声"转为"音"的过程，"声"在心性论意义上通过"相应""生变""成方"等过程转升为"音"、转化成为"语言""诗歌"和"乐曲"，这些过程

---

① 郑玄注，孔颖达疏：《礼记正义》，第1258页。
② 王先慎撰：《韩非子集解》，北京：中华书局，2018年，第69页。

就是现实政治的投射,也就是"与政通"。

相较于"声"的"噍以杀""啴以缓""发以散""粗以厉""直以廉""和以柔"等六种形式,"音"的心性论意义已从个体情感层面上升为更深层的政治意涵。《乐本篇》描述说:

> 是故治世之音,安以乐,其政和。乱世之音,怨以怒,其政乖。亡国之音,哀以思,其民困。

从"治世""乱世"和"亡国"三种政治状态看,"音"也应该分为三种,即"治世之音——安以乐——政和;乱世之音——怨以怒——政乖;亡国之音——哀以思——民困"。既然"乱世之音"和"亡国之音"已经讲过,下面就以"治世之音"为例,看看"音"的心性论意义如何建立。孔颖达解释说:"治世之音,民既安静以乐而感其心,故乐音亦安以乐,由其政和美故也。君政和美,使人心安乐,人心安乐,故乐声亦安以乐也。"[1] 前一句是从社会环境的和平状态出发,讲"音"是在"和美"的状态下生出,也就是说此时的音律、制度、规范都恰当而平易,这样生出的"音"就是"安乐";后一句落在人心安乐上,是讲人心能在平和的社会环境中感受到安定,也就能使其情感在"音"中得到安顿。如是,"音"便体现并沟通了社会环境与心性情感。

同时,《乐记》这里讲由"声音之道"而通于"政",还是能体现出其中儒家传统的影响。在儒家的传统里,乐教要以伦常道德而不是以审美情趣为根本,这一点先秦诸子的观点未必一

---

[1] 郑玄注,孔颖达疏:《礼记正义》,第1255页。

致。而《乐本篇》不仅强调了伦常道德，还由知"政"对"声""音""乐"做了境界上的区分，其曰：

> 乐者，通伦理者也。是故知声而不知音者，禽兽是也。知音而不知乐者，众庶是也。唯君子为能知乐。是故审声以知音，审音以知乐，审乐以知政，而治道备矣。是故不知声者，不可与言音，不知音者，不可与言乐。知乐，则几于礼矣。

"审"就是明辨，"审乐"是讲如何欣赏乐，"如何赏乐"也是贯穿本书的一个重要问题。前说"声音之道"可通"政"，"乐"自然也可通"伦理"。这里区分了"声""音""乐"与社会环境、伦理规范的对应关系，认为站在欣赏者的角度，要明白"乐"就要先明白"音"，要明白"音"就要先明白"声"。换言之，能明白"语言""诗歌"或者"乐曲"的人，在境界上高于理性尚未开发的"禽兽"；能从剧中人物的身上领会伦理准则，就更需要"君子"才能做到。从"声""音"到"乐"，不仅在形式上越来越复杂，其对应意义也是愈发深刻。这也使得获得"声"的感受、理解"音"（诗辞、乐曲等）的意义、体贴"乐"的内涵三者之间，存在境界的差别。①

在第二节的讨论中，我们从心性论的角度梳理了《乐本篇》第二部分文字，说明了乐音体系如何一步步被赋予情感意义、伦

---

① 这种境界的差别，不是通过形式上推到极致就可以达到的，将"人声""乐音"的形式推到极致，也不能使之成为"语言""诗歌"和"乐曲"；而骈俪的文辞、绚丽的曲调更是离"乐"尚远，故《礼记·乐记》有言："是故乐之隆，非极音也。"而这种境界的差别，只有在以"乐"为教的工夫中得到提升。

常意义和社会政治意义。既然"声""音"已经具备如此丰富的意义，那么"乐"又具备何种形式、承载何种意义？下面，我们再看看"乐"。

三、作为基本概念的"乐"

讨论"乐"的意义，很多学者选择从字形、字音切入，相关结论可以借鉴。

从字形上看，《说文》谓"乐"是"五声八音总名，象鼓鞞。木，虡也"；罗振玉认为"乐"源于"木、丝构成的弦乐器"；有学者认为"乐"字源于"铃鼓，是悬铃之建鼓"，"乐（樂）"字上部的两个"幺"是"悬铃"之状，或认为"么"为琴之丝弦，而"白"为人手之指甲。① 基本上，与字形相关的讨论倾向于将"乐"字的起源落在"乐器"之上。

从字音上看，《康熙字典》记《唐韵》注"乐"音"岳"、音"洛"、音"劳"等三音，记《集韵》注"乐"音"药"、音"疗"两音，记《韵补》注"乐"亦音"禄"，以上共计六音②；而《说文》中"乐"字只有"玉角切"（音"岳"）一种读音。或可以说，"乐"字读音在汉代之前以"玉角切"为主，随着意义的增加，读音也

---

① 参见林桂榛、王虹霞：《"乐"字形、字义综考》，《音乐与表演》2014年第3期，第69页。
② 除去地名及方言差异，仍有"药""洛""岳"三音，对应于汉语拼音就是"yao""le""yue"。

变得丰富了起来。①

根据字形、字音的研究，我们可以说，先秦文献（包括《乐本篇》）中，读音为"岳"并与"乐器"紧密相关的"乐"出现较早，而后在意义丰富的过程中慢慢产生了"洛"（"快乐"之乐）、"药"（"智者乐水"之乐）的读音和意义指称。所以，本节将主要集中讨论音"岳"之"乐"，先对"乐"的客观形式做一说明，然后再简要地解释其心性论意义的构建。

先简单介绍一下本节讨论的文本内容。《乐本篇》谓：

……及干戚羽旄，谓之乐。

乐者，音之所由生也，其本在人心之感于物也。……故礼以道其志，乐以和其声，政以一其行，刑以防其奸。礼、乐、刑、政，其极一也，所以同民心而出治道也。

……乐者，通伦理者也。是故知声而不知音者，禽兽是也。知音而不知乐者，众庶是也。唯君子为能知乐。是故审声以知音，审音以知乐，审乐以知政，而治道备矣。是故不知声者，不可与言音，不知音者，不可与言乐。知乐，则几于礼矣。礼乐皆得，谓之有德。德者得也。②

---

① 音"洛"表示一种"欢欣、喜悦"的心理状态，而音"药"表示"喜好、欣赏"的取向（如"智者乐水"），参见《康熙字典》及汉语大字典编辑委员会：《汉语大字典》，成都：四川辞书出版社、武汉：湖北辞书出版社，1986年，第1280页。
② 此一段前文已经有所讨论，此处又关乎"乐"之意义而复录于此。

是故乐之隆，非极音也。……清庙之瑟，朱弦而疏越，壹倡而三叹，有遗音者矣。……

在《乐本篇》的这四段文本中，第一句"及干戚羽旄，谓之乐"是对"乐"之客观形式的定义。孔颖达疏曰："然（音）犹未足以为乐也，比次歌曲，而以乐器奏之，又以干戚、羽旄象其舞蹈以为舞，则声容毕具而谓之乐也。"[①] 这就是说，"语言""诗辞"及"乐曲"不足以称为"乐"。"乐"要将不同的"诗辞"有条理、有主旨地排列起来，配上"乐器"演奏，再辅助文、武之舞，使它"声容必现"。这样看来，"乐"要有"诗辞"文本，要配以乐曲、舞蹈，要有核心主旨而不是简单拼凑。换言之，"乐"在形式上包括"诗""曲""舞"，它是按照特定的情节发展与内在理路编排起来，配上乐器演奏，使之形成主次分明的层次感，并将重要的部分借舞蹈来强调和形象化，从而充分调动视听的官能，令听者感受更加深刻。

我们倒推来看：基于某一主题串联起情节，以文辞表述情节内容，以乐曲配合文辞演唱，以舞台布景、道具舞蹈展示背景环境。那么，这样的社会活动是否更接近戏剧（drama）？[②] 而这些内

[①] 孙希旦撰，沈啸寰、王星贤点校：《礼记集解》，第976页。

[②] 许慎在《说文》中，解"戏"为"三军之偏也。一曰兵也"。段玉裁进一步解释道："偏若先偏后伍，偏为前拒之偏。"可见，先秦之"戏"并无现代所谓"戏剧"之意。"剧"字同然，在《说文》中，"剧"字只有"尤甚也"之注，亦无"戏剧"之义。《史记·孔子世家》记："景公心怍，麾而去之。……优倡侏儒为戏而前。孔子趋而进，历阶而登，不尽一等，曰：'匹夫而营惑诸侯者罪当诛！请命有司！'有司加法焉，手足异处。"此处"优倡侏儒为戏而前"之"戏"合于《说文》对"戏"字之解释："偏若先偏后伍，偏为前拒之偏。师古曰：戏，大将之麾也。"

容正是《乐本篇》里所说的"乐"。另一方面,《乐本篇》着重强调了"乐"中乐律、曲调、乐音的部分,这涉及《乐记》编纂的文化背景,即孔颖达所谓"世为乐官,颇能记其铿锵鼓舞,而不能言其义",但既然《乐本篇》突出了乐"铿锵鼓舞"的形式特点,我们或可以将"乐"近似理解为"音乐剧"(musical-drama)。

然而,以"戏剧""音乐剧"来解释"乐"在观念上似乎难以接受。事实上,《性自命出》就讲:"观《赉》《武》,则齐如也斯作。观《韶》《夏》,则勉如也斯俭。"① 这里,赏"乐"行为的动词是"观","观"显然是讲一种包括视觉,甚至偏重视觉的行为,这也从侧面佐证了"乐"的戏剧形式。当然,这也不妨碍"乐"在表演、使用的过程中会出现一些简化的形式。胡承珙说:"考古人制乐,声容固宜兼备。然亦有徒歌(有诗辞、有乐曲,无舞蹈之谓)、徒舞(有乐曲、有舞蹈,无诗辞之谓)者,三百篇皆可歌,不必皆有舞。"② 常有歌、舞分离的情况出现,"诗辞"与"乐曲"以"歌曲"的形式,或者"舞蹈"与"乐曲"③ 以"舞曲"的形式单独出现都是可以的。而胡氏并没有说过单独出现"乐曲"的情况,这说明无词音乐(即独立的乐曲,music 或 melody)在清代以前尚未在"乐"中形成独立传统。

"乐"既然在形式上包括"诗辞""乐曲"和"乐舞",相应于《乐本篇》的表述就是在"音"的形式上加诸"干戚羽旄"。下面,

---

① 李零:《郭店楚简校读记》,北京:中国人民大学出版社,2007 年,第 137 页。
② 胡承珙:《毛诗后笺》,安徽:黄山书社,1999 年,第 1503 页。
③ 舞蹈,尤其是众人舞蹈要配合节奏,故此处所谓"徒舞"亦隐含"乐曲"元素。

我们就来看"及干戚羽旄"之"乐舞"的形式。

孔颖达曰："'干,盾也,戚,斧也,武舞所执也'者,武舞之乐,执此盾与斧也。云'羽,翟羽也,旄,旄牛尾也,文舞所执'者,言文舞执此羽旄也。"就是说,"乐舞"有文武之分,"武舞"就是拿着矛、盾等武器的舞蹈,而"文舞"就是拿着饰品羽旄之类的舞蹈。以"干舞"为例,"干舞"就是"盾牌舞",是"武舞"的代表。现存于山东微山县两城山的汉画像石(现存曲阜孔庙中)上,正中为"建鼓舞",在画的右方"有一对舞人左手执盾牌,右手执刀,做蹲裆步姿势,二人一攻一守,一进一退,对峙比武。二人的盾牌高近三尺,宽约尺余,为长方形。右方舞人,头挽椎髻,精神抖擞,盾牌移在左侧,露出大半个身体,意在进攻;左方舞人似戴面具,盾牌掩护,身体后躲,刀树身后,败势已成"[①]。这就是"干舞"的形象。孔颖达疏:

> 案《乐师》有帗舞,有羽舞,有皇舞,有旄舞,有干舞,有人舞也。无兵舞,但有干舞。又《舞师》云:"掌教兵舞,帅而舞山川之祭祀。"无干舞,但有兵舞。此引《乐师》既谓干舞,引谓兵舞者,兵舞非《舞师》之文,但经云"干戚",用戚则是大武。大武,兵舞,此引《乐师》益以兵舞,解经

[①] 彭松:《中国舞蹈史(秦、汉、魏、晋、南北朝部分)》,北京:文化艺术出版社,1984年,第11页。

之"干戚"也。但此经"干戚、羽旄",包含文、武之大舞。①

现存图像记载的"干舞",反映了二人斗争的场景,这是对战斗场景的提炼。这种动作形态被"乐师"运用,就是"干舞",被"舞师"运用于军事演练之中,就成了"兵舞"。可以说,"干舞"作为舞蹈艺术形式,旨在唤醒人们心中对战斗的紧张感。这种紧张感让人们对两国交战、敌我对决的战斗场景有更直观的体会。换言之,"干戚羽旄"的乐舞以肢体语言的方式,增强了观众对"乐"、对场景情境的理解,打破了听觉感知的抽象性与局限性,为前文提到的、具有独立形式的"舞曲"奠定了基础。

综上,"乐"作为"诗辞""乐曲"及"乐舞"等形式的组合,以一种近似戏剧的形式,将经典的历史场景复原到舞台上。② 历史情景在舞台上的重现,使观众有机会投身于情境之中而获得切身的感触,也给主体构建起一个发挥想象力的平台。这既对主体的想象力形成规范,又使主体在一种精神自由的状态下,以情絜

---

① 郑玄注,孔颖达疏:《礼记正义》,第1252—1253页。注中"帗舞、羽舞、皇舞、旄舞、干舞、人舞"等六者被称之为"六小舞",是周朝时期用于教育贵族子弟的乐舞。依近人分析考证,对部分舞蹈形式有所还原。例如:"帗舞"是执长柄饰五彩丝绸的舞具的舞蹈,《乐府诗集》中说:"帗舞者,析五彩缯,若汉灵星舞子所持是也。"舞者手执五彩丝绸制成挑在竿上的舞具而舞,用来祭祀社稷。"羽舞"是一种执鸟羽的舞蹈,舞者穿戴或持动物的羽毛跳舞,《诗经》有载:"坎击其鼓,宛丘之下,无冬无夏,值其鹭羽。"如在周朝祭祀的羽舞中舞者持折羽而舞,其根源与原始狩猎生活和图腾崇拜关系密切,用来祭祀四方。"皇舞"的舞者要执五彩鸟羽,根据《周礼·舞师》记载,舞者头上插着鸟羽,身穿翡翠羽衣,手执五彩鸟羽而舞,用以祈雨。"旄舞"中,舞者执旄牛尾而舞,这种舞蹈在周代用于祀辟雍,也用于燕乐,如此等等。

② 六代之"乐"皆是如此。

情地感受到历史情境中的圣贤人物之情怀、思想,产生对实际情境真切而独立的判断,这比文字、语言之单纯说教更有优势。

除了对"乐"的客观形式的说明外,《乐本篇》同样说明了"乐"的心性论意义:

> 乐之隆,非极音也。……清庙之瑟,朱弦而疏越,壹倡而三叹,有遗音者矣。

郑玄曰:"隆,犹盛也。极,穷也。"孔颖达疏曰:"《清庙》之瑟,谓歌《清庙》之诗,所弹奏之瑟朱弦,谓练朱丝为弦,练则声浊也。越,谓瑟底孔也,疏通之使声迟,故云'疏越'。弦声既浊,瑟音又迟,是质素之声,非要妙之响。以其质素,初发首一倡之时,而唯有三人叹之,是人不爱乐。虽然,有遗余之音,言以其贵在于德,所以有遗余之音,念之不忘也。"[1]《清庙》是周代"大学"的必修篇目,演唱《清庙》之诗并辅以"朱丝"为弦的"瑟"伴奏。朱弦之瑟声音厚重而迟缓,演奏时不加花哨之技法,整个表演塑造出一种平淡的氛围。平淡的氛围有利于观众理性的反思,也更容易让曲调萦绕在观众的心中,这便是所谓"遗音"[2]。"遗音"印刻在听众心里,听众不经意间回想起来引发新的思考。在这种情况下,与其说是"诗""曲"等艺术形式给听众带来了触动,不如说"乐"借助"音"给"人心"布置了一个反省、想象的舞台。

---

[1] 郑玄注,孔颖达疏:《礼记正义》,第 1259、1261 页。
[2] "遗音"一词很准确,我们在脑海中的印象往往都只是片段,或者是乐曲片段,或者是诗辞片段,甚至是舞蹈动作、舞步的片段,所以此处用"音"不用"乐"。

"遗音"就是"乐"留在"人心"中的影子,对于它的神奇作用,孙希旦就说:

> 乐以升歌为始,合舞为终,故乐未尝不极音,而其隆者,则在于升歌《清庙》,以发明先王之德,而不在于极音也。……乐在于示德,故不极音而有余于音。……人道本无不正,惟其循于好恶而失之……今使人皆知贵德反古之意,则不至循于耳目口腹之欲,而好恶自此平,人道之正可以反矣。[1]

遗音让观众在"影子"的熏陶影响下"反人道之正"。一者,"乐"将观众带入情境中,在对整体事件进行把握的同时,也对表演中不同位分、角色之人的行为做比照。再者,比照是一种独立的、来自观众自身的判断,形成一种自化的规范。同时,既然以展示"乐"中人物之德行为主,那么"人声""乐器"之绚丽和"诗文""乐曲"之精彩便不在第一位,这就是"乐未尝不极音"却"不在于极音"之义。如果观众不能当下把握到"乐"之意义,也可以借助于脑海中留下的经典片段来沉吟、揣摩,此即"有余于音"。这沉吟、揣摩能够不假外力,皆依赖天性道理具足,靠天命之性修养德行便是"人道之正可以反"。

不追求"极音"也正和孟子所谓"心之官则思"的讲法。《孟子·告子上》说:"耳目之官不思,而蔽于物。物交物,则引之而已矣。心之官则思,思则得之,不思则不得也。"如果偏重耳目口

---

[1] 孙希旦撰,沈啸寰、王星贤点校:《礼记集解》,第983页。

鼻之感官，而追求"音"之极致，则耳目之欲压制了"人心"的思考。《乐本篇》说：

> 乐者，通伦理者也。是故知声而不知音者，禽兽是也。知音而不知乐者，众庶是也。唯君子为能知乐。是故审声以知音，审音以知乐，审乐以知政，而治道备矣。是故不知声者，不可与言音，不知音者，不可与言乐。

前文中，我们已经对"声""音""乐"在境界上的差异做出过说明。这里再对"人道之正可以反"的讲法做几点补充。按郑玄注，曰："伦，类也。理，分也。禽兽知此为声耳，不知其宫商之变也。八音并作克谐曰乐。"方悫又疏曰："凡耳有所闻者，皆能知声；心有所识者，则能知音；通于道者，则能知乐。"[①] 换言之，在禽兽的世界里，天下只有繁复之"声"，如"瓠巴鼓瑟，游鱼出听，伯牙鼓琴，六马仰秣，此禽兽之知声者也"；众庶略见其与禽兽相异几希者，可对众"声"加以归纳，有了这种归纳才能听出些"曲调"，享受"音"之美感，故有"魏文侯好郑卫之音，齐宣王好世俗之乐，此众庶之知音者也"；而君子之知"乐"，则如"孔子在齐之所闻，季札聘鲁之所观，则君子之知乐者也"。"乐"之中心在于德行的展示与德性的启发，而非"声""音"之极致，这就是《乐本篇》所谓"不知声者，不可与言音，不知音者，不可与言乐"。

---

① 孙希旦撰，沈啸寰、王星贤点校：《礼记集解》，第 982 页。

值得注意的是,《乐本篇》还讲到理解"乐"的标准,即是"和"。孔颖达解释"乐以和其声"时说:"发于声者乃和……比音为乐,有金、石、丝、竹、干、戚、羽、旄,乐得则阴阳和,乐失则群物乱,是乐能经通伦理也。阴阳万物,各有伦类分理者也。"简单地讲,在物之理的意义上,"乐"起于对"声"之调和,这一侧属于"美"的熏陶;"乐"又在与"人心"产生意义联系的过程中,对"人心"哀、乐、喜、怒、敬、爱之"情"产生作用,这一侧与"善"相关。随着"乐"构筑起丰富的意义世界,"人心"在"乐"中不断理解、体会圣人的德行实践,达至对"乐"中"美""善"两端之"和"。作为"美"与"善"两方面统一,"和"就是理解、把握"乐"中含义的标准所在。①

"乐"同时包含"美"和"善"两层,这也是它与"礼""刑""政"的不同之处。《乐记》所谓:"乐者乐也。君子乐得其道,小人乐得其欲。"就是说,君子是因"乐"中所示之"道"而乐,能兼顾"乐"中之"美"与"善";小人则以"欲"为乐,只能在"美""善"之中偏取部分"美",偏取而不"和"。由此而见"乐者乐也",后者"洛"音之"乐"所描述的"欢欣、喜好"等心理状态是一种包含"善"的欣悦,最容易由赏"乐"而得来,所以借"乐"之字形而发"洛"音。

---

① 牟宗三讲:"他(康德)由美学判断来沟通道德界与自然界(存在界)。……以美学判断来沟通道德界与自然界,此并非一康庄之大道,此只是一旁蹊曲径,作为一辅助的指点可,作为一担纲则不可。康德走上旁蹊曲径,故两界合一问题实未能得到充分之解决。"牟先生认为此审美判断不能作为一"担纲",却可为一辅助判断。参见牟宗三:《心体与性体》(第一册),台北:正中书局,1990年,第10页。

本节，我们通过对《乐本篇》与"乐"相关文字的梳理，说明了"乐"的意义。简单来说，具有"戏剧"结构的"乐"将圣王事迹搬到了舞台上，给观众（包括演员等）带来切身的感受。一方面，具有戏剧形式的"乐"使观众在欣赏的过程中切身地体贴"乐"中人物德行、唤醒本心的德性，这是"乐教"的教育义。另一方面，孔颖达疏"乐以和其声"谓"用正乐谐和其声"，"声也者，民声之谓"。① 调和"民声"、统一"人心"，这是"乐教"之教化义。从教育义上看，礼、乐二教以其形式差异而形成互补；从教化义上看，礼、乐、刑、政"其极一也"，其安民的目的是一致的。当然，有关"乐"之成教的形式与意义，将会随着先秦儒家"乐"思想的展开而不断地显明，本节的结论也会在理论的深化过程中得到进一步印证。

通观本章之讨论，"声""音""乐"等概念形式、意义都得到了比较详细的说明。在下一章的讨论中，我们再进一步探讨理论概念的"声""音"是如何成为实际中的"声""音"的。

---

① 孔颖达疏"乐和民声"者，谓"乐有宫、商、角、徵、羽及律吕，所以调和民声也"。参见郑玄注，孔颖达疏：《礼记正义》，第1264页。

第二章 "乐器"及"音律"：
"声"与"音"的实现

在上一章的讨论中，我们借《乐本篇》不到七百字的文本，对"声""音""乐"等概念进行了梳理，这是本章乃至全书讨论的基础。既然"乐"从形式上看是由"声"转"音"并结合舞蹈构成的，那么首先要弄清楚的是"声""音"在客观世界中如何发生，这是本章讨论的中心。

"声"是依赖听觉感知的"气"的流动，包括"人声"和"乐音"等形式。对"人声"的实现，前章已经做过简单的说明，在本章第一节，我们将重点讲解"乐音"如何依靠"乐器"而实现，并解释"乐器"与"声"之间的关系。相比于"声"而言，"音"的实现主要依赖于"律"，即"声"之"成方"的规则。所以，"律"就是本章第二节讨论的中心。在第二节的讨论中，我们将集中说明"音律"如何将错乱的"声"编织成有美感的"音"，如何指导乐器之制作，又如何为"音"赋予意义。"声""音"之实现既是"乐"的基础，也是"人心"意义赋予的依托，那么"乐器"与"音律"又如何与"人心"形成密切的关系？在第三节的讨论中，我们将集中解释"乐器""音律"的人文意义如何建立。

在文献材料的使用上，《乐记》讨论"乐器""音律"的文段并不系统，比如谈到"乐器"的有"钟鼓管磬，羽籥干戚，乐之器也""乐者,非谓黄钟、大吕、弦歌、干扬也,乐之末节也",还有一些散见于《乐记·魏文侯篇》;有关"音律"的文段只有"宫为君,商为臣,角为民,徵为事,羽为物""郑音好滥淫志,宋音燕女溺志,卫音趋数烦志,齐音敖辟乔志"等,这些材料不足以支撑起本章的讨论。这也促使我们扩大文本的检索范围,借助相关的文献做论证。

一、"声"的实现:"乐器"及其特质

一般来讲,运用在"乐"中的"声"主要包括"人声"与"乐音"等。"人声"的产生过程,我们已经解释过,相较之下,"乐音"的产生则需要工具的辅助,这些工具就是"乐器"[①]。本节的讨论就将围绕"乐器"而展开。

七千多年前,先民就地取材做出"土鼓"、"苇籥"(见《礼记·明堂位》),其中"苇籥"逐渐进化为"管箫","土鼓"充糠为"革鼓",又进化为虞、夏、商、周的"鼖鼓""足鼓""楹鼓"和"悬鼓"。至《诗经》《礼记》等书所载姬周的乐器[②],除鼓、磬、琴、瑟、柷、敔以外,土有埙,匏有笙,竹有箫、管、篪,金有

[①] 这里应该叫"声器","乐器"则应该包括舞蹈道具。近人用"乐器"对译 musical instruments,不太准确。

[②] 1920年,仰韶村(今河南渑池县)发掘出土一批乐器,有钟、磬、鼓、铃、铙、铎、埙,甚至有经传未见的石埙、骨埙等,可做一证。

钲、铙、铎、编钟等，八音齐备。① 可以说，周、秦时代的"乐器"不仅品类丰富，发声效果也很好。以1978年在中国湖北省随县（今随州市）曾侯乙墓出土的曾侯乙编钟为例，其音域宽广（自C^2至D^7，中心音域内具十二半音），可以旋宫转调，音色十分优美。王友华在《先秦编钟研究》一书中说道："西周后期和春秋早期……青铜乐钟的数量急剧增加、甬钟的编列继续扩大、编钟的音域进一步拓宽、音列更加丰富、乐悬中乐钟种类增加、组合编钟（包括大型组合编钟）诞生。"②

面对乐器的发展，我们需要思考的是，乐器发明、发展究竟基于何种原则，是否有一定之规？我们借相关文献溯源来看。

《乐记》有这样的说法：

> 昔者，舜作五弦之琴以歌《南风》，夔始制乐以赏诸侯。

引文中出现的乐器是"五弦之琴"，因其由金、木、水、火、土等五弦组成而得名。《礼记正义》疏曰："五弦，谓无文武二弦，唯宫、商等之五弦也。"③ 据传说，五弦琴至周文王加文弦、周武王加武弦，合成金、木、水、火、土、文、武之七弦，形成我们现在说的"古琴"。引文讲，舜作"五弦之琴"是为了"歌《南风》"，

---

① "八音"是传统乐器分类的一种说法，下文会有详细解释。参见李纯一：《中国上古出土乐器综论》，北京：文物出版社，1996年，序，第5页；吴南薰：《律学会通》，第3页。

② 王友华：《先秦编钟研究》，桂林：广西师范大学出版社，2013年，第158页。

③ 郑玄注，孔颖达疏：《礼记正义》，第1281页。

《礼记正义》疏曰:"《南风》,诗名,是孝子之诗。南风,长养万物,而孝子歌之,言己得父母生长,如万物得南风生也。"[1] 这里的"南风"也可以是实指,是春夏之季、自南向北的季风,温润多雨、滋养万物,所以"南风"也有了养育万物的意义。可惜《南风》诗文佚失[2],我们只能猜测其诗是在歌颂生养之恩德。《礼记正义》亦曰:"舜有孝行,故以此五弦之琴歌《南风》之诗,而教天下之孝也。"帝舜以"孝行"流传于世,孟子曰:"天下大悦而将归己。视天下悦而归己,犹草芥也。惟舜为然。不得乎亲,不可以为人。不顺乎亲,不可以为子。舜尽事亲之道而瞽瞍底豫,瞽瞍底豫而天下化,瞽瞍底豫而天下之为父子者定,此之谓大孝。"[3] 帝舜以孝治天下而注重生养之德,故举《南风》而歌颂之。《南风》的生养之义,又为何配以"五弦之琴"演奏呢?相传,"五弦之琴"乃是神农氏创造[4],以生物五行之金、木、水、火、土来助养万物"生生"之义。

总之,"帝舜"重"孝"而歌《南风》,又为体现生养之义而以"五弦之琴"来配合演奏。可见,使用"乐器",是要辅助表达歌颂的内容。这是"乐器"发明、使用的基本规则。《魏文侯篇》将这种辅助关系做了清晰的说明:

---

[1] 郑玄注,孔颖达疏:《礼记正义》,第1281页。
[2] 亦有人认为,《南风》乃是《尸子》所记录的"南风之熏兮,可以解吾民之愠兮。南风之时兮,可以阜吾民之财兮"。
[3] 金良年撰:《孟子译注》,上海:上海古籍出版社,2009年,第167页。
[4] "《世本》云:'神农作琴。'今云舜作者,非谓舜始造也,正用此琴特歌《南风》,始自舜耳。"参见郑玄注,孔颖达疏:《礼记正义》,第1281页。

钟声铿，铿以立号，号以立横，横以立武。君子听钟声，则思武臣。石声磬，磬以立辨，辨以致死。君子听磬声，则思死封疆之臣。丝声哀，哀以立廉，廉以立志。君子听琴瑟之声，则思志义之臣。竹声滥，滥以立会，会以聚众。君子听竽、笙、箫、管之声，则思畜聚之臣。鼓鼙之声讙，讙以立动，动以进众。君子听鼓鼙之声，则思将帅之臣。君子之听音，非听其铿枪而已也，彼亦有所合之也。

《礼记正义》曰："此一节论乐器之声各别，君子之听，思其所用之臣。"[①] 引文以"声各别"区分了不同种类的"乐器"，这就说明乐器产生之"声"的差异，是"乐器"的个性所在。比如，分别敲击铜鼓和皮革鼓，它们发出的声音有明显的差异。按照外观形制分类，它们都叫"鼓"，但在实际运用中其音质、音色的差异决定了它们分属"金"乐器和"革"乐器两种不同的类别。换言之，我们并不是简单地按照乐器的外形来区分乐器种类，同时还要依靠乐器发"声"的特质（音色）来划分乐器，后者对"声各别"的影响更大。

引文依"声各别"的标准，划出"钟""石""丝""竹""鼓鼙"等五种类别，并以其声音之个性不同而赋予五类乐器不同意义：

一曰，"钟声铿"，是描述敲钟发出的声音是"铿"，"铿铿然"的讲法与我们对钟声的记忆很契合，这是一种令人震撼的感觉。《礼记正义》疏曰"言铿是坚刚，故可以兴立号令"，这种令人震

---

① 郑玄注，孔颖达疏：《礼记正义》，第1314页。

撼的音响效果最合适充当号令。《礼记正义》又曰"'号以立横'者，谓横气充满也，若号令威严，则军士勇敢而壮气充满"，这是一种顺着军队号令而来的联想，按照这种联想，"君子听钟声，则思武臣"。反过来看，能听到"铿铿然"的钟声而产生对军士的联想，就是那些"识乐之情者"，闻声而达事。

二曰，"石声磬"，是说敲击青石材质的乐器，若石材密度高而近玉，那么乐器发出的声音就清越而和谐。这种声音强度虽没有金属的钟声大，但却传播得很远，故《礼记正义》注曰"其声能和，故次钟也。言磬轻清响矣，叩其磬，则其声之磬磬然也"。同时，这类声音有很强的辨识度，"能清别于众物，则分明辨别也"，即便它和钟一起发声，我们还是能分明地听到它，而且这种声响距离越远，其特性越明显。孙希旦进而解之曰："能分辨于节义，则不爱其死。"[1] 将这种"鲜明"的性质联系到"守节者"的身上，守节者"各有部分，不相侵滥"之德行与石声相应，故"君子听磬声，则思死封疆之臣"。

三曰，"丝声哀（谓声音之体婉妙）"，是说丝弦拨动声音委婉，但仔细听辨，振动又富于变化。这种不过分、不强迫，而又变化丰富的音响，符合那些守住自己边角、品性的志义之臣，故曰："君子听琴瑟之声，则思志义之臣。"

四曰，"竹声滥"，所谓"竹声"是竽、笙、箫、管之声，较之"钟""石""丝"而言，此类乐器发声相对杂乱而不清脆。用竹子制造乐器，受到竹子质地、形状的影响，其表面并不光滑，

---

[1] 孙希旦撰，沈啸寰、王星贤点校：《礼记集解》，第1019页。

内部生长也不均匀，这就使竹制乐器的泛音列不稳定。换言之，"竽、笙、箫、管"实际上是一（吹）管多音，不和谐的泛音比较多，会使听觉感到"异样"。另一方面，演奏不同的丝竹乐器使不同的泛音又汇聚成一体，《礼记正义》疏："'竹声滥'者，滥，犹揽也，言竹声揽然有积聚之意也。'滥以立会'者，以竹声既揽聚，故能立会矣。'会以聚众'者，以合会而能聚其众也。"①

五曰，"鼓鼙之声讙"，这里的鼓是皮革鼓。鼓鼙的声音是"讙"，"讙者，哗也"（《说文》），《礼记正义》曰"谓讙嚣也，其声讙杂矣"，是嘈杂、纷乱的音响效果。这种音响效果会令我们产生激动的感受，这就是所谓"讙以立动"，"以其声讙，故使人意动作"。能把人调动起来，这在战争中是将帅的能力，所以说"君子听鼓鼙之声，则思将帅之臣"。

如果说帝舜以"五弦之琴"配《南风》之歌是以乐器的形式意义辅助文辞内容，那么以上文段则代表乐器的音响效果与文辞意义的配合，这一关系更为紧密。如前章所论，"人声"通过对人当下身体细微变化的反映，实现了对人情感的表达，乐器的发声也有这种对应关系。不同的音响效果取决于相应"乐器"的材质和结构，它们对人听觉产生作用，也能唤醒人特定的情绪。将不同的音响效果按情绪变化来分类，并与人物性格联系起来，这就是引文所说的"思"。《说文》曰"思，容也"，"思"有不同的表现形式，但本质上是一种综合能力，《魏文侯篇》关于乐器发声的分析，是通过不同的方式形成音响效果与相应意义的对应综合。

---

① 郑玄注，孔颖达疏：《礼记正义》，第1315页。

比如，使用拟声词"铿""磬"来说"钟""石"之声，这与我们日常经验中敲击金属、青石的声音接近，是直接感受的铺排；说"鼓鼙"之声时，用"讙"字，兼用音、义来引动鼓声的听觉感受，是间接感受的表达；说到"丝""竹"之声时，则用"哀""滥"二字，主要依靠感受带来的联想，是一种转述的关系。总而言之，音响效果与人物性格之关系的建立，涉及了直接、间接以及联想等不同形式的"思"。而乐器发声所形成的感受，在"思"的作用下产生了与语词相近的功能，能够使观众产生获得特定的意义的指称。

值得留意的是，如"钟声铿，铿以立号，号以立横，横以立武"的讲法，完整地描述了一类乐器、音响效果、投射对象的对应关系，这种做法较之其他文化传统来看很有特点。"希腊、罗马把乐器分成风乐器、弦乐器、打击乐器"[1]，现代则常以"击声乐器、膜声乐器、弦声乐器、电声乐器和气声乐器"等来区分"乐器"，很明显，《魏文侯篇》从声（音质、音色）到感受，再到投射对象（联想、联系）的归类标准更加注重观众的感受。这种以听觉感知、文化传统等因素去判断一个乐器的归类，并强调音响效果能够引发"铿以立号，号以立横，横以立武"联想的方式，塑造了观众主体与"声"之间的内在关系。所以，说"钟声铿"时，曰"君子听钟声，则思武臣"；说"石声"时，曰"君子听磬声，则思死封疆之臣"；说"丝声"时，曰"君子听琴瑟之声，则思志义之臣"；说"竹声"

---

[1] 程贞一：《黄钟大吕——中国古代和十六世纪的声学成就》，上海：上海科技教育出版社，2007年，第11页。

时，曰"君子听竽、笙、箫、管之声，则思畜聚之臣"；说"鼓鼙之声"时，说"君子听鼓鼙之声，则思将帅之臣"。此论言下之意，"钟"类下属乐器"钟"等，"石"类下属乐器"磬"等，"丝"类下属乐器"琴瑟"等，"竹"类下属乐器"竽、笙、箫、管"等，"鼓鼙"类下属乐器"鼓鼙"等，同属之不同乐器能发出相近的音响效果，让观众产生相对一致的情感反应，进而生成同类联想。

按前文对"五弦之琴以歌《南风》"的讨论，传统乐教对"乐器"的使用，要以"乐器"的性质配合歌颂文辞之思想；而《魏文侯篇》这段文字更进一步地显示出"乐器"的发声具有类似语言的、更加确定的意义。换言之，在演奏乐曲的时候，乐教已经有选择地运用一些乐器来表达其相应的思想。

既然"音（乐曲）"乃是"声（乐音）"交织、"成方"而来，乐曲中的乐音有很多，如果乐音能够直接表达情感与思想，那么乐曲也就具有更丰富的内涵。这也反过来刺激了乐器的制作与发展。但乐器的制作首先要面对不同乐器之间的协调问题。《魏文侯篇》记子夏说：

> 圣人作为鼗、鼓、椌、楬、埙、篪。此六者，德音之音也。然后钟、磬、竽、瑟以和之，干、戚、旄、狄以舞之，此所以祭先王之庙也，所以献、酬、酳、酢也，所以官序贵贱各得其宜也，所以示后世有尊卑长幼之序也。

《礼记正义》对整段引文概述曰"此一节论圣人作为乐器道德

之音，以示后世也"①，其中"论圣人作为乐器道德之音"一句很关键，是说"鼗、鼓、椌、楬、埙、篪""钟、磬、竽、瑟""干、戚、旄、狄"等乐器、舞器，乃是圣人为了宣示乐曲的道德意义而创造的，其行状如帝舜以"五弦之琴"演示《南风》之"孝德"。

首先说"鼗、鼓、椌、楬、埙、篪"等六种乐器，这是"德音之音"②，是最基础的乐器。这些乐器有皮革制的，木材雕刻的，土坯烧成的，还有竹子切割的。③ 按照《礼记正义》的讲法，"其声质素，是道德之音，以尚质故也"④，这些乐器的音色、音质就是由它的材质决定的，其造型设计也是为了表现出乐器的材质、本性，比如《礼记正义》曰"革、木一声"，就是说"革木"这类乐器就只为了发出某一种特定的声音。我们现在常见的木鱼，这类乐器很符合"（音色）质朴"的讲法。这六种乐器中的"楬"亦即"敔"，形状像伏虎，木制涂漆，虎背上有二十七鉏（即木片）。《尚书·益稷》记曰"合止柷敔"，就是说"敔"演奏时，奏者要站在"敔"旁，以齿状竹条敲"敔"三次，再在"敔"背上的木片扫三次后，表示乐曲演奏的停止。能够指示演奏终止，自然是

---

① 郑玄注，孔颖达疏：《礼记正义》，第1313页。
② "德音之音"，前一个"音"是"乐曲"之义，后一个"音"是"八音"之"音"，指"乐器"。
③ 这些乐器在其他文献中也有记载。郑注《诗·有瞽》曰"柷，形如漆筒，中有椎"，"敔，状如伏虎，背上有二十四龃龉"。郑司农注《笙师》曰"篪，七室"。郑注"埙，烧土为之，大如雁卵；鼗，如鼓而小，持其柄摇之，旁耳自击（按：似拨浪鼓）"，"鼓，革也"，"椌、楬，木也"。周公语单穆云："革木一声。"（按：所谓"一声"，就是"无宫商清浊"）
④ 郑玄注，孔颖达疏：《礼记正义》，第1313页。

必不可少的乐器,其演奏的声响效果大概是"咚、咚、咚,唰啦啦——唰啦啦——唰啦啦"。这种声响效果的产生主要依赖乐器材质,而特定的节奏也很容易和"终止"的意义联系起来,用这种单纯的乐器表达重要而明确的乐曲意义,就是"其声质素"。

在基础乐器之后,又有"钟、磬、竽、瑟以和之",更丰富的情感表达也就融入演奏之中。《礼记正义》曰"既用质素为本,然后用此钟、磬、竽、瑟华美之音以赞和之,使文质相杂",又曰"六器为道德之音,四器之和,文武之舞,并可在于宗庙之中奏之,若乐九变而鬼神格也"[①],所谓"六器"就是"鼗、鼓、椌、楬、埙、篪",所谓"四器"就是"钟、磬、竽、瑟",前者讲求"质素",后者讲求"赞和",文质融合令乐曲生动而有节制。按照《礼记正义》的讲法,在宗庙中把整个戏剧表演九遍,就可以将"乐"之义宣扬出去,遍及天地、通达鬼神。以"钟"为例,前文曾介绍过曾侯乙编钟,也由此简要说明了春秋时期对"钟"这类乐器的运用与发展。"钟"这种乐器,音色多变、效果丰富,既能够模拟战斗中的紧张场景,又能充分调动观众紧张的感受,为整个乐曲增色不少。

协调乐曲演奏中的不同乐器,要用"六器"指示乐曲的起承转合,也要用"四器"渲染乐曲的情绪内容。而随着乐器的不断制作与发展,上述乐器的分类使用方法逐步系统化为"八音"分类法。"八音"分类法依旧强调音响效果与观众情感、联想之间的密切关系,程贞一讲,"中国的八音分类是音色的分类,并不是

---

① 郑玄注,孔颖达疏:《礼记正义》,第1313页。

乐器的分类，尽管音色和乐器之间存在固有的本质联系。把八音作为乐器的分类，这种做法并非完全出乎意料，因为乐器与音色本来就有着紧密的关系"①。这种用乐音效果来为乐器分类的办法，能帮助乐师更方便而准确地选择演奏时使用的乐器。下面，我们就来看看这个"八音"分类法。

所谓"八音"，《周礼·大师》记曰：

> 大师掌六律六同，以合阴阳之声。阳声：黄钟、大蔟、姑洗、蕤宾、夷则、无射。阴声：大吕、应钟、南吕、函钟、小吕、夹钟。皆文之以五声，宫、商、角、徵、羽。皆播之以八音，金、石、土、革、丝、木、匏、竹。②

"皆播之以八音，金、石、土、革、丝、木、匏、竹"，就是说乐曲的演奏要依靠"八音"来完成，而"八音"就是金、石、土、革、丝、木、匏、竹等八类乐器，《周礼注疏》注曰："金，钟镈也。石，磬也。土，埙也。革，鼓鼗也。丝，琴瑟也。木，柷敔也。匏，笙也。竹，管箫也"，"八音"分类对应具体的"乐器"，主要依赖乐器的材质来划分。

与《周礼》稍有不同，《白虎通》讲"《乐记》曰，土曰埙，竹曰管，皮（革）曰鼓，匏曰笙，丝曰弦，石曰磬，金曰钟，木曰柷敔"③，这里《白虎通》引《乐记》文，今本《乐记》并没有

---

① 程贞一：《黄钟大吕——中国古代和十六世纪的声学成就》，第11页。
② 郑玄注，贾公彦疏：《周礼注疏》，北京：北京大学出版社，2000年，第714页。
③ 陈立疏证，吴则虞点校：《白虎通疏证》，北京：中华书局，1994年，第127页。

此句，而单讲"八音"乐器的种类，反而《周礼》引文与《魏文侯篇》的"六器""四器"内容更接近。两种有关"八音"的讲法比较来看，一个是顺序有差异，《周礼》从"金"开始，而《白虎通》以"土"开始，另一个是皮、革的讲法差异。根据这两种差异来看，《白虎通》引《乐记》文本的"八音"分类法相对较早，但两种讲法本质上都是依据材质来划分乐器种类。概言之，"金"类乐器基本是由金属制成，"石""土"类乐器基本是利用瓦石泥土制作，"木""匏""竹"则是靠中空之木发声，其他类如皮木成鼓、丝木作琴等，属于复合材料乐器。如果从发声原理来看，金、石、革、木之属近于打击乐器，依靠手、棒的击打而发声；土、匏、竹之属主要依靠吹奏，依靠口鼻呼吸鼓动乐器发声；丝弦类乐器则需要运用弹、拨、拉等方式振动丝弦来发声。这些乐器里面，"木"类居多，"土石"次之，"金"类最少，大概也和当时的制作能力相关。

说完"八音"的内容，下面来看看"八音"的运用方式。《国语·周语下》记"二十三年，王将铸无射，问律于伶州鸠"：

是以金尚羽，石尚角，瓦、丝尚宫，匏、竹尚议，革、木一声。夫政象乐，乐从和，和从平。声以和乐，律以平声。金、石以动之，丝、竹以行之，诗以道之，歌以咏之，匏以宣之，瓦以赞之，革木以节之，物得其常曰乐极，极之所集曰声，声应相保曰和，细大不逾曰平。如是而铸之金，磨之石，系之丝木，越之匏竹，节之鼓，而行之以遂八风。于是乎气无滞阴，亦无散阳，阴阳序次，风雨时至，嘉生繁祉，人民歙利，物备而乐成，上下不罷，故曰乐正。①

这就是说，"八音"乐器因材质差异而各有偏重，按照前章解释的"宫、商、角、徵、羽"的调式意义看，"金"类乐器适宜表达"羽"声②，"石"类乐器适宜"角"声，"瓦""丝"类乐器适宜"宫"声，而"匏""竹"类乐器近于"商（议）"声，"革木"乐器则只能发出一个"声"。"八音"的特质很大程度上决定了不同乐器的使用方式，所以乐师州鸠就说，"金、石以动之，丝、竹以行之，诗以道之，歌以咏之，匏以宣之，瓦以赞之，革木以节之"。质言之，"八音"在乐曲演奏中各司其职，有用来指挥乐曲演奏的，有用来渲染场景气氛的，这与"六器""四器"的讲法一致。州鸠又进一步讲，"如是而铸之金，磨之石，系之丝木，越之匏竹，节之鼓，而行之以遂八风。于是乎气无滞阴，亦无散阳，阴阳序次，风雨时至，嘉生繁祉，人民歙利，物备而乐成，上下不罢，故曰乐正"。"八风"对应普天之下八方之"气"的流变。"八风"若能正常交替，不在阴成处滞留，也不在阳生处消散，如此才能风调雨顺，万物生长，百姓生活得以安顿。按照"同声相应、同气相求"的原则，声之"八音"与气之"八风"相对应。《汉书·律历志》也讲，"人者，继天顺地，序气成物，统八卦，调八风，理八政，正八节，谐八音，舞八佾，监八方，被八荒，以终

---

① 徐元诰集解：《国语集解》，北京：中华书局，2002年，第110—111页。
② "金尚羽"也可称为"钟尚羽"，比如曾侯乙编钟下层一组首钟正鼓音为羽，中层三组末钟正鼓音为羽，组合编钟的首末二钟之正鼓音都是羽，体现了钟尚羽的观念。参见王友华：《先秦编钟研究》，第406页。

天地之功，故八八六十四"，以"八"为节在先人看来是"继天顺地"，既然天地万物是"气"的流变，"风"又与"声"同质，那么"八音"从"八风"而匹配"八方"也是一以贯之的。

同时，"八音"的意义，也隐含着乐器与自然世界的交互作用。"八音"乐器的分类，最初是以"八音"遂"八风"。"遂，达也"（《广韵》），"八音以遂八风"是按照"八风"的特征来调试"八音"。这里是以自然世界为主，通过修正乐器的形态、结构来制作那些能够模仿对应自然声响效果的乐器，这便是以"八音"遂"八风"。而当"八音"乐器制造完成，并运用于"乐"的演奏中时，就出现了"八音"调"八风"的讲法。换言之，制造乐器的目的，还有希望通过乐器的辅助来进一步了解自然、把握世界。于是，便有了如《白虎通》所讲，"埙，坎音也；管，艮音也；鼓，震音也；弦，离音也；钟，兑音也；柷敔，乾音也"，一说"笙、柷、鼓、箫、瑟、埙、钟、磬如其次，笙在北方，柷在东北方，鼓在东方，箫在东南方，琴在南方，埙在西南方，钟在西方，磬在西北方"[①]等说法。"八音"与"八卦""八方"之对应关系也就逐步建立了起来。如果按照自正北方、顺时针排列，可见：

（巽—匏—笙、）乾—木—柷敔、震—皮（革）—鼓、艮—竹—管、离—丝—弦、坎—土—埙、兑—金—钟（、坤—石—磬）。

这种对应关系的形成虽然增加了"乐器"意义的丰富性，却

---

① 陈立疏证，吴则虞点校：《白虎通疏证》，第127页。

也带来了解释的复杂与混乱。为什么要为"八音"赋予如此多的意义呢？《白虎通·礼乐》对此有过说明：

埙在十一月，埙之为言熏也，阳气于黄泉之下熏蒸而萌。鲍之为言施也，牙也。在十二月，万物始施而牙。笙者，大蔟之气，象万物之生，故曰笙。有七政之节焉，有六合之和焉，天下乐之，故谓之笙。鼓，震音，烦气也。万物愤懑震而出。雷以动之，温以煖之，风以散之，雨以濡之。奋至德之声，感和平之气也。同声相应，同气相求，神明报应，天地佑之，其本乃在万物之始耶？故谓之鼓也。鞀者，震之气也，上应卯星以通王道，故谓之鞀也。箫者，中吕之气也。万物生于无声，见于无形，勤也，肃也。故谓之箫。箫者，以禄为本，言承天继物为民本，人力加，地道化，然后万物勤也，故谓之箫也。瑟者，啬也，闲也，所以惩忿窒欲，正人之德也。故曰：瑟有君父之节，臣子之法。君父有节，臣子有义，然后四时和。四时和，然后万物生。故谓之瑟也。琴者，禁也。所以禁止淫邪，正人心也。磬者，夷则之气也。象万物之成也。其气磬，故曰：磬有贵贱焉，有亲疏焉，有长幼焉。朝廷之礼，贵不让贱，所以明尊卑也。乡党之礼，长不让幼，所以明有年也。宗庙之礼，亲不让疏，所以有亲也。此三者行，然后王道得，王道得，然后万物成，天下乐之。故乐用磬也。钟之为言动也。阴气用事，万物动成。钟为气，用金为声也。镈者，时之气声也，节度之所生也。君臣有节度则万物昌，无节度则万物亡。亡与昌正相迫，故谓之镈。柷敔者，终始之声，万物之所生也。阴阳顺而复，故曰柷。承顺天地，序迎万物，天下乐之，故乐用柷。柷，始也。敔，终也。①

此段引文在《史记·律书》中也有相似讲法②，《白虎通》这里的讲法更系统些，说明这套"八音""四时""十二月"互相配合的系统在汉初也处在不断完善的过程中。③ 该系统内部相对规范的对应关系，有利于乐师在乐曲演奏时选择出恰当的乐器，从乐曲配器的角度看，这是一个很大的进步。总之，形成这样一套复杂的解释系统，需要不断地进行积累与修正，在乐器的不断运用中，具体的效果被记录、总结，最终形成"八音"与"方位""节气"等内容的联系。

"八音"之所以能够与"气"相配，在于声、气的同源性，又之所以能被赋予诸多伦常意义，还是在于"凡音之起，由人心生"这一基本立场。由此而来，乐器的创制，是以意义为优先，音响效果从之，以上《白虎通·礼乐》这一段引文也体现了这一点。比如上文引"瑟者，啬也，闲也，所以惩忿窒欲，正人之德也"一段，讲乐器"瑟"有收获之义，要注重对宫、商、角的节制，也就是对

---

① 陈立疏证，吴则虞点校：《白虎通疏证》，第122—127页。

② 如："十一月也，律中黄钟。黄钟者，阳气踵黄泉而出也。其于十二子为子。……二月也，律中夹钟。夹钟者，言阴阳相夹厕也。……"，等等，在《史记·律书》中分散在不同段落之中。

③ 本章第三节借用《礼记·月令》之相关文段讨论乐器、音律运用的习惯问题，亦有与此段相关的文本内容。《礼记·月令》的成文年代也是个复杂的问题，不少学者支持其产生于战国时期。

君、臣、民的节制，使得君臣、父子相处和睦，如此才有真正的收获。很明显，该文段对"瑟"作为乐器的要求只提到了"惩忿窒欲，正人之德"，而且这是从属的应然，更优先的还在于"瑟"的乐器意义。可以说，每一种乐器被创制之时，就已经标记了伦常意义，这种伦常意义的赋予是中国传统乐器创制的最大特征。

通过本节的讨论，我们解释了中国传统乐器制作的原则，形式上看是为了满足音响效果的需求，但根本上还是以伦常意义的表达为指向。在伦常意义的辐射下，乐器从"六器""四器"分类逐步发展为"八音"分类，并构成了一套与"八音""八风""四时""十二月"相对应的"乐器运用守则"。这套"守则"至汉初又与"八卦""八方"等内容相配，变得更加细致。在下一节讨论中，我们再来看看乐曲究竟按照何种原则编织这些乐器发出的"声"，也就是前章所讲的用以"成方"的"音律"。

二、"音"的实现："音律"及其特质

所谓"知声而不知音者，禽兽是也"，有了乐器，不同效果的"声"得以表现在时空之中。这么多的"声"，如果没有规则使它们合理地交织，那最终只能呈现为一片嘈杂。能使"声"成方的就是"律"，既然"声"可分为"人声""乐音"两种，那么"律"相对于"人声""乐音"也有所区别。关于"人声"的"律"，包括音韵、语法等；而针对"乐音"的"律"，就是"音律"，能使"乐音"形成"旋律""乐曲"，是本节讨论的重点。

如前章所论，"音律"对"声"的规范首先是确定出标准的音

高，如"黄钟音"，然后再确定音高间的衍生关系，如"五声"音阶以相邻五个音高为一个周期，周期内的五个音高满足"三分损益"的关系。而现实中，"乐音"既然是"乐器"产生的，"音律"的规范其实要落实在乐器及其制作过程中。可以说，"音律"既是"讨论如何按规律将不同声音和谐统一到一起"的学说，要符合数学的抽象性与准确性；也是受听觉感受和乐器表现力限制而形成之经验实践，要满足听觉感官的喜好与选择。"音律"的这两个特征，使它和"乐器"之间呈现出双向的作用。在用以制作传统乐器的同时，"音律"也在根据现有乐器形成的听觉感受来进行调整。这种双向作用造就了传统音律的发展。

"音律"的发展历程，散见于不同文献之中。《吕氏春秋》就记录了上古"音律"之起源：

> 乐所由来者尚也，必不可废。有节有侈，有正有淫矣。贤者以昌，不肖者以亡。昔古朱襄氏之治天下也，多风而阳气畜积，万物散解，果实不成，故士达作为五弦瑟，以来阴气，以定群生。昔葛天氏之乐，三人操牛尾投足以歌八阕：一曰载民，二曰玄鸟，三曰遂草木，四曰奋五谷，五曰敬天常，六曰建帝功，七曰依地德，八曰总禽兽之极。昔陶唐氏之始，阴多滞伏而湛积，水道壅塞，不行其原，民气郁阏而滞著，筋骨瑟缩不达，故作为舞以宣导之。昔黄帝令伶伦作为律。……黄钟之宫皆可以生之，故曰"黄钟之宫，律吕之本"。黄帝又命伶伦与荣将铸十二钟，以和五音，以施《英韶》，以仲春之月乙卯之日日在奎始奏之，命之曰《咸池》。

帝颛顼生自若水，实处空桑，乃登为帝。惟天之合，正风乃行，其音若熙熙凄凄锵锵。帝颛顼好其音，乃令飞龙作效八风之音，命之曰《承云》，以祭上帝。乃令鱓先为乐倡，鱓乃偃寝，以其尾鼓其腹，其音英英。帝喾命咸黑作为声歌——《九招》、《六列》、《六英》。有倕作为鼙鼓钟磬吹苓管埙篪鞀椎钟。帝喾乃令人抃，或鼓鼙，击钟磬，吹苓，展管篪；因令凤鸟、天翟舞之。帝喾大喜，乃以康帝德。帝尧立，乃命质为乐。质乃效山林溪谷之音以歌，乃以麋鞈置缶而鼓之，乃拊石击石，以象上帝玉磬之音，以致舞百兽。瞽叟乃拌五弦之瑟，作以为十五弦之瑟。命之曰《大章》，以祭上帝。舜立，命延乃拌瞽叟之所为瑟，益之八弦，以为二十三弦之瑟。帝舜乃令质修《九招》、《六列》、《六英》，以明帝德。禹立，勤劳天下，日夜不懈，通大川，决壅塞，凿龙门，降通漻水以导河，疏三江五湖，注之东海，以利黔首。于是命皋陶作为《夏籥》九成，以昭其功。殷汤即位，夏为无道，暴虐万民，侵削诸侯，不用轨度，天下患之。汤于是率六州以讨桀罪，功名大成，黔首安宁。汤乃命伊尹作为《大护》，歌《晨露》，修《九招》、《六列》，以见其善。周文王处岐，诸侯去殷三淫而翼文王。散宜生曰："殷可伐也。"文王弗许。周公旦乃作诗曰："文王在上，於昭于天，周虽旧邦，其命维新。"以绳文王之德。①

---

① 许维遹集释：《吕氏春秋集释》，北京：中华书局，2009年，第118—127页。

引文中列举了十一位圣王的不同贡献，总体上讲，这些贡献恰好对应前文所论三类：其一，对音列关系的规范，简称"定律"；其二，创制新乐器，简称"制器"；其三，创新、改善"乐"（戏剧）或"音"（乐曲），统称"作乐"。下面我们简要地分类讨论。

先看"定律"。吴南熏在《律学会通》中做过简要记述，将秦以前划为中国律学第一期，并认为此期律学兴于民谣，至唐虞有五声，周初得七律，周兴而有十二律、用十二钟，东周末现郑卫之音、秦楚之声而正律衰。比照《吕氏春秋》，十一位圣王在"音律"方面有贡献的，有"黄帝令伶伦作为律""瞽叟乃拌五弦之瑟，作以为十五弦之瑟""益之八弦，以为二十三弦之瑟"等。其中的"铸十二钟""作以为十五弦之瑟""二十三弦之瑟"等中的数字是对音列数目及顺序的规范，是"音律"之创制，就是我们所谓的"定律"。

《吕氏春秋》记"黄帝令伶伦作为律"[①]：

> 昔黄帝令伶伦作为律；伶伦自大夏之西，乃之阮隃之阴，取竹于嶰溪之谷，以生空窍厚钧者，断两节间，其长三寸九分，而吹之以为黄钟之宫，吹曰舍少。次制十二筒，以之阮隃之下，听凤皇之鸣，以别十二律。其雄鸣为六，雌鸣亦六，以比黄钟之宫适合。黄钟之宫皆可以生之，故曰"黄钟之宫，律吕之本"。黄帝又命伶伦与荣将铸十二钟，以和五音，以施《英

---

① "昔黄帝令伶伦作为律"一段常见于典籍之中，《说苑·修文》《汉书·律历志》等均有记载。

韶》，以仲春之月乙卯之日日在奎始奏之，命之曰《咸池》。①

为解释方便，这里先介绍一些简单的律学知识。一根弦，全弦振动之频率是其半弦振动之频率的一半，这两个振动所形成的音之间是我们说的"八度"，拥有"八度"关系的两个音具有相同的音名。这种"八度"关系在传统文献中称为"均"，显然传统也对这种"八度"的特殊关系十分重视。如果把"八度"或者"均"比作一把没有刻度的尺子，那么应该将这把尺子分为多少份？又如何分？《吕氏春秋》讲"次制十二筒……以别十二律"，这就是说"伶伦"在确定"黄钟之宫"之后，将一"均"分为十二份。按引文描述，"听凤皇之鸣……其雄鸣为六，雌鸣亦六，以比黄钟之宫适合"，此处的"适合"是指十二律管不超过一"均"的音程关系，正好可囊括在相邻的"黄钟均"之内；而"十二"，就是由凤凰雄雌各发的六声所成。然而，这个描述并不严格，世界上的某些部落民族还会将八度分为三十份，形成"三十律"。对于"十二"的问题，《国语·周语下》记"二十三年，王将铸无射，问律于伶州鸠"也讲过：

> 律所以立均出度也。古之神瞽考中声而量之以制，度律均钟，百官轨仪，纪之以三，平之以六，成于十二，天之道也。夫六，中之色也，故名之曰黄钟，所以宣养六气、九德也。由是第之。二曰大蔟，所以金奏赞阳出滞也。三曰姑洗，

---

① 许维遹集释：《吕氏春秋集释》，第120页。

所以修洁百物，考神纳宾也。四曰蕤宾，所以安靖神人，献酬交酢也。五曰夷则，所以咏歌九则，平民无贰也。六曰无射，所以宣布哲人之令德，示民轨仪也。为之六间，以扬沈伏，而黜散越也。元间大吕，助宣物也。二间夹钟，出四隙之细也。三间仲吕，宣中气也。四间林钟，和展百事，俾莫不任肃纯恪也。五间南吕，赞阳秀也。六间应钟，均利器用，俾应复也。①

伶州鸠是很重要的一位乐师②，他口中的"古之神瞽"应是《吕氏春秋》引文之中的伶伦。参照韦昭注，引文首句可以解释为，"古乐正考察中和之声，订立标准，用此律之标准去平正钟声，百官依法度而行，（如此）可以和三才之天、地、人，阳律有六，阴阳相扶，律吕共十二，是天数之极，以律吕合于天道"。之后，州鸠依照阴阳相对的结构解释了十二律之名称的意义，即：阳律为六，依次是"黄钟""大蔟""姑洗""蕤宾""夷则""无射"；阴吕③也是六，依次是"大吕""夹钟""仲吕""林钟""南吕""应钟"。律吕之名对应节气阴阳之变化，故称为"天之道"，而"十二"与天道对应，更与阴阳之气的消长有关。质言之，六律是阳气之宣，六吕则是阴气之动。

如果一"均"要分为十二份，那么"十二"份应该怎么分呢？

---

① 徐元浩集解：《国语集解》，第113—121页。
② 参见王顺然：《"乐崩"现象的背后："大乐教"到"小乐事"转向中的"学统"再造与礼乐关系重构》，《孔子研究》2022年第1期，第113页。
③ 这十二律分为六律（阳）和六吕（阴），六吕也叫六间，取两律之间的意思。

将一个八度十二等分在理论上最直接，这也就是"十二平均律"。据考，这种"十二平均律"的算法最早由明代朱载堉于万历十二年（1584）首次提出，它以固定比率将八度音等分为十二份，当时称为"新法密率"。

既然"新法密率"是明代创制，《吕氏春秋》所记"伶伦制律"也就不会是这种等分律。引文中"伶伦"讲，"黄钟之宫皆可以生之，故曰'黄钟之宫，律吕之本'"，这里的关键就在于"生"，代表着以"黄钟"为标准的衍生模式。

首先，伶伦对"黄钟"标准的来源有三个描述：其一，"自大夏之西，乃之阮隃之阴，取竹于嶰溪之谷，以生空窍厚钧者"，强调选取在极西之地所生之中空、均匀的竹子；其二，"断两节间，其长三寸九分，而吹之以为黄钟之宫"，指出定律依据"开口管"而非"闭口管"；其三，说"三寸九分"，既规范了管长，也为"三分"的生律法铺垫了基础。

其次，衍生模式相较于十二等分法而言，两者虽同为"十二"，但前者的"十二"是结果意义上的，而后者的"十二"则是生律的前提要求。所谓衍生模式，上一章讲的"三分损益"法已经是衍生模式的成熟状态，而"伶伦"这里的"衍生"还是雏形，更加依赖听觉的分辨。引文讲"听凤皇之鸣"，也在强调听觉的作用。这个过程是在确定"黄钟之宫"后，通过试验、调整管长，来校对两音区间的听觉距离[①]，以此方式再一一确定次第

[①] 最近从江西南昌海昏侯墓中出土的编钟等金属乐器上，还能看到锉刀打磨调整的痕迹，这就是制器之后再通过听觉调整音高的佐证。

增高的十二个音。①

　　这种衍生的办法对乐师的听觉要求很高,确定音高的难度可想而知,"神瞽"之神大概也指这种天赋②。只有在经验的积累下,十二律音高得以确定,"定律"慢慢也就从对听觉的依赖中摆脱,发展出可复制的新方法。"三分损益"法就是一种,听觉逐步与量尺对管长的规范相配合。总之,以"黄钟音"管长为标准,通过"三分损益"等特定管长关系规则衍生出一"均"十二音的基本结构,这就是传统十二律的由来;再通过听觉的修正、调整,使十二律更符合听觉的习惯,也形成了不同于"平均律"的十二律③。

　　通过对"黄帝令伶伦作为律"一句的解释,我们简单了解了传统一"均"十二音的由来和十二音音差的确定。以下"瞽叟乃拌五弦之瑟,作以为十五弦之瑟""益之八弦,以为二十三弦之瑟"几句,还涉及传统乐音的音域范围问题,也就是瑟之弦数由"五"变"十五"再变"二十三"的来由。

---

① 比如,我们先有了音高 A,便可以确定其八度音高 a。如果制造出音高 B,听辨后发现 B 比 A 高、比 a 低,那么 B 就是 A 和 a 之间的一个音。以此类推,找出音高不同且介于 A 和 a 之间的十二个音。另,在十二律之前,还有五律、七律之说,也就是先找到一均中的五个音、七个音的过程,这个现象侧面印证了我们的相关推断。

② 即使现代有了视唱练耳的训练,人们对于一定程度之音差(比如 1/4 音、1/8 音等)的直觉也是很难形成的。据说莫扎特在经过系统训练之后可以分辨 1/8 音,而在没有固定律制的情况下,对音差的判断主要靠天分与直觉。

③ 参见程贞一:《黄钟大吕——中国古代和十六世纪的声学成就》,第 27—50 页。关于不同衍生规则产生的音差,可见该书第 156 页,表 5.4.1。

帝尧之乐师"瞽叟",也是帝舜的父亲①,为了配合乐师"质"创制的新乐器,便将"瑟"从五弦扩充为十五弦。五弦之瑟能展示的"均数"(即"八度数")我们无从得知②,但瞽叟的改造应该扩大了瑟的"均数"。同理,"益之八弦,以为二十三弦之瑟"也是在瞽叟改造的基础上,又增加八根弦,显然再一次扩大了"均数"。对照湖北随县出土的战国早期文物曾侯乙编钟来看,演奏五个"八度"③应该是这一时期乐器音域的基本表现。从乐器制造和发声机制的角度看,丝弦乐器应该比编钟的音域更广。换言之,二十三弦瑟应该能展示超过六十个乐音,这是传统律学的重要成就。

以上根据《吕氏春秋》的引文,我们集中说明了"定律"的问题,对历代圣王于"定律"问题上的贡献也有了简单的了解。历代圣王对"定律"问题的关注,也显示了这一问题的重要性。"定律"所形成的规范,能够确定同一乐器在不计音色差异的情况下,"乐音"逐次升高的顺序。既然存在乐器的差异、音色的差异,那就同样存在对这类问题的规范,也就是对乐器制造的规范,即"制器"问题。

有关"制器"的问题,也要从两方面来讨论:其一,如何让乐器发出准确的"音高"和相应的"音色";其二,如何在乐曲表演中协调不同乐器所发出的"乐音"。在《吕氏春秋》的引文中,

---

① 值得一说的是,上古职业分工多以家族为单位,而在所有帝王之中,帝舜是继承有虞氏家族之乐传统,瞽叟作为帝尧的乐师,也将家族技艺传给了儿子帝舜,帝舜作为音乐世家出身之圣王,他对传统音乐的发展也做出了很多贡献。

② 如古琴、吉他等弦乐器在演奏时,一根琴弦可以通过手指配合按压而演奏多个音高。

③ 王友华:《先秦编钟研究》,第403页。

"又命伶伦与荣将铸十二钟"就是前者的表现。

在伶伦确定了一均十二律的音高之后，乐师就需要把这一系列音高实现在乐器上。丝弦乐器相对简单，我们前面讲过，通过双手配合的按压与弹拨，任何一根弦都能发出连贯的音列，对于确定音高的十二律音阶而言，需要固定的只是在相应弦上标记出准确的按压与弹拨位置。《清华简·乐风》就是很好的例证，根据释读，《乐风》文本分为两部分，第二部分所标记的内容，应该就是丝弦弹拨的位置。[①] 竹管类乐器复杂些，对于早期单音管而言，音列的实现是竹管的累加，而如果要在一根管上表现出更多有规范的音列，那就要确定开口的位置。后者代表着相对复杂的调试过程，管的粗细、管壁厚度都会因取材而有差异，那么每个竹管乐器都需要单独调试。石磬、编钟则更复杂，材质与铸造工艺的差异使得音高、音列的确定更为困难，由此亦可见曾侯乙编钟以瓦片结构成就一钟双音是多么了不起的成就。回到引文，"又命伶伦与荣将铸十二钟"，这就是讲编钟的制器过程。完成一套"十二钟"的制作，不仅需要听觉敏锐的伶伦，更需要具有高超铸钟技术的荣将。一边造、一边调，直到将十二钟调整到合适的音高。这就是"制器"过程中对"音高"的处理，经过这一步调整的乐器才能表现出相对标准的音高，也才能使不同乐器的音高校准相对一致。

除"音高"校准之外，乐师对乐器"音色"的调试也有规范，如帝颛顼"令飞龙作效八风之音"，就是讲"制器"中对"音色"的处理。帝颛顼遵循时令，以"八方纯正之风按时而行，可分别

---

① 参见清华大学出土文献与保护中心编，黄德宽主编：《清华大学藏战国竹简（拾叁）》，上海：中西书局，2023年，第138—139页。

发出的熙熙、凄凄、锵锵的声音"①，故而要求乐师飞龙在制造乐器时，其音色也要符合"八风"。这里没有讲到金、石、土、革、丝、木、匏、竹等"八音"，或是因为此时"八音"概念尚未形成，但以乐器音色符合"八风"也是"八音"形成的基础。总之，让乐器发出符合律制要求的音高与音色，是"制器"的第一步。

如何通过"制器"，使不同乐器发出的乐音在表演中得到协调呢？前述《吕氏春秋》引文中的"或鼓鼙，击钟磬，吹苓，展管篪""以麋鞈置缶而鼓之，乃拊石击石"等几句，便是协调不同乐器的例子。

"帝尧立，乃命质为乐，质乃效山林溪谷之音以歌"，是讲"制器"调试音色的问题。"乃以麋鞈置缶而鼓之，乃拊石击石，以象上帝玉磬之音，以致舞百兽"，是说"把麋鹿的皮蒙在瓦器上敲打它，配合敲打石片，以模仿天帝玉磬的声音，用以引来百兽舞蹈"②。这就是在讲乐师质在调配使用乐器之不同音高与音色，这就是现在所讲的"配器"。所谓"配器"，就是按照乐曲演奏的音色需求来选择乐器。乐师质要通过乐曲表现"山林溪谷"，而"山林溪谷"是百兽之居所，又加之风吹树叶、水击青石、虎啸于林、鸟鸣于涧，所以除了主奏乐器外，还要选择皮鼓、石磬来搭配，营造"山林溪谷"的感觉，这就是演奏中对不同乐器的一种协调。包括引文中的"帝喾乃令人抃，或鼓鼙，击钟磬，吹苓，展管篪；因令凤鸟、天翟舞之"等，都可以看作是对演奏中调配不同乐器的说明。

---

① 陆玖译注：《吕氏春秋》，北京：中华书局，2014年，第150页。

② 陆玖译注：《吕氏春秋》，第152页。

综上，我们通过梳理《吕氏春秋》的引文，简要解释了"定律"与"制器"两方面的问题，这都是"音律"的基本作用。但如第一章讨论的那样，"音律"的具体作用还要落在"成方"二字上，就是把不同的乐音编制起来。这就要求我们对"音律"在乐曲编制中的具体作用做一个简单的说明。

回到《吕氏春秋》的引文中，这里面最早的"乐"是"葛天氏之乐"，此乐共八章，主题明确，符合我们对"乐"形态的论述。引文讲圣王创制乐曲的内容包括"帝喾命咸黑作为声歌""质乃效山林溪谷之音以歌""皋陶作为《夏籥》九成，以昭其功""伊尹作为《大护》，歌《晨露》，修《九招》、《六列》""周公旦乃作诗"等等，都涉及"音律"在乐曲编制中的作用问题。为了解释方便，我们沿用"黄帝"之例做解释：

……黄帝又命伶伦与荣将铸十二钟，以和五音，以施《英韶》。以仲春之月乙卯之日日在奎始奏之，命之曰《咸池》。

前文已经讲过伶伦如何确立一均十二律，又如何与荣将配合制造十二钟，还有不同乐器协调、磨合，"以和五音，以施《英韶》"，这都是音律的作用。到乐曲编制的层面，音律则支撑了意义的建立。黄帝之乐《咸池》的意义世界，就是依靠音律支撑、规范起来的。"以仲春之月乙卯之日"一句，按《礼记·月令》讲，"仲春之月，日在奎，昏弧中，旦建星中。其日甲乙。其帝大皞，其神句芒。其虫鳞。其音角，律中夹钟。其数八。其味酸，其臭膻。

其祀户，祭先脾"①，《史记·历书》记曰，"明庶风居东方。明庶者，明众物尽出也。二月也，律中夹钟。夹钟者，言阴阳相夹厕也。其于十二子为卯。卯之为言茂也，言万物茂也。其于十母为甲乙。甲者，言万物剖符甲而出也；乙者，言万物生轧轧也"②。概言之，"以仲春之月乙卯之日"是指万物发养之时，此处数八是木，木与仲春发养之时有生机，祭祀时以脾为先，音为"角"而律为"夹钟"，即"应钟宫"。又经考证，"日在奎"可以具体显示"黄帝奏《咸池》的日期"，"该日恰好是节气春分，为仲春之月的标志，于是'帝张《咸池》之乐于洞庭之野'"。③可以说，整个《咸池》之乐从创作到演奏，完全是按照音律的规范来进行的，其中包括对音高的限定、对音色的要求、对乐器使用的规范，甚至对时节、时机的把握。音律对各方面的节制支撑了《咸池》意义世界的稳定性。《白虎通·礼乐》记曰，"黄帝曰《咸池》者，言大施天下之道而行之，天之所生，地之所载，咸蒙德施也"，郑玄注《周礼注疏·卷二十二》曰，"《大咸》、《咸池》，尧乐也。尧能殚均刑法以仪民，言其德无所不施"④，以上两条文本，对《咸池》究竟是黄帝之乐，还是帝尧之乐，有出入。按传说的谱系，帝尧乃黄帝玄孙，《咸池》或是黄帝所创，至帝尧增补完善的作品。唐代元结在《补乐歌十首（并序）》中写道："《咸池》，陶唐氏之乐歌也，其义盖称尧德至大，无不备全。（诗曰：）'元化油油兮，孰知其然；至

---

① 郑玄注，孔颖达疏：《礼记正义》，第550—551页。
② 《史记》，北京：中华书局，1982年，第1245—1246页。
③ 学者考证其日期具体为"公元前4346年4月26日"，可备一说。参见赵永恒、王先胜：《黄帝年代之历法钩沉》，《科学》（上海）2005年第5期。
④ 郑玄注，贾公彦疏：《周礼注疏》，第678页。

德汩汩兮，顺之以先。元化溷溷兮，孰知其然；至道泱泱兮，由之以全。'《咸池》二章，章四句。"①《白虎通》以《咸池》赞黄帝"大施天下之道而行之"、元结以"至德""至道"讲《咸池》，可见《咸池》是一部歌颂德化万民的乐，《乐记》谓"《咸池》，备矣"。

综合本节的讨论，我们简要说明了"律"（尤其是"音律"）如何将繁多的"声"有规律地排列起来（即"定律"），又如何指导乐器的制造与运用以获得需要的音响效果（即"制器"），最后支撑起"乐"（尤其是"乐曲"）的意义世界。换言之，音律贯穿着整个"作乐"的过程，让繁多的声"成方"而转化成乐曲（即"音"），又使"乐曲"恰当地表达"乐"之旨意。可见，音律使"音"由"声"转出，并得以实现在时空之中。

三、从"乐器"到"音律"：多种解释理论的内在一致性

通过乐器与音律，使"声"到"音"的转化得以实现，而乐器与音律涉及的不同理论之间，也存在如何协调配合的问题。这些不同的理论如何统摄在一个整全的意义世界之中，值得进一步说明。

乐器、音律所涉及的理论包括：（一）"律名理论"，即对特定音高意义的解释，如"黄钟""大吕""蕤宾"等；（二）"律历理论"，即对星象方位、季风、时令等内容的解释，如"岁""月""日""辰""星"等；（三）"律制理论"，即对律中音高关系、"乐器"制作与定音的规范，如"三分损益""五度相生"等；（四）"调

---

① 聂文郁注解：《元结诗解》，西安：陕西人民出版社，1984年，第67—68页。

式理论",即对声音及调式音阶的规范,如"四声""五声""七声"等。还有其他配合说明的理论,如医学、术数等。

前文借《国语·周语下》"二十三年,王将铸无射,问律于伶州鸠"一段文字,分析了"律名理论",讲到了一均十二律的由来。"律历理论"在《国语·周语下》中也有介绍:

> 昔武王伐殷,岁在鹑火,月在天驷,日在析木之津,辰在斗柄,星在天鼋。星与日辰之位,皆在北维。颛顼之所建也,帝喾受之。我姬氏出自天鼋,及析木者,有建星及牵牛焉,则我皇妣大姜之侄,伯陵之后,逢公之所凭神也。岁之所在,则我有周之分野也。月之所在,辰马,农祥也,我太祖后稷之所经纬也,王欲合是五位三所而用之。自鹑及驷,七列也,南北之揆,七同也,凡人神以数合之,以声昭之,数合声和,然后可同也。故以七同其数,而以律和其声,于是乎有七律。①

文中对"岁""月""日""辰""星"等内容的解释,很明显地体现出"律历理论"的特点。州鸠向周景王解释"周用七律"的原因,说"周武王伐殷商时,岁星舍于鹑火之次,月舍于房宿五度,日舍于析木之次银河之间,日月合辰在北斗七星的柄部,辰星在玄枵之次。此时之天象而言,星与日辰之位都在北维。北维是颛顼帝所建立,后被我周之先祖帝喾继承。姬氏出生自天鼋,

---

① 徐元诰集解:《国语集解》,第123—127页。

至于析木，历建星及牵牛，皆水宿，乃我皇妣大姜之侄，柏陵的后代，逢公所依赖的神位。岁星之所在，则有我周之分野；月之所在房心，房称四驷，合于农祥，农祥是我太祖后稷所经纬的。武王欲合这五位、三所来运用，自鹑火到天驷经张、翼、轸、角、亢、氐房共七列宿；岁在鹑火之次，辰星在玄枵之次，与十二辰相照应即是从午至子，也正是七辰。星、度之数相和，人神亦应以数合之，以声律调配之，于是乎配合为七律，这就是我周朝用七律的原因"①。这段话概括来看，七律之七，是周的先祖以时岁推算而得的天人相合之数。这个解释建立在星辰、天象、时令等要素构成的律历理论上。对周初的农耕文明发展而言，律历理论是最具标准性的科学。

"律制理论"，主要解决的是"定律"问题。从纯粹依靠听觉进行分辨，到依照客观长度之比例进行操作，在演变的过程中，"五度相生""三分损益""角一增法"②等不同方法相继产生。但万变不离其宗，"律制理论"就是要在一均之中确定出有规则的乐音数与音程关系。

还有"调式理论"，通俗地说，调式关系到乐曲的色彩。比如在西方的大小调比较中，大调相对明亮，而小调相对忧郁。在传统的乐曲演奏中，乐师们要根据乐曲乃至整个"乐"的思想主旨，选择恰当的乐器以及相应的主音。前文曾解释过《国语·周语下》所讲"金尚羽，石尚角，瓦、丝尚宫，匏、竹尚议，革、

---

① 参见丁绵孙：《中国古代天文历法基础知识》，天津：天津古籍出版社，1989年，第16页。
② 以曾侯乙编钟为代表，钟律不同于管律，不能简单地使用三分而后增减的办法完成定律。

木一声"一段引文，乐师们就是根据调式理论，确认乐曲演奏的"宫""商""角""徵""羽"五声[1]，相应地选择乐器以及主音音高。当然，随着音律计算水平和乐器制造水平的提升，"旋宫转调"的技艺在春秋战国时期得到推广，这种技艺打破了部分乐器的音高限制，使调式的快速转换成为可能。[2]

以上回顾了一些支撑乐器、音律的理论，这些理论在乐曲中协调、交织，如"律名"与"调式"结合，形成"黄钟之宫"等"律名—调式"[3]。这些理论之间的协调关系，在《礼记·月令》中就有记录：

> 孟春之月，日在营室，昏参中，旦尾中。其日甲乙。其帝大皞，其神句芒。其虫鳞。其音角，律中大蔟。……仲春之月，日在奎，昏弧中，旦建星中。其日甲乙，其帝大皞，其神句芒。其虫鳞。其音角，律中夹钟。……季春之月，日在胃，昏七星中，旦牵牛中。其日甲乙。其帝大皞，其神句芒。其虫鳞。其音角，律中姑洗。……
>
> 孟夏之月，日在毕，昏翼中，旦婺女中。其日丙丁。其帝炎帝，其神祝融。其虫羽。其音徵，律中中吕。……仲夏之月，日在东井，昏亢中，旦危中。其日丙丁。其帝炎帝，

---

[1] 或相关变化音混入而形成的"七声"等。

[2] 以曾侯乙编钟为例，其采用的"迭合式衔接法"不但让"旋宫转调"得以完成，而且使多个乐师共同演奏得以完成，令转调更加方便。参见王友华：《先秦编钟研究》，第405页。

[3] "黄钟之宫"就是以"黄钟"音高为"宫"的意思，其五声调式组成为："宫音黄钟""商音太簇""角音姑洗""徵音林钟"和"羽音南吕"。

其神祝融。其虫羽。其音徵，律中蕤宾。……季夏之月，日在柳，昏火中，旦奎中。其日丙丁。其帝炎帝，其神祝融。其虫羽。其音徵，律中林钟。……

中央土。其日戊己。其帝黄帝，其神后土。其虫倮，其音宫，律中黄钟之宫。其数五。其味甘，其臭香。其祀中溜，祭先心。

孟秋之月，日在翼，昏建星中，旦毕中。其日庚辛。其帝少皞，其神蓐收。其虫毛。其音商，律中夷则。……仲秋之月，日在角，昏牵牛中，旦觜觿中。其日庚辛，其帝少皞，其神蓐收。其虫毛。其音商，律中南吕。……季秋之月，日在房，昏虚中，旦柳中。其日庚辛。其帝少皞，其神蓐收。其虫毛。其音商，律中无射。……

孟冬之月，日在尾，昏危中，旦七星中。其日壬癸。其帝颛顼，其神玄冥。其虫介。其音羽，律中应钟。……仲冬之月，日在斗，昏东壁中，旦轸中。其日壬癸。其帝颛顼，其神玄冥。其虫介。其音羽，律中黄钟。……季冬之月，日在婺女，昏娄中，旦氐中。其日壬癸。其帝颛顼，其神玄冥。其虫介。其音羽，律中大吕。[①]

以引文第一段为例，"春正月（孟春），太阳运行到了室宿的位置，黄昏时参星出现在南方天空的正中，拂晓时尾星出现在南方天空的正中。这个月的日以甲乙为主日，主宰这个月的天帝是太皞，

[①] 郑玄注，孔颖达疏：《礼记正义》，第517—652页。

天神是句芒，这个月的动物以鳞类为主，声音以角音为主，后期吹灰的律管是太簇"①。"孟春"是夏历之正月，按照黄道十二次的讲法，"日在营室"就是第三次娵訾之室宿。这一段时间，二十八星宿的参宿和尾宿会在黄昏和拂晓时在特定的位置出现，地球相对于太阳系以外的恒星会有一个相对稳定的位置，地球相对于太阳的位置也相对稳定。春季是太阳自南回归线向北回归线移动的过程，北半球接受光照的时间变长，万物萌发而宜草木之生长。所以，主宰这个月的天帝太皞，作为上古东方部落的首领，被称之为木帝。句芒就是上古辅助太皞的另一个部落的首领，也叫少皞。按照对应关系，木属神兽龙是鳞类动物的代表，所以鳞类动物在这个月比较活跃。同样，调式中的"角"在这个时节表现更突出，候气吹灰的管是"太簇"，以此组合而形成"太簇角"调②。综上，"律名""律历""律制""调式"等依次表现为"甲乙""孟春""大簇""角"调。又按前章解释过的《白虎通·礼乐》"笙者，大蔟之气，象万物之生，故曰笙。有七政之节焉，有六合之和焉，天下乐之，故谓之笙"一段，乐曲演奏时应多运用"笙"类乐器的作用及效果。类似讲法在郑玄注《周礼·大师》中也有出现：

> 以合阴阳之声者，声之阴阳各有合。黄钟，子之气也，十一月建焉，而辰在星纪。大吕，丑之气也，十二月建焉，而辰在玄枵。大蔟，寅之气也，正月建焉，而辰在娵訾。应钟，亥之气也，十月建焉，而辰在析木。姑洗，辰之气也，三月

---

① 杨天宇：《礼记译注》，上海：上海古籍出版社，2004年，第173页。
② 即"无射宫""黄钟商""太簇角""仲吕徵""林钟羽"。

建焉，而辰在大梁。南吕，酉之气也，八月建焉，而辰在寿星。蕤宾，午之气也，五月建焉，而辰在鹑首。林钟，未之气也，六月建焉，而辰在鹑火。夷则，申之气也，七月建焉，而辰在鹑尾。中吕，巳之气也，四月建焉，而辰在实沈。无射，戌之气也，九月建焉，而辰在大火。夹钟，卯之气也，二月建焉，而辰在降娄。辰与建交错贸处如表里然，是其合也。其相生，则以阴阳六体为之。①

对照《白虎通·礼乐》"埙在十一月，埙之为言熏也，阳气于黄泉之下熏蒸而萌"一段来看，两段文字同是以周历"十一月"为起点，但此处引文更偏重于音律、调式与律历之间的对应关系。强调与律历的关系，代表着一种理论诉求：一来是在经验实践的基础上对相关理论的再规范，二来是对不同理论之间一致性的追求。

于前者而言，不同理论本身就具有相对一致的理论起点。《白虎通》有言：

> 人本含六律五行气而生，故内有五藏六府，此情性之所由出入也。②

这里"本含""情性"的讲法与《乐记》"由人心生也"的讲法有内在的连贯性，而另外突出了关于"气"的讲法，或可以说是气论的显题化。按引文，人如何禀赋六律而生？是因为人本身

---

① 郑玄注，贾公彦疏：《周礼注疏》，第714页。
② 陈立疏注，吴则虞点校：《白虎通疏证》，第382页。

是大化流变中的一个部分。五行、六律既然是天地、自然流变之规律，人也是一定要符合这一规律的。人能依照五行、六律而生，体内便有五脏、六腑之别，情性之表现则是五脏、六腑之变化的显示。概言之，六律既是天地自然之流变规律，又是人心之先天禀赋。五行、六律虽然是相对独立的理论系统，但总归要落在大化流行中的气上讲，这就是不同理论相对一致的起点，所以五行、六律等不同理论的基本变化也都能在人的情性之中找到依据。

于后者而言，不同理论的不断发展，使得原本的一致性逐步弱化，反而要对不同理论发展出的丰富意义进行统一的解释。如何能够给不同理论发展一个统一的解释呢？在郑玄注《周礼·大师》的一段文字中，我们可以找到一点线索：

> 黄钟初九也，下生林钟之初六，林钟又上生大蔟之九二，大蔟又下生南吕之六二，南吕又上生姑洗之九三，姑洗又下生应钟之六三，应钟又上生蕤宾之九四，蕤宾又上生大吕之六四，大吕又下生夷则之九五，夷则又上生夹钟之六五，夹钟又下生无射之上九，无射又上生中吕之上六。同位者象夫妻，异位者象子母，所谓律取妻而吕生子也。黄钟长九寸，其实一篇，下生者三分去一，上生者三分益一，五下六上，乃一终矣。……文之者，以调五声，使之相次，如锦绣之有文章。播犹扬也，扬之以八音，乃可得而观之矣。[①]

---

① 郑玄注，贾公彦疏：《周礼注疏》，第714—715页。

乐师在解释十二律的衍生关系时，将音律投射到生生流转的世界中，取十二律之间变化、生成、阴阳辅佐等性质，比类"娶妻生子"之象。按"律取妻而吕生子"的讲法，先分阴阳，再分母子；而一均十二律，又同时限制"娶妻生子"的衍生关系不能超过八度，娶妻、生子的规则也规定了音高的先后顺序。可以说，这种取象的方法，依于人伦纲常之理，反映了人对于自然世界、人文世界之间关联性的认识方式。《乐象》谓之曰：

> 耳、目、鼻、口、心知、百体，皆由顺正以行其义。然后发以声音，而文以琴瑟，动以干戚，饰以羽旄，从以箫管。奋至德之光，动四气之和，以著万物之理。是故清明象天，广大象地，终始象四时，周还象风雨。五色成文而不乱，八风从律而不奸，百度得数而有常。小大相成，终始相生。倡和清浊，迭相为经。

此段引文，将取象讲得更加清楚。一方面，"乐器""音律"的规范其实是人心顺发的自然延伸，当"耳、目、鼻、口、心知、百体"和顺纯正的时候，就能表现出"行其义"的正当状态，也就自然而然地展现出人心之德。另一方面，人心之理乃天地之禀赋，它的表达与天地之气的流转变化相和。有鉴于此，便可以"乐"中的清明之状表现天、广大之状表现地，以其终始之过程代表四时，以其重复之循环代表自然风雨，这个过程就是取象。"象"关乎天地四时运作、关乎八风从律、关乎计算标规，但在根本上，"取象"都是围绕着"耳、目、鼻、口、心知、百体，皆由顺正以行其义"这一核心而建立,奠基在人伦纲常的意义之上。

引文后段,"小大相成,终始相生。倡和清浊,迭相为经"的讲法,又为"取象"划定了规范。"取象"要符合五声调式结构的严密性,要满足八音乐器的基本音律规范,又要贴合表演的节度。而"乐"高低音的相辅相成、前后衔接的恰当,以及唱和音色搭配的适度等,都是"取象"的关键。

值得说明的是,"取象"凸显出"诗辞""乐曲""舞蹈"等艺术形式所蕴含的伦常意义,其实也是我们常说的艺术美感。这种美感包含两层,一者是客观形式(比如诗辞之韵律、乐曲之节奏旋律、舞蹈之形体姿态等)上所具备的美感,再者是艺术形式所承载之意义(比如诗辞之文字内容、乐舞之情节表现、人物之性格品行等)上的美感。

关于前者,汉斯立克在《论音乐的美——音乐美学的修改刍议》中有过这样的阐释:

……(音乐)美是一种独特的只为其(艺术)形式所特有的美,这是一种不依附、不需要外来内容的美,它存在于乐音与乐音的组合之中,……它们之间的协调和对抗、追逐和遇合、飞跃和消逝,以其自由的形式呈现在我们直观的心灵面前,当下是我们感受到美的愉悦。……

在造型艺术中,……我们见到(阿拉伯图案花纹,an Arabesque)一些弧形曲线,有时轻悠下降,有时陡然上升,时而相合,时而分离,这些大大小小的弧线相互呼应,好像不能糅合,但又构造匀称,处处遇到相对或相符的形态,即

是各种细微的个体，又呈现出其整体性。……①

换言之，无论是对听觉产生作用的乐曲，还是对视觉产生作用的造型艺术（包括舞蹈、服饰等），只要其合乎某种形式规范，或者某种比例，就会给观赏者带来美感。在西方传统中，所谓的形式规范是以几何、数学比率等理论来解释的，而先秦乐教传统中一均十二律的"律名系统"也是用来规范相关比率的准则。

关于后者，除形式美感的要求，意义赋予的美感对传统乐教而言更为重要，这在后文中会不断展开，此处只对美感的层次问题做简要说明。《乐记》曰：

凡奸声感人，而逆气应之。逆气成象，而淫乐兴焉。

孔颖达疏曰："奸声，谓奸邪之声感动于人。逆气，谓违逆之气，即奸邪之气也。人既感奸邪之声，则有奸邪之气来应也。既感奸邪之声，心又感奸邪之气，二者相合而成象，淫乐遂兴。若人耳初听奸邪之声，其奸邪未甚，心又感奸邪之气，其乱乃成，不可救止，纣作靡靡之乐是也。"②"奸声"可以感人，是形式上的美感发挥的作用。但孔颖达说，"奸声"只是对感官产生作用，而这种所谓的"美感享受"，其实是人心被"奸邪之气"扰乱。显然，孔颖达是以人伦价值的美感来批判感官形式的美感，师延所作的"靡靡之乐"，虽能满足纣王喜声色之癖，但人伦价值的缺失使"靡

---

① 爱德华·汉斯立克：《论音乐的美——音乐美学的修改刍议》，杨业治译，第49—50页。
② 郑玄注，孔颖达疏：《礼记正义》，第1292页。

靡之乐"形成对人心的扰乱,并最终导致商纣亡国。

在儒家传统看来,"奸声"给人带来的感官享受危害极大,所以徒留形式美感的"诗辞""乐曲"和"舞蹈"需要仔细审查并加以摒除。[①]按《乐记》的讲法,"奸声乱色,不留聪明。淫乐慝礼,不接心术。惰慢邪辟之气,不设于身体"。诱使沉溺的形式美感,剥夺了人作为主体的能动性,这种享受会让人心颓废、萎靡不振,人的德性无法显现。以此类推,以意义美收摄形式美的"正声"则应该加以追求。又见《乐记》曰:

> 正声感人,而顺气应之。顺气成象,而和乐兴焉。倡和有应,回邪曲直,各归其分,而万物之理各以类相动也。

这里的"倡和有应"便是说"正声"也具备形式美感,而"万物之理各以类相动也",则说"正声"协调得当承载起人心之理,人心之理与形式美感的共鸣才是审美的追求。

通过本章的讨论,我们看到"声"首先通过"乐器"表现出不同音高、音色的变化与强弱的差异等,而后繁多的"声"在"音律"的规范下形成了高低有条理的序列,这些序列编织出对意义主旨的表达,才是"成方"之"音",也就是我们说的"乐曲"。我们说明了"声""音"如何在客观世界中实现,这也为讨论"作乐"和"奏乐",也就是讨论"乐"的实现打下了基础。

[①] 对于"乐"的审美,先秦也并非只有儒家一种声音。参见王顺然:《先秦"乐"之五种审美形态的嬗变》,《现代哲学》2023年第5期,第146、152页。

第三章 "作乐"及"奏乐"：
"乐"之时空形式的实现

有了"乐器""音律"，"声""音"得以实现，而以"声""音"为基础，讨论"乐"的实现也是题中应有之义。所谓"乐"的实现，首先是"乐"的创作，即通过对音高、节奏、旋律及文辞、动作、场景等内容的选择与排列，表达出特定的主旨与氛围；其次是"乐"的表演，即在特定的时间与空间中展示出"乐"的形态，逐次传递出情节与意义，这里也包括表演者对"乐"的再创作；最后，对传统乐教言，"乐"的实现还是在特定时空对某种意义的实现，这一点也与以人伦意义为优先的传统审美旨趣相关。以上三层可分别概括为"作乐""奏乐"及"乐"中不同元素（如诗辞、乐曲、舞蹈等）的统合，这就是本章三节要讨论的内容。

除去对器物的必要解释外，在第一节的讨论中，我们将重心放在"乐"创作主体，即创作"乐"的人身上。创作"乐"的人包括三类：其一是"圣王功成制礼作乐"里讲的明君圣王，这里也包括和圣王配合的大乐师；其二是熟悉"乐器""音律"，既负责采风，又从事具体"诗""曲""舞"编排工作的乐师、乐工；其三则是百姓，采风的歌谣来自百姓，这些歌谣的创制才是"乐"的基本素材。这三类不同的"作乐"人，他们在"乐"的创作过程中发挥着不同的作用。第二节关注"奏乐"问题，集中讨论"乐"

的演奏，也包括这些时空中的艺术形态如何刺激感官传递情感、形成经验知觉等问题。这里，我们把视线集中在"演奏者"身上，先看他们经口耳相传地排演训练后，如何传递，甚至能否传递"作乐"者的意图；再看他们作为"乐"的再创作者，如何有"目的性"的演奏；最后看他们的表演与观众期待之间是否存在不可弥补的距离。

既然"作乐"涉及不同创作主体，"奏乐"包含不同演奏步骤，那么"乐"如何建立主旨意义的统一？① 或者说，每一个参与者理解的差异、表达的差异，最终如何统一到"乐"之中，做到如《荀子·臣道》所谓之"调和，乐也"？这是第三节重点讨论的问题。当我们习惯性地将"乐"作为完整的、统一的对象来研究时，"作乐"和"奏乐"的统一性被当作默认的内容，构成"乐"的不同元素②似乎也是先天地相互协调。但事实上，"乐"落入时空中，便涉及和谐统一的问题，甚至其演奏的时间、空间都担负着一定的意义。我们需要说清楚"乐"中不同元素相互协调的可能，也要说清楚协调不同元素的目的，只有证实了这种统一性，"乐"才真正意义地、作为整体地实现了其时空形式。

本章所论之内容承前文种种概念而下，所论"作乐""奏乐"问题，凡遇中西传统差异，皆先以先秦传统为纲，而后再分门别

---

① 所谓的"统一性"，举例来说，如戏剧《满江红》中的岳飞的形象，原本是精忠报国的忠臣，但表演者在具体的表演中若用力过度，便容易使人产生岳飞违抗高宗偏安的想法，这就是误导。同样，还有乐器演奏喧宾夺主、舞蹈表现不能恰如其分、诗辞歌诵言说有违初衷等，可以说，"统一性"是奏乐环节的重要问题。

② 此处所谓"不同元素"，指的是"诗""曲""舞"等艺术形式。

类、兼顾西学之要。

一、"作乐"及主体意向的表达

在开始讨论"作乐"前,我们先做几个回应,作为理论展开的铺垫。首先,我们常常见到"乐起源于祭祀"的讲法。根据文献记载,"乐"确实多见于古代祭祀活动之中,但这只能说某种特定形式的"乐"是巫祝文化的一部分,不能直接得到"乐"起源于祭祀的结论。又依照上古文献记载的条件与习惯,只有像祭祀、战争这样的事件才会有甲骨、金铭记录,所以以文献记录之数量作为论证理据也是不够的。其次,我们习惯把"诗""曲"[①] 分开,"诗"是文字的,而"曲"是旋律性的。但"诗"同样注重韵律,音韵、平仄、节奏等,是一种"人声"的旋律。相对而言,我们说乐器演奏的旋律,其实也有象声、拟物的文字性意义,可以说是"乐器"的文字。最后,我们习惯把"作乐"当作"圣王功成之事",这也有些偏颇。上古圣王,只有帝舜出身音乐世家而精通音律,大多圣王并不需要具体地精通乐事。同时,按文献所记,乐师有定律之事而乐工有表演修订之情,《诗》中之国风、舞中之夷舞均为采风而来,是出自百姓之手。所以,"乐"的创作应该是上至圣王、中及乐师、下含百姓的"全民"活动。有了对以上问题的说明,我们就可以讨论"作乐"的问题了。

---

① 《乐记》也作"歌"来讲,如"诗,言其志也。歌,咏其声也。舞,动其容也"。这里用"曲"一词是为了照顾现代汉语表达,也能和上下文同。

"作乐"一词反映出这样一个事实,即"乐"是被创制的,而创制"乐"是有其意图与作用的。[①] 所以,讨论"作乐"有两个基本问题需要回应:其一是"乐"的创作主体,包括圣王、乐师、百姓等,想要通过"作乐"表达何种意向;其二是"乐"中不同的艺术形式,包含诗、曲、舞等,如何实现这一目的。这两个基本问题又可以衍生出不同的子问题,如圣王"作乐"的目的为何?百姓作"歌谣"的意向是什么?乐师、乐工排演"乐舞"的根据是什么?等等。如果要对这些繁杂的问题做一个提纲挈领的回答,我们可以将问题归纳为(一)"创作主体(即作乐者)需要表达什么意向"和(二)"创作主体怎样通过'乐'来表达其意向"两个核心问题,在此基础上,我们可以将不同创作主体的相关问题融入其中。

先看前一个问题。"乐"能够表达思想内容、承载特定意义是毋庸置疑的,并且"乐"中不同艺术形式表达意义的效果也是不同的。如"诗辞""乐曲"和"舞蹈"等不同艺术形式,每一种形式都有其意义表达的特点。以"歌谣"为例,《论语·微子》记曰:

> 楚狂接舆歌而过孔子曰:"凤兮!凤兮!何德之衰?往者不可谏,来者犹可追。已而,已而!今之从政者殆而!"孔子下,欲与之言。趋而辟之,不得与之言。[②]

---

① 将某种事物从无到有的创造出来,是为了完成其特定的目的,而不断地改进、完善,则是为了完善它的效果,也反映出对其价值作用的肯定与重视。

② 何晏注,邢昺疏:《论语注疏》,北京:北京大学出版社,2000年,第283页。

楚国的狂人接舆唱着歌谣路过夫子车旁，借吟歌之声慨叹夫子生而不得其时。这段吟唱有节奏、有旋律，又是在接舆经过夫子车旁时有意地"歌咏"[①]。在接舆，是有所表达；在夫子，亦有所领会。是故，夫子下车想要同这位狂人好好聊聊，但狂人歌咏一过，扬长而去。我们自然也会意识到，不只是歌咏的内容，包括狂人的肢体语言、人际交互的设计，都是在对特定的意义进行表达。甚至在文段描述的场景中，"趋而辟之"的一个转身，都渲染出一种慨叹的感受。所以，看似只是一段歌谣，实则接舆在通过整个场景表达其歌咏这段文辞的真实意义。文辞自然有其直接的意义，但慨叹之感，生发于文辞的节奏、旋律之上，透显于颂咏的抑扬顿挫之间。相较之下，后者对人的影响更悠长、绵密。

像这种兼情、事表述的"作乐"行为于传统文献中很常见，这段引文的舞蹈性比较隐蔽，"趋而辟之"的一个转身只能算是一种意会的肢体语言。如果肢体语言更明显些，能够承载起更多的意义，那就是形成了基本的"歌舞"形式。如《礼记·檀弓上》中描绘"夫子将没"的《曳杖歌》：

> 孔子蚤作，负手曳杖，消摇于门，歌曰："泰山其颓乎？梁木其坏乎？哲人其萎乎？"既歌而入，当户而坐。子贡闻之曰："泰山其颓，则吾将安仰？梁木其坏，哲人其萎，则吾将安放？夫子殆将病也。"遂趋而入。夫子曰："赐，尔来何迟也？夏后氏殡于东阶之上，则犹在阼也。殷人殡于两楹之

[①] 一般说"歌"为有旋律地吟诵，而"谣"为无旋律地吟诵，另外还有"讴"和"谚"等概念。参见杨华：《先秦礼乐文化》，武汉：湖北教育出版社，1997年，第203—207页。

间,则与宾主夹之也。周人殡于西阶之上,则犹宾之也。而丘也,殷人也。予畴昔之夜,梦坐奠于两楹之间。夫明王不兴,而天下其孰能宗予?予殆将死也。"盖寝疾七日而没。①

《曳杖歌》文段中除文辞、曲调的表述外,还隐含着一定的"舞"的形式。夫子唱完了,"既歌而入,当户而坐",子贡听过后,便做出了响应,可以算作"和",又"遂趋而入"。师徒二人一唱一和,虽是咏叹悲哀,却亦如某种仪式一般。夫子先是站在门外唱,唱完了回到家中"当户而坐",是一种情感的抒发。此一段只有夫子第一段为"歌","歌"中三句话工整简练,以一种"象"的手法表达,"泰山将要崩塌,栋梁之材将要毁坏,智慧卓越的人将要凋谢"。融事、情于一体,在这些文字记录的"歌声"中,可大致推断出这种叙事抒情的方式,是自然而然发出的声、辞和体态的配合,正所谓"凡音之起,由人心生"。这同时说明,"创作主体需要表达的意向"就是作者(们)以"乐"的形式,表达对于某一实情产生的判断与情感。他们观察实情所站立的角度,表现在其文辞的叙述方式之中,而他们的情感则体现在韵律、唱腔、体态动作之中。

以上例子都可以算作歌谣,它们以一种略显简单的艺术形式,却足以体现出"创作主体的意向"。由此简单概括,"作乐"之目的大致有三类:其一,"表情",尤其是主体当下生成的某种特定的情感,要将这种情感传递给受众;其二,"叙事",就是将事件

---

① 郑玄注,孔颖达疏:《礼记正义》,第241—242页。

的关键内容通过不同的艺术形式表达出来,可以是文辞的叙说,也可以是某些肢体语言的表达;其三,价值判断的表达,这也是最重要的一部分,是在"情""事"之间表达出其中蕴含的道理和价值意义,使"乐"产生引导的作用。

顺此,我们再来讨论第二个问题,即"创作主体怎样表达其意向"。先来看《左传·襄公四年》的记载:

> 冬,十月,邾人、莒人伐鄫。臧纥救鄫,侵邾,败于狐骀。国人逆丧者皆髽。鲁于是乎始髽,国人诵之曰:"臧之狐裘,败我于狐骀。我君小子,朱儒是使。朱儒朱儒,使我败于邾。"[1]

襄公四年初冬十月,邾、莒两地攻打鄫,臧纥前来营救。臧纥反攻邾地,却在狐骀战败于邾。鲁国人遭逢战乱而丧其亲者众,举行丧礼时丧服已经不够,最后只能用头发上结麻的方式代替(见杜预注解)。亲人死去,家国涂炭,百姓便编出一首顺口溜讽刺战乱与不治。这首"诵"无乐曲保留,虽无曲、无舞记录,但于字里行间将情、事交代清楚。其文字的节奏感和连贯性,又让诗文具有旋律感,便于传播与记忆。同样,在《左传·宣公二年》的"伐宋之战"中亦有"城者讴曰,'睅其目,皤其腹,弃甲而复,于思于思,弃甲复来'"一段讽诵,也有着叙事文字的节奏感和连贯性。

以上所论是百姓作为创作主体之时,对"需要表达何种意向"

---

[1] 杜预注,孔颖达疏:《春秋左传正义》,第964—965页。

和"怎样表达其意向"两个问题的回应,可以说百姓的回应方式相对简单、直接。但简单的形式也是情感最真切地流露,对创作主体意向的表达也很有效,并且这种形式最大的便利是使事、情广为传播,实现了基本的信息流通与人文对话。

此类国人之"诵"属于民风,流传时只能算是未加工之乐,一旦经过采风、加工记录于文本之中就会有一些文辞的变化,而我们在《左传》中看到的文本已经是加工之后的。这说明:其一,记录在传世文献之中的民谣,原貌多少已经发生了某种修饰性变化,根据各种文献记录,我们可以推说各地民谣的产生是蓬勃的、活跃的;其二,乐工的采风作业,是收集、整理、修饰、编改当地流行之颂咏,使之达到可以记录、表演的要求,这种整编工作是有一定的标准的。① 对于乐师这一活动的价值,司马迁在《史记》中均有所定义和评价,如"今上即位,招致儒术之士,令共定仪,十余年不就。或言古者太平,万民和喜,瑞应辨至,乃采风俗,定制作"(《礼书》),又如"以为州异国殊,情习不同,故博采风俗,协比声律,以补短移化,助流政教"(《乐书》)。换言之,这种将百姓流行之曲调、讽诵收集起来的行为叫作"采风俗"或者"采风"。"采风"是将各地百姓不同的生活习惯、经历和态度,借助具有当地特点的语言、辞章运用习惯整理起来。从政治生活的角

---

① 换言之,前者是说百姓口耳相传产生的最初阶段之"作乐"情况,后者则是指拥有专业技术之乐师、乐工对"乐"的再创作,而这两者的关系在文献中也有所谈及,如在天子五年巡守之礼中,须"命大师陈诗以观民风,命市纳贾以观民之所好恶,志淫好辟"(《礼记·王制》)。这里虽然只说了大师罗列、讲述反映民风的诗,但也反映出在乐师、乐工队伍里有专门负责搜罗当地百姓创作歌谣的人员。

度看,这一活动是贵族统治者了解百姓生活的重要途径,而在适当情况下,贵族统治者也需要借采风对百姓生活进行引导和修正。

对"引导百姓生活"之面向,我们将在讨论"圣王作乐之目的"时再做分疏,单就"采风"活动的价值而言,这关系到乐师、乐工在创作活动中怎样表达其意向的问题。《孔子家语·辨政》中记录了一段生动的文字,就与乐师、乐工在采风活动中试图表达的意向有关:

> 齐有一足之鸟,飞集于公朝,下止于殿前,舒翅而跳。齐侯大怪之,使使聘鲁,问孔子。孔子曰:"此鸟名曰商羊,水祥也。昔童儿有屈其一脚,振讯两肩而跳,且谣曰:'天将大雨,商羊鼓舞。'今齐有之,其应至矣。急告民趋治沟渠,修堤防,将有大水为灾。"顷之,大霖雨,水溢泛诸国,伤害民人,唯齐有备,不败。景公曰:"圣人之言,信而征矣。"[①]

引文就是"商羊起舞"的典故。文中表现乐舞的内容较之前引文段更丰富,鸟为一足,则童"屈其一脚",鸟"飞集于公朝,下止于殿前,舒翅而跳",则童"振讯两肩"。这里的舞蹈动作取"一足之鸟"的象,"商羊"鸟为雨水之征兆,此鸟来临预示不日即将大雨倾盆。乐师、乐工采此风俗,将此日用观察、风俗时谚归纳为合乎韵律的歌谣加以传唱。夫子知此歌谣,也是他通晓乐教的明证,并发出预兆,警示齐侯"急告民趋治沟渠,修堤防,

---

① 宋立林:《孔子家语译注》,上海:上海古籍出版社,2022年,第207—208页。

将有大水为灾"。反过来，齐景公赞叹夫子之贤达，"圣人之言，信而征矣"，圣人之智博古通今，亦是从日用生活中来。我们或可以说，乐师、乐工创编"乐"的第一个目的，是将有"价值"的民间风俗、信息整理起来，形成知识储备，这是知识建立、传承的重要方式。

《孔子家语·致思》记载的夫子的另一个故事，表现出乐师、乐工"作乐"的第二重目的：

> 楚昭王渡江，江中有物大如斗，圆而赤，直触王舟。舟人取之。王大怪之，遍问群臣，莫之能识。王使使聘于鲁，问于孔子。子曰："此所谓萍实者也，可剖而食之。吉祥也，唯霸者为能获焉。"使者反。王遂食之，大美。久之，使来以告鲁大夫。大夫因子游问曰："夫子何以知其然乎？"曰："吾昔之郑，过乎陈之野，闻童谣曰：'楚王渡江，得萍实，大如斗，赤如日，剖而食之，甜如蜜。'此是楚王之应也。吾是以知之。"[①]

虽然以上两则引文都是讲夫子通过解读民谣来回答君主之疑，但"商羊起舞"和"楚江萍实"两例的意味多少有些差异。"商羊起舞"的故事顺序是"有商羊鸟来""齐侯问夫子""夫子以童谣告齐侯"，这里的童谣早于齐侯之问，又根据"天将大雨，商羊鼓舞"，童谣所讲属于民谚，是对某种自然征兆的描述。而"楚

---

① 宋立林：《孔子家语译注》，第114页。

江萍实"的童谣"楚王渡江,得萍实,大如斗,赤如日,剖而食之,甜如蜜"虽然也早于楚王之问,但已将整个事件如预言般讲出,这一事件并不具有重复性,却与事实情况分毫不差,这突显了一种神秘性。同样是童谣,一用为习俗,一用为预言。这里的原因比较复杂,但对于乐师、乐工的工作而言,处理前者时,主要是选择有价值的知识内容并做一些规范性的修饰;而处理后者时,政治性目的就很明显,需要考虑的就不只是规范性的问题。从这里看,乐师、乐工"作乐"的第二重目的,是将一些政治谏言以"乐"的方式委婉地传播出去。当然,"楚江萍实"一段文本的真实性值得怀疑,但也正是这种真实性的缺失,更衬托"歌谣"的价值,尤其是"歌谣"对于民众观念塑造的价值,也就是"化民成俗"。

这里我们不妨先对乐师、乐工的"采风"活动做几点总结:

首先,类似"歌谣""诵""咏"等艺术形式是"乐"的重要素材,乐师、乐工可以通过"采风"活动从民间获得。即便这些艺术形式相对简易,但也具备了"表情"和"叙事"等作用,而"表情"和"叙事"之偏重,可以视具体情况而定。

其次,"采风"活动作为重要的政治活动,乐师、乐工又是朝堂之臣,那整个过程就不只是一般的收集工作。乐师、乐工的"采风"既要对君王负责,也要对百姓负责,一方面是选择有社会价值的信息、知识进行辑录,另一方面要对社会风气进行影响、引导。如《左传·襄公十四年》记曰:"自王以下,各有父兄子弟,以补察其政。史为书,瞽为诗,工诵箴谏,大夫规诲,士传言,庶人谤,商旅于市,百工献艺。故夏书曰:'遒人以木铎徇于路,官师相规，工执艺事以谏。'正月孟春，于是乎有之，谏失常也。"①就像公卿大臣的上书，乐师、乐工也可以通过"采风"来实现他们的进言，这就是采风以谏。这是乐师、乐工常被忽视的职责，却是"民风"转向"官乐"的重要环节。

最后，乐师、乐工的基本工作是将"采风"获得的内容进行再创作，使之符合"乐"的规范。这里的规范自然和前文所讲的音律等内容相关，但"采"什么风，又如何"再创作"则是乐师、乐工发挥主观能动性的范畴。当我们分析传统文献中有关乐师、乐工行为的文本时，主要看这一部分主动的发挥。②

以上以"采风"为例，简要说明了乐师、乐工在"作乐"中的价值。可以说，在"作乐"的过程中，从百姓到乐师、乐工都发挥着不可或缺的作用，他们为"乐"的完成提供了基本的素材。然而，"乐"的最终完成还是要落在"圣王"上，传统文献中常见的"圣王功成作乐"的讲法，分明地指向"圣王作乐要表达什么样的意向"，我们对此先做一概述。《乐记》有言：

> 是故乐之隆，非极音也。食飨之礼，非致味也。清庙之瑟，朱弦而疏越，壹倡而三叹，有遗音者矣。大飨之礼，尚玄酒而俎腥鱼。大羹不和，有遗味者矣。是故先王之制礼乐也，

---

① 杜预注，孔颖达疏：《春秋左传正义》，第 1064—1066 页。
② 传承的技艺也具有相当程度的模式性和固定性，这使得乐师、乐工不能在"作乐"的过程中太过随意。由于文字韵律、意义表达等方面的要求，乐师、乐工们在修订过程中也容易被迫造成意义偏转。而一些打破常规的乐师、乐工，创造性地改编出新形式的诗、乐、舞，其后果则要另当别论。

非以极口腹耳目之欲也,将以教民平好恶而反人道之正也。

我们在第一章中说明了这段文字的意义,若单论其中有关"作乐"之问题,可以看出:"圣王作乐要表达的意向",就是"教民平好恶而反人道之正";"圣王表达意向的方式",就是"非极音、非以极口腹耳目之欲"。借《礼记正义》的疏做一总结:"先王制礼乐,不为口腹耳目,而将以教民均平好恶,使好者行之,恶者避之,而反归人道之正也。"[①] 这里说的"教民反人道之正"和"口腹耳目之欲"并不能对应到前文分析初创之"乐"所具备的两方面特质中,尤其是"口腹耳目之欲",它不是"乐"中所表达的"情绪""情感",而与乐师、乐工修编"民风"所排演出的优美歌谣、精巧曲调和动人舞蹈等引动人心不安的因素相关。可以看出,"好听""好看""精彩"等,不应该是"圣王之乐"的形容词,这一点需要我们留意,这对下文的讨论也有影响。总之,以《乐记》此段引文为纲,再分而详论两方面的意义就清楚很多。下面,我们就从"人道"为何会不正、为何要通过"作乐"来完成教化、怎样通过"作乐"来完成教化等三个方面一一展开论述。

第一,圣王作乐既然是为了"教民反人道之正",那么,"人道"为何会不正呢?《乐记》这样说:

人生而静,天之性也。感于物而动,性之欲也。物至知知,然后好恶形焉。好恶无节于内,知诱于外,不能反躬,天理

---

① 郑玄注,孔颖达疏:《礼记正义》,第1261页。

灭矣。夫物之感人无穷，而人之好恶无节，则是物至而人化物也。人化物也者，灭天理而穷人欲者也。于是有悖逆诈伪之心，有淫泆作乱之事。是故强者胁弱，众者暴寡，知者诈愚，勇者苦怯，疾病不养，老幼孤独不得其所，此大乱之道也。

这段话虽然篇幅不长，内涵却很丰富。其中天理、人欲的问题，很受宋明儒学重视，也引发了很多争论。《礼记正义》解释了人心纵欲而失天理的过程："其心本虽静，感于外物，而心遂动，是性之所贪欲也。……所欲之事，道诱于外，外见所欲，心则从之……恣己情欲，不能自反禁止。物既众多，来感于人，无有穷已也。见物之来，所好所恶，无有法节也。外物来至，而人化之于物，物善则人善，物恶则人恶。人既化物，逐而迁之，恣其情欲，故灭其天生清静之性，而穷极人所贪嗜欲也。"[①] 这种解释，将人心之"恶"归咎于人心常动、外物无穷、人情无节三个原因。所谓"人心常动"是恶，是说受物牵引而产生的人心之动就是恶；所谓"外物无穷"是恶，是说牵引人心之动混乱无常，有善有恶，难以分辨；所谓"人情无节"之恶，是说面对内心浮动的纷扰情欲，不能恰当地规范和控制。如果我们在这段文字中加入"乐"的元素，"乐"就可以作为外在引动人心的"物"，而圣王作"乐"如果将节制、法度蕴含其中，那么"乐"在引动人心时，也能规范人心中的情欲，这就回答了"作乐"与教化的关系。

"作乐"与教化百姓有哪些关系呢？

[①] 郑玄注，孔颖达疏：《礼记正义》，第1263页。

其一,"作乐"以教化百姓,是因为"乐"能够实现对人的节制与规范。按《乐记》的讲法,"先王之制礼乐,人为之节。衰麻哭泣,所以节丧纪也。钟鼓干戚,所以和安乐也。昏姻冠笄,所以别男女也。射、乡食飨,所以正交接也"。这里的"礼乐"是"礼"寓于"乐"中,我对此曾有过专门的讨论。① 也就是说,基本的节制与规范来自寓于"乐"中的"礼"。"礼"的规范尤其能对人心纷扰之情欲形成有效的节制。而"乐"自身存在的音律等规则,其本身即为有节制的艺术形式。《左传·昭公元年》"晋侯有疾"记:

> 晋侯求医于秦。秦伯使医和视之,曰:"疾不可为也。是谓近女室,疾如蛊。非鬼非食,惑以丧志。良臣将死,天命不佑。"公曰:"女不可近乎?"对曰:"节之。先王之乐,所以节百事也,故有五节,迟速本末以相及,中声以降,五降之后,不容弹矣。于是有烦手淫声,慆堙心耳,乃忘平和,君子弗听也。物亦如之,至于烦,乃舍也已,无以生疾。君子之近琴瑟,以仪节也,非以慆心也。天有六气,降生五味,发为五色,徵为五声,淫生六疾,六气曰阴、阳、风、雨、晦、明也,分为四时,序为五节,过则为灾,阴淫寒疾,阳淫热疾,风淫末疾,雨淫腹疾,晦淫惑疾,明淫心疾,女,阳物而晦时,淫则生内热惑蛊之疾。今君不节不时,能无及此乎?"②

---

① 参见王顺然:《"乐崩"现象的背后:"大乐教"到"小乐事"转向中的"学统"再造与礼乐关系重构》,《孔子研究》2022年第1期,第106—114页。

② 杜预注,孔颖达疏:《春秋左传正义》,第1339—1343页。

这一段讲晋侯有疾而求于秦之名医医和，医和诊断晋侯之疾因其无节于女室，而后对"节"的解释就落在不同艺术形式自身的节度上。医和论"先王之乐"的"节制"，是"先王之乐，所以节百事也"，出于"音律"（"中声以降，徵为五声"）、"技巧"（"烦手淫声"）、"情欲"（"慆堙心耳"）等等。凡有不节之处，必有疾生，其原因有五：一者，"音律"之生发、确定，是通向自然的准则；二者，"音律"的层层规范落实了由"声"至"音"的转变；三者，不同规则之间的协调也形成相互的节制；四者，"乐"内在的各种规则又在整体上与八方、八气相合；五者，"音律""乐器"都建立在心性的基础上，而不是建立在情欲之上。可见，"先王之乐"处处有"节制"。

其二，"乐"的规范相对柔和，有潜移默化的效果，并且形成与天地秩序的普遍和谐。《乐记》有很多这类的总结：

> 然后发以声音，而文以琴瑟，动以干戚，饰以羽旄，从以箫管。奋至德之光，动四气之和，以著万物之理。是故清明象天，广大象地，终始象四时，周还象风雨。五色成文而不乱，八风从律而不奸，百度得数而有常。小大相成，终始相生，倡和清浊，迭相为经。故乐行而伦清，耳目聪明，血气和平，移风易俗，天下皆宁。

> 天高地下，万物散殊，而礼制行矣。流而不息，合同而化，而乐兴焉。春作夏长，仁也。秋敛冬藏，义也。仁近于乐，义近于礼。乐者敦和，率神而从天。礼者别宜，居鬼而从地。

故圣人作乐以应天，制礼以配地。礼乐明备，天地官矣。

土敝则草木不长，水烦则鱼鳖不大，气衰则生物不遂，世乱则礼慝而乐淫。是故其声哀而不庄，乐而不安，慢易以犯节，流湎以忘本。广则容奸，狭则思欲。感条畅之气，而灭平和之德。是以君子贱之也。

从对"乐"的解释来看，其创制始于与天地、自然秩序的契合。一般讲，这些描述"天地""自然秩序"的语句会被解释为本体宇宙论设准，它近似于一种玄妙的隐喻，借以昭示"礼""乐"在本体论层面的崇高地位。然而，传统的这一讲法实则隐含着几层意思。第一层，从第一段引文"清明象天，广大象地，终始象四时，周还象风雨。五色成文而不乱，八风从律而不奸，百度得数而有常。小大相成，终始相生，倡和清浊，迭相为经"看：（一）这里出现了如"八风""四时""应天（之时）"等概念，前文我们讨论过，是讲很具体的生成规则；（二）根据前文的分析，基于对"天地""自然秩序"的理解建构出"乐器""音律"的生成规则，体现着"乐"与"天地"的直接对应关系；（三）引文强调了如"清明""广大""终始""周还（循环）"等"形象"与"天""地""四时（季）""风雨"等实在有着切实的对应关系。第二层，第二段引文"流而不息，合同而化，而乐兴焉。春作夏长，仁也"，"仁近于乐"，"乐者敦和，率神而从天"，"故圣人作乐以应天"，"礼乐明备，天地官矣"的讲法，表示着：（一）"自然"的变化不息是"仁"之本体，"仁"近于"乐"，所以说"天地""自然秩序"

是依于"仁"而通向"乐";(二)圣人、圣王是识得"天地"之道而后"作乐"应之,"乐"应"天"而"作乐"应"天道";(三)所谓"仁近于乐"并非"仁即为乐","近于"又似乎包含着"乐"与"仁"的内在差异,这一点会在"赏乐"的过程中体现得更明显。第三层,第三段引文"土敝则草木不长,水烦则鱼鳖不大,气衰则生物不遂,世乱则礼慝而乐淫"是说"乐"是创制的,是依"自然秩序"应时而变的,而"乐"的创制也向我们展示了一条通向"天地""自然"的路径。这一路径是"天地""自然秩序"对于圣王"作乐"的引导,依照"自然"便可达到"乐"的平衡。总之,"乐"与"天地""自然"有着相互作用、相互显明的关系,圣人"作乐"也正是对此种关系的领会、展现与诠释,"乐"的创制亦反映了圣人对天地之道的领会,并以此教化、引导民众。这种引导蕴于艺术活动中,又融于日用生活中,柔和而方便习得。

其三,"乐"既能形成规范、对滥情产生"节(制)",又能使其规范合于天地之道,形成柔和的引导。同时,"乐"的教化还有一个"时效"问题。对"作乐"时机的把握,一来体现着圣王对于天地、自然的感受与把握,二来关系到"乐"形成的伦理规范的效果。《大戴礼记·诰志》曰:

天曰作明。曰与,惟天是戴;地曰作昌,曰与,惟地是事;人曰作乐,曰与,惟民是嬉。民之动能,不远厥事;民之悲色,不远厥德。此谓表里时合,物之所生,而蕃昌之道如此。[①]

[①] 王聘珍撰:《大戴礼记解诂》,北京:中华书局,1983年,第183页。

天、地、人各有所作，凡作皆有其标准，而人（即圣王）之所作是"乐"，其所和是"民心"。既能满足民心的要求，又能引导民心之向善，这就是圣王"作乐"需要面对的困境。从时机的角度看，圣王要把握天下兴盛之机，即民心之转变之机。适时地"作乐"以张布德行、节制民心，即是"表里时合，物之所生，而蕃昌之道如此"，这是圣王把握"时机"的第一点。

《白虎通·礼乐》又曰：

> 太平乃制礼作乐何？夫礼乐所以防奢淫。天下人民饥寒，何乐之乎？功成作乐，治定制礼。乐言作，礼言制何？乐者，阳也。动作倡始，故言作。礼者，阴也。系制于阳，故言制。乐象阳也，礼法阴也。①

这段话解释了"乐"应"天"而"礼"配"地"的原因，阴、阳有别，生、成不同，故谓阴"系制于阳"。这段话也解释了"时机"问题，如天下饥寒，百姓为温饱、生存挣扎，礼乐的价值和作用是安抚；而当仓廪实、府库丰，百姓欲求增多、心智发展、情感丰富，礼乐的价值和作用就是节制。"夫礼乐所以防奢淫"，讲的就是百姓富足之时，创制应时之"乐"是要节制其情欲的扩充，此为圣王把握"时机"的第二点。

综上，我们论述了圣王为何要通过"作乐"来教化百姓。在解释的过程中，我们也多次谈到，圣王是以对"天地""自然"的

---

① 陈立疏证，吴则虞点校：《白虎通疏证》，第98—99页。

把握来创制"乐"。那么,圣王通过"乐"实现哪些教化百姓的效果呢?[1]

其一,圣王通过"乐"向百姓表现"天地""自然"的秩序。如前所述,除音律等内在规则外,"乐"的内在规则还融合了"方位""时令""气候"等,形成完整的律则体系。这一体系,相应于天地、自然的客观秩序。

其二,圣王通过"乐"向百姓表达人伦纲常的基本要求,通过"乐"来表现出德行。《白虎通·五经》曰:

> 孔子所以定《五经》者何?以为孔子居周之末世,王道陵迟,礼乐废坏,强陵弱,众暴寡,天子不敢诛,方伯不敢伐,闵道德之不行,故周流应聘,冀行其圣德。自卫反鲁,自知不用,故追定《五经》,以行其道。……孔子未定《五经》如何?周衰道失,纲散纪乱,五教废坏,故五常之经咸失其所,……作《诗》三百篇,而歌谣怨诽也。[2]

"王道陵迟,礼乐废坏,强陵弱,众暴寡,天子不敢诛,方伯不敢伐",这是讲孔子所遭遇的礼乐崩坏的时代状况。此时的"乐"已经不能展示自然的秩序与人伦规范,也早就丢失了圣人"作乐"的意向。孔子"追定《五经》,以行其道",是知"作乐"之实而使"乐"复归正途,《论语·子罕》谓之"乐正,雅颂各得其所"。换言之,圣王之"乐"的重要作用就是宣扬人伦规范和社会秩序,

---

[1] 这个"怎样"(how)的问题应该是与前一个"为什么"(why)的问题一一对应的。
[2] 陈立疏证,吴则虞点校:《白虎通疏证》,第444—445页。

使天下"行圣德"。当然,孔子这里的"雅颂各得其所"又在"行圣德"外,增加了"仁"之一环,这一点差别容后文再谈。①

其三,"作乐"的时机问题,体现着圣王对时代变化的把握。圣王之"乐"也向百姓宣示时代变迁与历史脉搏。《礼记·明堂位》讲:

> 昔殷纣乱天下,脯鬼侯以飨诸侯。是以周公相武王以伐纣。武王崩,成王幼弱,周公践天子之位,以治天下。六年,朝诸侯于明堂,制礼作乐,颁度量,而天下大服。七年,致政于成王。成王以周公为有勋劳于天下。是以封周公于曲阜,地方七百里,革车千乘。命鲁公世世祀周公,以天子之礼乐。②

"时机"问题在此文段中体现得很明显。武王立周而未能"作乐",周公辅政六年始可"作乐"。前引《吕氏春秋》记周公之诗曰,"文王在上,於昭于天,周虽旧邦,其命维新",周虽得了天下,却尚不能确立文化的核心地位,也不能建立法度的有效性,周公辅三世方得"作乐"之机,这里是道统与治统间的平衡与统一。周公作乐,"天下大服",也就是天下承认了周的文化核心地位和典章制度,真正意义上实现了周对天下的宗主地位。

"五帝殊时,不相沿乐"的讲法更体现作乐的"时机"问题。《乐记》有言:

---

① 参见王顺然:《"自卫反鲁"之后:孔子对"乐"的重建与提拔》,《孔子研究》2019年第2期,第49—56页。

② 郑玄注,孔颖达疏:《礼记正义》,第1088—1090页。

王者功成作乐，治定制礼。其功大者其乐备，其治辩者其礼具。干戚之舞，非备乐也。孰亨而祀，非达礼也。五帝殊时，不相沿乐。三王异世，不相袭礼。乐极则忧，礼粗则偏矣。及夫敦乐而无忧，礼备而不偏者，其唯大圣乎？

依文可见，尧舜之"乐"均为圣王之"乐"，皆注重与时代、时机的相应，所以不相袭承。《礼记正义》孔颖达疏："若用文教民而治定者，则制礼繁多也。其法虽殊，若人判而论，则五帝以上尚乐，三王之世贵礼，故乐兴五帝，礼盛三王，所以尔者，五帝之时尚德，故义取于同和，三王之代尚礼，故义取于仪别。"[1]孔颖达在这段文字中又补充了"五帝"与"三王"的差别。"五帝"之乐分别是"黄帝乐《云门》、颛顼乐《五茎》、帝喾乐《六英》、尧乐《咸池》、舜乐《箫韶》"，而"三王"之乐分别是"禹乐《大夏》、汤乐《大濩》、武乐《大武》"。"五帝"以"德"禅让，所以注重在"乐"中表现德行，而且是一种"合和天下"的德行。但"三王"异世，朝代更迭，强调的是前后的差异与变化，故而更注重在礼上建立的分别，其"乐"也要表现出这种独立性。孔颖达又讲道，"乐随王者之功，礼随治世之教"，这进一步表明"乐"的创制是要表现圣王功绩，圣王不同，遭遇、解决的问题不同，功德就不同，宣扬的德行就不同。《春秋繁露·楚庄王》有一段文字对此讲得更明确：

---

[1] 郑玄注，孔颖达疏：《礼记正义》，第1272页。

今所谓新王必改制者，非改其道，非变其理，受命于天，易姓更王，非继前王而王也。若一因前制，修故业，而无有所改，是与继前王而王者无以别。受命之君，天之所大显也。事父者承意，事君者仪志。事天亦然。……若夫大纲、人伦、道理、政治、教化、习俗、文义尽如故，亦何改哉？故王者有改制之名，无易道之实。孔子曰："无为而治者，其舜乎！"言其主尧之道而已。此非不易之效与？问者曰：物改而天授显矣，其必更作乐，何也？曰：乐异乎是。制为应天改之，乐为应人作之。彼之所受命者，必民之所同乐也。是故大改制于初，所以明天命也。更作乐于终，所以见天功也。缘天下之所新乐而为之文曲，且以和政，且以同德。天下未遍合和，王者不虚作乐。乐者，盈于内而动发于外者也。应其治时，制礼作乐以成之。成者，本末质文皆以具矣。是故作乐者必反天下之所始乐于己以为本。

舜时，民乐其昭尧之业也，故《韶》。"韶"者，昭也。禹之时，民乐其三圣相继，故《夏》。"夏"者，大也。汤之时，民乐其救之于患害也，故《濩》。"濩"者，救也。文王之时，民乐其同师征伐也，故《武》。"武"者，伐也。四者，天下同乐之，一也，其所同乐之端不可一也。作乐之法，必反本之所乐。所乐不同事，乐安得不世异？是故舜作《韶》而禹作《夏》，汤作《濩》而文王作《武》。四乐殊名，则各顺其民始乐于己也。见其效矣。《诗》云："文王受命，有此武功。既伐于崇，作邑于丰。"乐之风也。又曰："王赫斯怒，爰整其旅。"当是时，纣为无道，诸侯大乱，民乐文王之怒而咏歌之也。周人德已洽天下，反本以为乐，谓之《大武》，言民所始乐者武也云尔。故凡乐者，作之于终，而名之以始，重本之义也。①

前一段讲"改制"的原因，天道流转而时机不同，制度变更要顺应天时，但根本之道是不变的，所以叫"有改制之名，无易道之实"。为何"作乐"要行"改制之名"？一方面，"改制更乐"是为了让百姓获知与当下时代相符合的圣王之德，否则因循旧制，错失良机。另一方面，"制"因天而改，"乐"却要依人而作，"乐"要考虑到人心所向、人心所感，"凡音之起，由人心生"乃是"乐"的基本纲领，所以"乐"的创制、改订要有时代特色。综合来看，"作乐"是顺应时代之需而表达不变之道。前者要求应时、应地，朝代更替"乐"亦更替；后者要求恰当把握时代，而最终可以完成"作乐"的就是圣王。

后一段讲"四代之乐"，就明确地讲出了不同的圣王之"乐"为何又如何表达不同的德行、功绩。这里的"四代之乐"，即"舜作《韶》而禹作《夏》，汤作《濩》而文王作《武》"②，内容上与前面讲到的"五帝""三王"有所差别。这一点应该和"乐"的传承有关。由于历代圣王之"乐"的佚失，使得汉代文献讲"四代之乐"或者"六代之乐"更多一些。引文说，"舜时，民乐其昭尧

---

① 董仲舒著，苏舆撰：《春秋繁露义证》，北京：中华书局，2015年，第16—22页。
② 另有"六代之乐"一说，是指黄帝之《云门》《大卷》；唐尧之《大咸》；虞舜之《韶》；夏禹之《大夏》；商汤之《大濩》；周武王之《大武》。参见郑玄注，贾公彦疏：《周礼注疏》，第677—679页。

之业也,故《韶》。'韶'者,昭也。禹之时,民乐其三圣相继,故《夏》。'夏'者,大也。汤之时,民乐其救之于患害也,故《濩》。'濩'者,救也。文王之时,民乐其同师征伐也,故《武》。'武'者,伐也。"这就是解释历代圣王之"乐"所彰显的德行、功绩。这里的圣王功绩都极具时代性,比如最后一则周文、武两代伐纣,这种征伐事件有其特殊性,征伐的过程、方式也需要深思熟虑。以周代商的合法性、"以德配天"的政统意义等,都是时代全新的问题,那么《武》对于伐纣行为的再现与诠释,代表着周王室对这些问题的思考与解答,也代表着中国传统政治文化的一次转型。[①] 以《武》为例,我们不难看出,"乐"对圣王功绩的展示都是针对性的,这种针对性正是"时机"的表现。在"四代之乐"中,帝舜的"乐"是昭示帝尧的功绩,帝禹的"乐"是歌颂尧、舜、禹三代圣王,商汤之"乐"是展现商汤保护百姓之功,然后就是周代的《武》乐。

本节集中讨论了"作乐"的问题,简单地说:百姓的想法,有歌谣传之;乐师、乐工的职责,有"采风"实践之;圣王德化的意向,以"作乐"完成之。我们也说明了"作乐"问题衍生的几条线索:一方面"乐器""音律"等客观规范、制度通向自然,另一方面"仁""德"之表达则通向人心。[②] 然而,"乐"应该是一

[①] 根据相关文献记载,《武》主体还是介绍武王伐纣的过程,当然这里讲文王之《武》也不算错误,毕竟历代圣王之"乐"都经过不断地删改修订。在后文的讨论中,我们简要地恢复了《大武》乐的情节结构,可以参考。

[②] 这与西方音乐哲学讨论的观点大相径庭,乐曲虽然是"乐"重要的艺术形式,但不能代替整个"戏剧"。参见于润洋:《现代西方音乐哲学导论》,长沙:湖南教育出版社,2002年,第36页。

个表达于时空当中的、当下可感知的"艺术"。"作乐"需要在"表演"中展开,才能真正将意向传递给受众,而受众的理解、领会才是价值传递的一种实现。后者将在下一章对"赏乐"的讨论中展开,而前者则是我们马上要展开讨论的"奏乐"问题。可以说,"奏乐"是"乐"在客观世界中的实现和完成。

二、"奏乐"及意向传递的可能

"奏乐"[①]问题,是顺承"作乐"问题而来的。"作乐"与"奏乐"的差异,是在那些静止的记录转化为流动于时空中的诗、乐、舞的过程中产生。[②]换言之,"奏乐"是"作乐"之后,将"作乐"的意向表达出来的最直接的过程。可以说,凡是出现在"作乐"过程中的问题,都会影响到"奏乐"问题,而更明显的时效性与流动性,使"奏乐"问题比"作乐"问题更复杂。毕竟在"作乐"

---

① "乐"作为一种歌舞戏剧,在传统文献中可以使用动词"奏""歌""舞""兴"等来表示"乐"之表演开始。如,《荀子·乐论》"舞《韶》歌《武》"。其中,"奏"之运用相对普遍,故本文用"奏乐"表示"乐"的表演。如,《中庸》"践其位,行其礼,奏其乐",《礼记·郊特牲》"大夫之奏《肆夏》也",《庄子·至乐》"奏九韶以为乐",等等。

② 单就"乐曲"而言,"作乐"与"奏乐"的顺承关系可以借用西方音乐哲学的相关讨论,"一部音乐作品(作乐)与该音乐作品的演奏是同一个东西吗?……回答是明确的:这二者不是同一的,不能将一部音乐作品与这部音乐作品的演奏混为一谈。理由在于:一部音乐作品从它被作曲家创作出来的那一瞬间起,它已是一个独一无二的东西,然而这部作品产生后,它的被演奏却不是一个,而是无数个。"并且,"尽管一部音乐作品每次被演奏时大体上必须具有由乐谱大致规定下来的最低限度共同的东西,否则谈不上是某一特定作品的演奏,但是,每次演奏却不可能是真正完全相同的,甚至差别往往非常明显。"于润洋:《现代西方音乐哲学导论》,第155页。

中,"作乐者"无论是百姓、乐师,还是圣王,表达的意向虽有差异,但对意向的设计是相对确定的,而"奏乐"过程中的奏乐者与"乐"之意向的关系就复杂得多了:其一,静态的"乐",或是曲谱,或是诗词,又或是舞蹈编排等,是他人意向的集合,存在表达与理解间的差异;其二,演奏者也是一个情感丰富的个人,在演奏"乐"的时候也有自己情感、意向之表达,这一意向与作乐者的意向之间存在着不同程度的张力;其三,"奏乐"亦非永远都是一个人的事情,当多个不同的演奏个体相互合作时,各自不同的理解又形成了合力;其四,"奏乐"的流动性使得时间、空间所具有的意义也会影响到"乐"之意向表达。如此等等,足见"奏乐"问题之错综复杂更甚于"作乐"。比照对"作乐"问题的梳理,"奏乐"的问题也可以分为"为什么奏乐"和"怎样奏乐"两部分,我们先来讨论前者。

整体上看,"为什么奏乐"的问题可以分为两个大类型:(一)直接地表达"乐"的原意,表现出"乐"所包含的作乐者的意向;(二)间接地使用"乐"的原意,借用"乐"中曲调、文辞,甚至历史背景等信息所承载之意向,突出当下、个体意图、情境意义等特质。如果按照这种分类方式,那么能够称为直接使用、表达"乐"之原意的情况比较少,文献记载的"奏乐"大多属于对"乐"意向的间接运用。因此我们需要对间接运用这一部分再做一补充分类:(一)奏乐以事,即"奏乐"之目的在于表达某种特定环境、特定氛围中的意向;(二)奏乐以赏,即"奏乐"之目的在于获得其中某种美感。简单地说,这两者的区别在于:前者是落在意义,后者是注重感受。综合起来,"奏乐"问题大致为三类,调整顺序后即:"奏乐"以事,"奏乐"以赏,"奏乐"以得先王之教①。我们就按照这种顺序来梳理一下"奏乐"过程中的各种问题。

先来看"奏乐以事"的情形。这一类的情形可以分为三种:(一)语言义,即百姓作乐、作歌谣以叙事表意;(二)情感义,即通过乐来表达并引动某种情感;(三)象征义,即"乐器""音律"之象征性意义。

"语言义"是"奏乐以事"最普遍的一种用法,就是借用"乐"中之歌谣、诗赋等内容来表达意义。如《战国策·齐四》记:

> 齐人有冯谖者,贫乏不能自存,使人属孟尝君,愿寄食门下。孟尝君曰:"客何好?"曰:"客无好也。"曰:"客何能?"曰:"客无能也。"孟尝君笑而受之曰:"诺。"左右以君贱之也,食以草具。居有顷,倚柱弹其剑,歌曰:"长铗归来乎!食无鱼。"左右以告。孟尝君曰:"食之,比门下之客。"居有顷,复弹其铗,歌曰:"长铗归来乎!出无车。"左右皆笑之,以告。孟尝君曰:"为之驾,比门下之车客。"于是乘其车,揭其剑,过其友曰:"孟尝君客我。"后有顷,复弹其剑铗,歌曰:"长铗归来乎!无以为家。"左右皆恶之,以为贪而不知足。孟尝君问:"冯公有亲乎?"对曰:"有老母。"孟尝君使人给其食用,无使乏。于是冯谖不复歌。②

---

① 得先王之教,即直接地使用、展示"乐"之意向,希望全幅地理解"作乐者"作乐的意图、理解"乐"所承载之最完整的意义。
② 刘向集序:《战国策》,上海:上海古籍出版社,1978年,第395页。

冯谖在孟尝君门下当食客，觉得没受到重视，也没得到应有的待遇，于是就用倚柱弹剑这种相对诙谐、娱乐的方式把自己的想法唱出来，借别人的好奇心把他的想法间接地转告孟尝君。这里的歌都是有节奏、有旋律的小曲，比如第一次"倚柱弹其剑"，歌曰，"长剑啊长剑，回去吧，这里吃饭没有鱼啊"；第二次"复弹其铗"，歌曰，"长剑啊长剑，回去吧，这里出门没有车啊"；第三次"复弹其剑铗"，歌曰，"长剑啊长剑，回去吧，这里不会供应我的家"。从原文看，三次歌谣的节奏、韵律相近，推测其旋律也应基本相同。从内容来看，歌谣当真是"直抒胸臆"，这种"直抒胸臆"在歌谣形式的包装下显得比较诙谐。可以说冯谖的"奏乐"是表达意见的手段，而他通过"奏乐"行为来完成向孟尝君进言，借用了"奏乐"这种形式在实践中的几个特质：（一）仪式感，对于冯谖而言，食有鱼、行有车、事父母等体现了自己的价值，歌咏的形式比直白的语言更具仪式感，也保留了一些尊严；（二）委婉性，冯谖作为一个低级食客，宣叙的内容如此直接，表达的情绪又有些对立，整体看是粗鲁的，但他选择具有娱乐性的歌唱方式，演绎与长剑交谈的情景，使他的进言委婉了不少；（三）易传递，我们看到冯谖的意见都是通过他人向孟尝君转述的，不论转达者心态如何，至少歌唱的方式容易引发人的兴趣，而唱词的韵律又保证了信息传递的准确性。以上三点在"语言义"这一类型的情形中，基本都有所体现和运用。如《春秋左传·庄公二十八年》记：

楚令尹子元欲蛊文夫人，为馆于其宫侧，而《振》万焉，夫人闻之，泣曰："先君以是舞也，习戎备也。今令尹不寻诸仇雠，而于未亡人之侧，不亦异乎！"御人以告子元，子元曰："妇人不忘袭雠，我反忘之！"[①]

楚国令尹子元（楚文王弟）欲引诱文夫人（楚文王妻），就在文夫人住处旁演奏万舞（武舞之一种）。文夫人听到后哭着说，"我已故的丈夫（楚文王）演奏此乐用来演习军事。现在令尹不以此对抗敌军，却在我这个寡妇身边演奏，岂不是怪事？"表演的人将事情转告令尹，子元说："妇人尚且不忘杀敌，我反而忘了。"这个事件反映了"奏乐以事"的两种情形：一种是间接的，是子元表演"万舞"来蛊惑文夫人；一种是直接的，楚文王曾演示"万舞"来整治军队。前者注重"乐"这种艺术形式的"委婉性"，虽然这里的"委婉"是在遮掩子元阴暗之心思；而后者偏重"乐"这种艺术形式的"仪式感"，演武戒备是件强调严肃整齐的事。有趣的是，"乐"的"委婉性"有此歧用，"乐"的"仪式感"同样也有使用上的变化。如《春秋左传·文公四年》记：

卫宁武子来聘，公与之宴，为赋《湛露》及《彤弓》。不辞，又不答赋。使行人私焉。对曰："臣以为肄业及之也。昔诸侯朝正于王，王宴乐之，于是乎赋《湛露》，则天子当阳，诸侯用命也。诸侯敌王所忾，而献其功，王于是乎赐之彤弓一、彤矢百、玈弓矢千，以觉报宴。今陪臣来继旧好，君辱

[①] 杜预注，孔颖达疏：《春秋左传正义》，第331页。

贶之，其敢干大礼以自取戾？"①

卫国宁武子来访问，文公宴请他，命乐官演唱《湛露》《彤弓》（皆出自《诗经·小雅》），宁武子不辞谢、不和诗。文公让接待人员私下问询原因，宁武子答道："我以为这些演奏只是乐官私下地练习。以前诸侯朝见周王，周王举行宴会并奏乐款待他们，这才演唱《湛露》，这首乐歌是将天子比作太阳，希望诸侯能按照天子意旨行事。之后有诸侯协助周王消灭仇敌，周王赐给他红弓一张、红箭百支，这就是《彤弓》的来源。现在我作为一国使臣，重申两国友好，文王如此之礼，我受之不起，只当作乐官自作主张地演练。"可以看出，"奏乐"在春秋战国时代，首先是国与国之间的外交礼节，"奏乐"以一种温和而有文化感的方式，体现出外交的"仪式感"与"礼节性"，这便于维护外交双方的体统。但引文之例，是对"奏乐"的一种去仪式化。宁武子为了保全真正的"体统"，维护两国平等的外交关系，将两首诗赋所具备的意向，通过"臣以为肄业及之也"的对答，褪去了演奏这两首诗赋的"仪式感"，可以说是无奈下的机智与成功。换言之，"奏乐"的"仪式感"促进了"奏乐以事"达到意向表达之目的，去除了这种"仪式感"，"奏乐"就可以被理解为"肄业及之"的一种日常行为，也就流失了其价值意义。当然，这种"去仪式化"，明显也是春秋战国时期礼坏乐崩的一个缩影。

我们讨论了"奏乐以事"的"语言义"，知道在"奏乐"之"语

---

① 杜预注，孔颖达疏：《春秋左传正义》，第579—580页。

言义"中体现了"奏乐"之"仪式感""委婉性"及"易传递"三种特质。下面，我们再来说说"奏乐以事"之"情感义"。这里的讨论，又与后文"奏乐以赏"在理论上有共通之处，均涉及声音引动人的情感、情绪之问题。同时，两者之不同处在于前者更偏重引发情绪之行为，后者则关注情绪本身。

在讲《春秋左传·庄公二十八年》记载令尹子元的故事时，我们提到过"奏乐以事"的两重表现：其一，子元欲借奏乐蛊惑文夫人；其二，楚文王原来靠奏乐做武备演习。楚文王通过"奏乐"来做武备演习，其实是"情感义"的一种典型表现。虽然文本没有对楚文王以乐演习战斗的直接描述，但我们仍然可以想象出当时的场景：在一阵阵整齐严肃的金石钟鼓之声中，将士们有节奏地迈出整齐的步伐，步伐合于节奏形成一种力量感，这种力量感鼓舞了行列之中的所有将士，激发出一往无前的气势；下一刻，将士们依照金石之声之指引列阵，进行着有序的变化，喻美感于战斗中，提升了战阵的精神。这就是对"乐"渲染、引发的情感有效地、直接地运用。当然，"情感义"还有很多层的内涵，这其中也包括对真正战争的准备，如《国语·晋语五》记：

> 宋人弑昭公，赵宣子请师于灵公以伐宋，公曰："非晋国之急也。"对曰："大者天地，其次君臣，所以为明训也。今宋人弑其君，是反天地而逆民则也，天必诛焉。晋为盟主，而不循天罚，将惧及焉。"公许之。乃发令于大庙，召军吏而戒乐正，令三军之钟鼓必备。赵同曰："国有大役，不镇抚民而备钟鼓，何也？"宣子曰："大罪伐之，小罪掸之。袭侵之

事,陵也。是故伐备钟鼓,声其罪也。战以锌于、丁宁,儆其民也。袭侵密声,为暂事也。今宋人弑其君,罪莫大焉!明声之,犹恐其不闻也。吾备钟鼓,为君故也。"乃使旁告于诸侯,治兵振旅,鸣钟鼓,以至于宋。[1]

按引文记载,宋国人杀了自己的国君,这是天大的罪过。赵宣子请盟主晋灵公出兵讨伐,得到同意。盟军并未立即出兵,而是先在太庙发布号令,召唤军队长官、通知"乐正",让三军将钟鼓准备整齐。这一系列行为会引发我们的疑惑,既然马上要去战斗了,为什么要严肃地准备钟鼓之乐呢?如引文中赵同就问:"国家有重大行动,不安抚百姓激励将士,却准备钟鼓,这是为什么呢?"赵宣子回答说:"大罪要讨伐,小罪要威吓,侵袭则是欺凌人家。用钟鼓是为了声讨罪行,用铃铛是为了警示人民,只有侵袭才保持安静,是为了一举成功。弑君这么大的罪,我们自然要大张旗鼓地讨伐之,这是尊重君道的义战。"于是,盟军派人通知诸侯,在整顿军队、严肃军容之后,敲锣击鼓地攻打宋国。在这一事例中,"奏乐"的"情感义"表现出很多层次,有对外的声讨警戒,对内的严整队伍、提升气势,还有宣示战争的正义性。通过公开的对外声讨和对内激励,"乐"带来了坚定的情感,也获得了广泛的共识。如此功用,在春秋征伐的过程中也是值得重视的。

说完"奏乐以事"的"情感义",我们再来看看"象征义"。以《庄子·山木》中记载的"孔子困于陈蔡"为例:

---

[1] 徐元浩集解:《国语集解》,第378—379页。

孔子穷于陈、蔡之间，七日不火食，左据槁木，右击槁枝，而歌焱氏之风，有其具而无其数，有其声而无宫角，木声与人声，犁然有当于人心。①

孔子困于陈蔡的故事在很多文献中都有记录，各自侧重点不同。② 比如《论语·卫灵公》讲："在陈绝粮，从者病，莫能兴。子路愠见曰：'君子亦有穷乎？'子曰：'君子固穷，小人穷斯滥矣。'"这段话对君子面对困难时的坚定意志讲得比较清楚，但较之《庄子·山木》的记载看，后者对儒家"奏乐"的情形描述得更为丰富。按《庄子·山木》的讲法，孔子受困于陈国、蔡国之间，整整七天不能生火就食。面对这种困境，夫子的做法是："左手靠着枯树，右手敲击枯枝，唱起了炎帝的歌谣。虽然他的敲击不能符合音乐的节奏，声响也不能符合五声音阶的音高，但他敲木声和咏歌声清清楚楚，能恰如其分地舒缓人的心意。"这里夫子七天没有生火吃饭，而四下都是枯槁之草木，他唱的是有关炎帝神农氏的歌谣（神农氏创造了刀耕火种、饮食炊具等）。歌之情与处之境互补，以炎帝之风入寒苦之境，一来见其所愿，二来平复其所感。所谓炎帝之风，就是神农氏所用的节奏、歌谣。夫子依于手边之枯槁之草木假想出来的"乐器""音律（宫角）"等"奏乐"，借其"象征"救"不火食"之处境，这就是"奏乐以事"之"象征义"。

---

① 郭庆藩撰：《庄子集释》，北京：中华书局，2020年，第691页。
② 参见陈少明：《"孔子厄于陈蔡"之后》，收氏书《经典世界中的人、事、物》，上海：上海三联书店，2008年，第104页。

以上所论是"奏乐以事"的问题，下面我们要说明的是"奏乐以赏"的问题。这种情形最为平常，它在"乐教"的传承中扮演了重要的角色，也是后文论述的一条线索，需要我们留意。

讨论"奏乐以赏"的问题，要先从"乐师"这个演奏主体入手。① 在"奏乐以事"的情形中，乐师的意向是与"乐"的意向合而为一的。像前面说的，无论冯谖还是夫子，其作为演奏者表演音乐时，无一不是合其意向与"奏乐"为一，他们想要表达的内容就是"乐"中本有之意。但到了"奏乐以赏"的情形下，乐师的主观意愿、主体意向与观众的预期、追求之间的差异不断拉大，形成了一个重要的问题。如《韩非子·十过》记：

奚谓好音？昔者，卫灵公将之晋，至濮水之上，税车而放马，设舍以宿。夜分，而闻鼓新声者而说之，使人问左右，尽报弗闻。乃召师涓而告之曰："有鼓新声者，使人问左右，尽报弗闻，其状似鬼神，子为我听而写之。"师涓曰："诺。"因静坐抚琴而写之。师涓明日报曰："臣得之矣，而未习也，请复一宿习之。"灵公曰："诺。"因复留宿，明日，而习之，遂去之晋。晋平公觞之于施夷之台，酒酣，灵公起曰："有新声，愿请以示。"平公曰："善。"乃召师涓，令坐师旷之旁，援琴鼓之。未终，师旷抚止之，曰："此亡国之声，不可遂也。"平公曰："此道奚出？"师旷曰："此师延之所作，与纣为靡靡

---

① 上一节为了说明"作乐"之问题，我们介绍了百姓、乐师和圣王等三个创作主体，且所有讨论都围绕着这三类主体而展开。而在"奏乐以事"问题的讨论中，我们将演奏者隐在讨论的背后，目的是为了将"奏乐以事"的问题意识凸显出来。

之乐也,及武王伐纣,师延东走,至于濮水而自投,故闻此声者必于濮水之上。先闻此声者其国必削,不可遂。"平公曰:"寡人所好者音也,子其使遂之。"师涓鼓究之。平公问师旷曰:"此所谓何声也?"师旷曰:"此所谓清商也。"公曰:"清商固最悲乎?"师旷曰:"不如清徵。"公曰:"清徵可得而闻乎?"师旷曰:"不可,古之听清徵者皆有德义之君也,今吾君德薄,不足以听。"平公曰:"寡人之所好者音也,愿试听之。"师旷不得已,援琴而鼓。一奏之,有玄鹤二八,道南方来,集于郎门之垝。再奏之而列。三奏之,延颈而鸣,舒翼而舞。音中宫商之声,声闻于天。平公大说,坐者皆喜。平公提觞而起为师旷寿,反坐而问曰:"音莫悲于清徵乎?"师旷曰:"不如清角。"平公曰:"清角可得而闻乎?"师旷曰:"不可。昔者黄帝合鬼神于泰山之上,驾象车而六蛟龙,毕方并辖,蚩尤居前,风伯进扫,雨师洒道,虎狼在前,鬼神在后,腾蛇伏地,凤皇覆上,大合鬼神,作为清角。今主君德薄,不足听之,听之将恐有败。"平公曰:"寡人老矣,所好者音也,愿遂听之。"师旷不得已而鼓之。一奏之,有玄云从西北方起;再奏之,大风至,大雨随之,裂帷幕,破俎豆,隳廊瓦,坐者散走,平公恐惧,伏于廊室之间。晋国大旱,赤地三年。平公之身遂癃病。故曰:不务听治,而好五音不已,则穷身之事也。①

---

① 王先慎撰:《韩非子集解》,第67—70页。"师旷奏清角"一事在很多传统经典中都有所记录,如《史记·乐书》《风俗通义·瑟》等,其中属《韩非子·十过》最为详细,故引用于此。

这段文本所讲述的内容很有代表性，反映出很多问题，比如通过对比乐师师旷、师涓的不同行为能看出乐官间、学统内的张力，这体现着春秋战国时期从"大乐教"到"小乐事"转变的趋势。[1] 我们这里讨论奏乐者与赏乐者之间的张力，这个例子也很鲜明。故事大概是这样：先是卫灵公带着乐师师涓出访晋国，经濮水时听到传唱"新声"[2]，卫灵公便让师涓记录、演奏。次日，卫晋两国国君会见，灵公让师涓把这首"新声"演奏给晋平公听，平公则让晋国乐师师旷列席鉴赏。在演奏中，师旷听出此"新声"为商纣王时期的亡国之音《清商》，便阻止师涓继续演奏，但平公对新声好奇，就要求师旷继续演奏愈发悲情的《清徵》《清角》等，最终引发不可挽回之后果。除最后一段是关于"奏乐"后果的描述外，引文充分体现了师旷、师涓及晋平公、卫灵公对"奏乐"的不同目的和要求。

从国君来看，卫灵公喜好"新声"，一来是对"新声"本身的好奇，二来是借"新声"取悦晋平公；而晋平公好"新声"更纯粹，如其所谓"所好者音也"，就是对新颖的艺术作品有热烈的追求。从乐师来看，师涓"静坐抚琴"而记录"新声"，又一夜熟练掌握"新声"，其以高超的音乐技艺取悦国君；师旷的演奏技艺更是出神入化，但师旷更强调"奏乐"有规范、有后果，多次谏言不要再演奏更"悲"的乐。君主间、乐师间，每个个体对于"奏乐"

---

[1] 参见王顺然：《"乐崩"现象的背后："大乐教"到"小乐事"转向中的"学统"再造与礼乐关系重构》，《孔子研究》2022 年第 1 期，第 106—114 页。

[2] 这里用"新声"一词，表示卫灵公、师涓等均不知此曲音律、出处、意义，故称"声"不称"音"。

都有不同的目的与理解，反映出"奏乐以赏"的复杂性。在先秦乐教的传统中，"奏乐以赏"是有规矩的。比如师旷以《清角》为例，说"今主君德薄，不足听之，听之将恐有败"，这是直谏平公之德行不备，听奏婉转变化、情感丰富的乐曲要有足够的德行衬托。又如《清商》《清徵》《清角》等乐曲，一个"清"字就表现了变化之意，除了曲调婉转、变化繁多外，商、徵、角对应于臣、事、民等皆产生变化，种种变化扰乱心神、动摇国本。引文见：

师旷曰："此师延之所作，与纣为靡靡之乐也，及武王伐纣，师延东走，至于濮水而自投，故闻此声者必于濮水之上。先闻此声者其国必削，不可遂。"（《清商》）

公曰："清徵可得而闻乎？"师旷曰："不可，古之听清徵者皆有德义之君也，今吾君德薄，不足以听。"（《清徵》）

平公曰："清角可得而闻乎？"师旷曰："不可。昔者黄帝合鬼神于泰山之上，驾象车而六蛟龙，毕方并辖，蚩尤居前，风伯进扫，雨师洒道，虎狼在前，鬼神在后，腾蛇伏地，凤皇覆上，大合鬼神，作为清角。今主君德薄，不足听之，听之将恐有败。"（《清角》）

这三首乐曲本身是有德行之圣王创作、欣赏的"乐"，并非什么"淫声"。无论是"有德义之君"，还是黄帝，都是上古创作德音雅乐的代表。这些圣王，在特定的情境中，演奏此类乐曲就是合适的。但对于德行不足、心神不定的国君而言，演奏这类乐曲便是亡国之兆。晋平、卫灵二公既不知其背后之意义，又德行不足以承载此"新声"，只能受其引诱而导致灾难发生。

与"奏乐以赏"的传统规矩相比，晋平、卫灵二公都把听"乐"当作一种娱乐，当作对好奇心的满足。这种态度由来已久，也一直被乐教的传统所批评。另外，除师涓奏乐以取悦君王外，师旷尽臣道而演奏《清徵》《清角》等乐曲，也要对"奏乐"事件的后果负上一定责任。

我们这里多次讲到"乐教的传统"，需要补充解释一下。"乐教"也就是"以乐为教"，是通过奏乐活动传递先王之教。"以乐为教"并非先秦乐文化的唯一传统，像以"乐"为祭祀方式、以"乐"为娱乐活动等，都有相应的传统。在周礼乐文化不断完善的过程中，"乐教的传统"成为主流，而在"奏乐以赏"的不同情形中，"乐教的传统"也是意义最丰富的部分。如果听众都流于对乐曲美感的追求，遗失掉对乐曲意义的理解与把握，那么除一些物理形式外，"乐"在音律意义、人伦意义、德行展示意义等方面的构建便统统失效。从这里看，"乐教的传统"甚至可以说是"奏乐以赏"这一问题成立的前提，在这个传统中"得先王之教"就是基本的规范。

以上是对"奏乐"问题的概括说明，而"奏乐以得先王之教"的讨论还没展开，这是因为"得先王之教"的问题和"怎样奏乐"的问题紧密相连。比如在"师旷奏乐"的例子中，晋平、卫灵二公对"奏乐"的需求就不合理，在外交场合中"奏何种乐""能否奏新声"等都有相应的礼制规范，不合规范自然不可得闻先王之教。所以我们要先解释"怎样奏乐"这个问题，才能进一步理解"奏乐以赏""奏乐以事"和"奏乐以得先王之教"等行为的价值。单从"奏乐"之境界来看，"奏乐以赏"重在感官之美，化"乐"为"音"；"奏乐以事"重在功用，以"乐"为用；"奏乐以得先王之教"重在领会"乐"之意义，以"乐"正德。事实上，在实现"奏乐以得先王之教"时，"赏"与"事"也内蕴在"奏乐"之中。

三、"乐"时空形式的完成

本节有三个任务：其一是承接前文未完成内容，通过解释"怎样奏乐"来说明如何以"奏乐"得先王之教。其二是对流动于时空中的[①]、现实的"乐"做一分析。这些"乐"与"奏乐"相即相离，它们可以借助"奏乐"行为实现出来，也可以依靠记忆在人的脑海中重现，后者这种"未奏乐而有乐"的状态更体现出乐教的独特性。[②] 其三是对"作乐""奏乐"的关联性、整体性及其在"乐教"中的价值做出界定，此亦引出下一章的讨论。

先来说明"怎样奏乐"以得先王之教。《史记·乐书》讲："凡音由于人心，天之与人有以相通，如景之象形，响之应声。故为

[①] 事实上，"乐"与其他存在物不同，不能完全独立地占据时空，它依赖于演奏的过程使其再现，而每次再现都是稍纵即逝。

[②] 举一个日常的例子，我们会出现脑海中无征兆地响起某首旋律的情况，这首旋律或者很久以前就熟悉，或者刚刚聆听到。这类旋律或文辞，甚至动作片段，对我们的心情、行为节奏产生影响，这是一个很有意义的现象。

善者天报之以福，为恶者天与之以殃，其自然者也。"① 这是说，既然乐曲由人心而来，天又与人有相通的内在关联，就像物与镜中的影、声音与传递回的回声那样的对应关系，那么行善的人收获福报，作恶的人得到灾殃，这是人的行为自然而然所得到的反馈。"得先王之教"的问题，囊括了乐教的天人关系、伦常意义等，而"乐"作为一种沟通天人（与前文论"作乐"的意义相合）的存在，其演奏是在时空中表达出特定情境中的"天人相和"。这种"和"看似是某种规范性的制度，或者说"乐礼"，但其根本还是不同维度的"和"的表现，我们可以从逢其时、和其类、恰其地等角度来看"和"。

何为"逢其时"？"时"者，时节、机遇之谓。"时"分大小，在"大"者是时代，在"小"者是时刻。其"大"者，可见《史记·乐书》记载：

> 故舜弹五弦之琴，歌《南风》之诗而天下治；纣为朝歌北鄙之音，身死国亡。舜之道何弘也？纣之道何隘也？夫《南风》之诗者生长之音也，舜乐好之，乐与天地同意，得万国之欢心，故天下治也。夫朝歌者不时也，北者败也，鄙者陋也，纣乐好之，与万国殊心，诸侯不附，百姓不亲，天下畔之，故身死国亡。②

舜弹奏五弦琴，歌唱《南风》的诗篇使天下得到治理；纣王

---

① 有学者以为此段为古《乐记》轶文，为《奏乐》篇首句。参见《史记》，第1235页。
② 《史记》，第1235页。

歌唱朝歌地区北部边疆的乐曲，却落个身死国亡。同样的事，取于舜或取于纣，其结果何以大相径庭？按照引文的讲法，《南风》①是生生之乐，"北鄙之音"却是衰败之歌。舜演奏《南风》，其与天地流变时节相宜，得天下人心而国治。纣王演奏"北鄙之音"，不和时节，天下人心背离，诸侯不肯顺附，终究身死国亡。舜喜好生生、不与民争利而与天下人同乐，纣独爱奇异、争天下人之利而害生，舜"奏乐"逢其时，以生养之乐保民，纣"奏乐"而逆其时，以败陋之乐亡国。安民或害民是时代之事，故谓"逢其时"之"大"者。论其"小"者，可见《礼记·郊特牲》记"论朝聘之宾"：

> 宾入大门，而奏《肆夏》，示易以敬也；卒爵而乐阕，孔子屡叹之。奠酬而工升歌，发德也。歌者在上，匏竹在下，贵人声也。乐由阳来者也，礼由阴作者也，阴阳和而万物得。②

引文对"奏乐"过程的描述，紧抓"时机"的问题。概括来说，有三个时机。宾客入门之时开始"奏乐"，这是第一个"时机"。孔颖达疏曰，"宾入及庭，公升即席，乃奏《肆夏》"，宾客踏入大门的那一瞬间，仪式就开始，客人的身份就变得庄重了。主人酌献宾，宾拜受爵之时，"奏乐"停止，这是第二个"时机"。孔颖达疏曰，"宾饮卒爵，酢主人，主人受酢毕"，仪式中的对话也要

---

① 古乐《南风》记曰，"南风之薰兮，可以解吾民之愠兮；南风之时兮，可以阜吾民之财兮"，这是与民同乐、与民修养的思想，不与民争利体现了舜帝推德怀远的德行。
② 郑玄注，孔颖达疏：《礼记正义》，第903—904页。

庄重而严肃。主人盥洗献于公，公拜受爵，此时开奏《肆夏》，这便是第三个"时机"。这三个"时机"表面看来是"礼制"问题，但我们细想一下，"卒爵而乐阕，孔子屡叹之"是讲孔子对这个过程的安排很叹服，这里的叹服显然是对这种规定背后的缘由表示钦佩。简单说，一开始"乐"的演奏，是营造宾主见面的庄重气氛。待宾主站定后，那些曲调之声却成了干扰，反倒不庄重。仪式结束，"乐"的演奏又将气氛再次烘托，保持了仪式的连贯性。所以说，对"德"的宣发、对"人"的尊重才是诸多礼制的根本，让人情与情境在"时机"内契合，就是"奏乐"之"和"。

当然，引文中的"阴阳和"不仅反映了迎宾时刻当下的恰和与恰当，也讲到了"阴阳和"以通"万物"之得。这就是说，"逢其时"的问题虽可分"大""小"来论，但"大""小"也是相通的。

何为"和其类"？"类"者，同声相应、同气相求之谓。按人、物分：在"物"者，因材质相当，一声出而众声相应；在"人"者，因心志相同，一言出而众意相和。《左传·襄公十六年》载：

> 晋侯与诸侯宴于温，使诸大夫舞，曰："歌诗必类！"齐高厚之诗不类。荀偃怒，且曰："诸侯有异志矣。"使诸大夫盟高厚，高厚逃归。于是叔孙豹、晋荀偃、宋向戌、卫宁殖、郑公孙虿、小邾之大夫盟，曰："同讨不庭。"[①]

---

① 杜预注，孔颖达疏：《春秋左传正义》，第1078页。

晋侯会宴各家诸侯,让诸大夫歌舞、作诗。作诗的要求是"歌诗必类",就是在曲、诗、舞相匹配的基础上,合宜地表达出表演者与大家相同的志趣。结果齐国大夫高厚"歌诗不类",执政大臣荀偃很生气,认为"诸侯有叛离盟主的意思"。高厚见势不妙,逃回齐国。诸侯代表则结盟,共同讨伐齐国及其依附国。引文所谓"类",按杜预的解释是"歌古诗当各从义类"。这里的"义类"乃"各从其恩好之义",是将会盟之义表达出来。齐高厚之诗"不类",表达出了一种对会盟的不认同,《乐记》谓"乐不可为伪",可见"齐有二心"。所以说"和其类"是心志之和,既包括心志与"乐"的内容、旨趣相和,将圣王"作乐"之意实现于"奏乐"之中,又包括人与人之间心志的相和,使整个奏乐活动和谐一致。

何为"恰其地"?"地"者,"场域"、情境之谓。于人伦有等级之差,于情境有应、违之别。《左传·襄公十年》曰:

> 宋公享晋侯于楚丘,请以《桑林》。荀罃辞。荀偃、士匄曰:"诸侯宋、鲁,于是观礼。鲁有禘乐,宾祭用之。宋以《桑林》享君,不亦可乎?"舞师题以旌夏,晋侯惧而退入于房。[①]

宋公在楚丘宴请晋公,准备表演《桑林》。大夫荀罃替晋公推辞,荀偃、士匄则说:"既然诸侯可以在宋、鲁二国观赏天子礼乐[②],鲁国将禘祭时用的四代之乐放到宴会时来用,宋国用《桑林》

[①] 杜预注,孔颖达疏:《春秋左传正义》,第1014—1016页。
[②] 殷周之天子礼乐被宋、鲁二国继承,故可以在此二国"观"天子礼乐,但不能在宴会使用,谓之不恰于地。

招待诸侯不也是可以的吗？"开始表演《桑林》的时候，乐师举着大旗指挥舞队，平公则因恐惧退回内房。《桑林》是天子之乐，《礼记正义》孔颖达疏曰："若非天子之乐，则宋人不当请，荀䓨不须辞。"这里只讲天子之乐也有争议，为何晋侯会对《桑林》表演产生恐惧？如果说此处奏《桑林》不和外交礼节，那么晋侯可以产生抵触，但并非恐惧。《尔雅·释天》讲"挂生首曰旌"，生首是刚砍下的人头。这样看，舞师的"旌夏"表演作为《桑林》乐中的祭祀部分，接近一种恐怖的震慑，晋侯的恐惧也由此而来。宋、鲁二国乃承殷、周两代天子乐，在与他国外交之际，以天子乐欺凌友邦，又以"旌夏"威慑晋侯，实在祸心暗藏。宋国演奏《桑林》没有"恰其地"，晋侯此时退回内房合情合理。

以上分论"奏乐"的几个"和"的表现，但无论是逢其时、和其类，还是恰其地，这里的"和"本质上是相通的。这种相通可以被陈述为一种礼制，但根本上是一种与天地自然、人心伦常相通的德，如《礼记·祭统》记曰：

> 昔者，周公旦有勋劳于天下，周公既没，成王、康王追念周公之所以勋劳者，而欲尊鲁，故赐之以重祭。外祭则郊、社是也，内祭则大尝禘是也。夫大尝禘，升歌《清庙》，下而管《象》；朱干玉戚以舞《大武》，八佾以舞《大夏》，此天子之乐也。康周公，故以赐鲁也。子孙纂之，至于今不废，所以明周公之德，而又以重其国也。①

---

① 郑玄注，孔颖达疏：《礼记正义》，第1595—1596页。

依郑玄解,《祭统》乃"以其记祭祀之本也",就是讲祭祀礼节背后更为根本的道理。《礼记正义》曰:"'升歌《清庙》'者,升堂歌《清庙》。《清庙》,颂文王之诗也。'下而管《象》'者,堂下吹管而舞《武》《象》之乐也。'朱干玉戚以舞《大武》'者,朱干,赤盾也。戚,斧也。以玉饰其柄,此《武》《象》之武所执。'八佾以舞《大夏》'者,《大夏》,禹乐,文舞也,执羽籥。此天子之乐也。'康周公,故以赐鲁也'者,升歌《清庙》以下,并是天子之乐,故以此结之也。'文、武之舞皆八列,互言之耳'者,以经云八佾以舞《大夏》,舞《大武》不显佾数,则舞《大武》亦八佾也。《大武》云'朱干玉戚',其《大夏》则不用朱干玉戚,当用羽籥。而云'互文'者,以《大夏》言舞数,则《大武》亦当有舞数。《大武》言所执舞器,则《大夏》亦有舞器,故云'互'也。"[1] 这里对"奏乐"的规格、礼制讲得很清楚,《礼记正义》曰,"'内祭则大尝禘'者,祫祭在秋也,大尝禘祭在夏也,是大尝禘得用天子之礼,则升歌《清庙》及舞《大武》《大夏》之属,皆用天子之礼,所以为大尝禘也。余诸侯则不得大尝禘",《清庙》《大夏》《大武》《象》等都指的是天子之乐。周公并非天子而配享天子之乐,其之所以不违背礼制,在于周公之德在上能和二王之志,在下能和子孙之承,成、康二王尊之。但《礼记正义》也讲,"'外祭则郊、社'者,诸侯常祭,唯社稷以下。鲁之祭,社与郊连文,则用天子之礼也",换言之,周公配享天子礼乐并不是以此僭越天子之位,而是令其子孙"明先祖之善,故此明周公之勋,子孙纂之,特重于

---

[1] 郑玄注,孔颖达疏:《礼记正义》,第1595页。

余国,亦光扬之事"①。由此亦可见,《清庙》《大夏》《大武》《象》等在鲁国的演奏,体现着"奏乐"之"和"更重"德",礼制的要求也是根据"德"来调整的。

还有一类"不奏乐"的现象,也值得注意。前文讲到师旷阻止师涓演奏《清商》乐,可以算作"不奏乐"的一种情形。还有本该"奏乐"的情境,因特殊原因而"不(能)奏乐",这当然也是"不奏乐"的一种情形。《礼记·曲礼上》记:

……望柩不歌。入临不翔。当食不叹。……里有殡,不巷歌。适墓不歌。哭日不歌。送丧不由径,送葬不辟涂潦。临丧则必有哀色,执绋不笑,临乐不叹。……故君子戒慎,不失色于人。

如引文所讲:望见运柩车不可唱歌,吃饭时不能唉声叹气。邻居有丧事,即使在春米时也不可喊号子。邻里有停殡待葬的,就不要在街巷中唱歌。到墓地上,不要唱歌。吊丧之日,不要唱歌。《礼记正义》曰:"'哭日不歌'者,'哭日'谓吊人日也。哭、歌不可共日也。'哀未忘也',《论语》云:'子于是日哭,则不歌。'而郑(玄)此云:'哀未忘也。'则吊日之朝,亦得歌乐。但吊以还,其日晚,不歌耳。亦得会。是日哭则不歌,是先哭后乃不歌也。"②以丧葬为例,此时、此地、此情不适于"奏乐",则不能"奏乐"。《曲礼上》这句"不失色于人",既是"不奏乐"的原因,更是"德"

---

① 郑玄注,孔颖达疏:《礼记正义》,第1596页。
② 郑玄注,孔颖达疏:《礼记正义》,第92页。

的底线。

除以上情况外,"遗音""余音"也是一种"不奏乐"的情形。如《乐记》讲,"清庙之瑟,朱弦而疏越,壹倡而三叹,有遗音者矣",这里的"遗音"是在"奏乐"的唱和之后留存在人心之中的回味,是一种意义世界的延伸。又如《列子·汤问》讲,"余音绕梁榍,三日不绝,左右以其人弗去",这里虽然是说韩娥的演唱技艺精湛,但绕梁的"余音"则是流淌在听者心中的情感,这也是"奏乐"塑造之意义世界的延伸。还有众所周知的"孔子在齐闻《韶》,三月不知肉味"之事,《韶》乐如何能让孔子"三月不知肉味"?还是其德行与形式的"尽善尽美",能让孔子回味、体悟,并在无声处感受《韶》乐的影响?[①] 这当然也是一种意义世界的延伸。

上述几类"不奏乐"的情形都和"奏乐"相表里,"奏乐"所表达的情感和意向也在这几类"不奏乐"的情形中有所体现。换言之,这些"不奏乐"的情形也统摄在"怎样奏乐"的问题之中。而在解释完"怎样奏乐"的问题之后,我们也完成了对"乐"从作乐者的创作、构想到落入时空的、可感知的客观存在这个过程的解释,下一个阶段就进入到"乐"对受众产生影响的过程。[②]

[①] 参见王顺然:《周秦乐教管窥:从"三月不知肉味"之辨看》,《中国美学研究》第12辑,2018年,第10—23页。

[②] 可以简略的表述为:"作乐"(经过不同层面的创作和圣王的甄定)—"奏乐"(依靠不同形式的表演而落入时空可被感知)—"赏乐"(通过不同情况被感知接受)—"乐言"(凭照不同方式被理解把握)。

此前对"作乐""奏乐"的分述，需要我们做一个整体的总结及判断，因为"作乐"和"奏乐"并非割裂的两截。

从哲学的角度看，既然"乐"是落入时空中的、流动的存在，那么任何一部"乐"都会面临统一性的问题。[①]在西方音乐哲学的讨论中，有学者认为："正是由于乐谱本身的不完善和不准确，只能提供一个示意性的'草图'，因而才为演奏的多种可能性和丰富的变化创造了可能。"[②]这种解释在认同乐谱之不完善性的同时，间接表明"作乐"与"奏乐"之间的不连贯性是不可弥补的，这种态度甚至让"作乐者"的意向变得模糊，这在中国传统中是不允许的。所谓"圣王制礼作乐"，是说在"作乐"过程之中，圣王的意向、德行展示、宣示教化是"乐"的灵魂。但传统对"乐"的增订修改也较为频繁。如前所讲，《武》是周公所作，但下一章要讨论的六幕《大武》则是几经增订得来的。如此频繁的增订又如何保持"乐"作品及主旨意义的统一性？表演者演奏不同版本的"乐"又如何实现作品的连续性？

可以说，从"作乐"到"奏乐"的连贯性，不单单依靠客观

[①] 本章曾讨论过这个问题：一首乐曲被不断地演奏，每一次的现场演奏都是重新诠释的过程，而每一次的诠释都令该乐曲在表演中出现节奏、强弱，甚至旋律的不同，那么听众是如何判定这不同的演奏都在表演同一首乐曲呢？又可参见 Roger Scruton, "Rhythm, Melody, and Harmony", *The Routledge Companion to Philosophy and Music*, New York, Routledge, 2011, pp.24-37。

[②] 于润洋：《现代西方音乐哲学导论》，第139页。

的"诗文""音律""舞蹈编排"等来限定①，更依靠主体之间意向的连续性，通过两方面的夹持，达到"乐"之蕴含意向的表达和展现。如此，"乐"之时空形式的完成标志着：（一）客观之诗歌、乐曲、舞蹈等的统一运作；（二）主体之情感、知觉和思想（即知、情、意）的契合。而这一点，与奈格里（Hans Georg Naegeli）的"艺术来源于人的心灵的三方面，即情感、知觉和思想，它们分别在音乐、造型艺术和诗歌中被体现"②观念相近。"作乐者"将其所经历之情境通过"乐"之形式重现于受众面前，这便是"知"；"作乐者"依靠"诗辞""乐曲""舞蹈"等形式渲染烘托历史情境中的气氛，这便是"情"；"作乐者"将其德性生命之感受透过"乐"传递给受众，期以启迪受众，这便是"意"。下面，我们从主客两方面来解释"作乐"与"奏乐"的统一性、连续性问题。

从客观看，《荀子·乐论》记曰：

> 声乐之象：鼓大丽，钟统实，磬廉制，竽笙肃和，管籥发猛，埙篪翁博，瑟易良，琴妇好，歌清尽，舞意天道兼。鼓，其乐之君邪！故鼓似天，钟似地，磬似水，竽笙、管籥似星辰日月，鞉、柷、拊、鞷、椌、楬似万物。曷以知舞之意？曰：目不自见，耳不自闻也，然而治俯仰、诎信、进退、迟速莫不廉制，尽筋骨之力，以要钟鼓俯会之节，而靡有悖逆

---

① 另有意见为："（作品中实则含有非声音成分，例如：）时间结构、运动现象、形式构造、造型性因素、情感质量、审美价值质量等等。这些非声音的成分，无疑是以声音成分的存在为基础的。"参见于润洋：《现代西方音乐哲学导论》，第128页。
② 于润洋：《现代西方音乐哲学导论》，第21页。

者，众积意謘謘乎！①

此段是说，"奏乐"这种事，要让鼓声宏大、壮丽，钟声饱满、厚实，磬声分明、节制，竽、笙肃穆、平和，管、籥发扬、兴奋，埙、篪含蓄、内敛，瑟声平易，琴声婉转，歌声清润，舞之意与天道相合。不同乐器各自象征着自然世界中的事物，这些事物包括天、地、日月星辰，也包括万物生养的状态等。这种对应关系的建立，促成了"奏乐"的和谐与统一。所谓"目不自见，耳不自闻也，然而治俯仰、诎信、进退、迟速莫不廉制，尽筋骨之力，以要钟鼓俯会之节，而靡有悖逆者，众积意謘謘乎！"是说眼睛不必时刻注视，耳朵不必留意动向，（自然而然地）呈演出来那种有节制，又与乐曲节奏相契合的表演，而不出现违背和杂乱，那就是熟练的结果。我们感受到的这种熟练，体现在诗辞、乐曲、舞蹈等不同艺术形式之上，是表演中的严丝合缝、有条不紊，也就是"作乐者"之心意的客观表现。换言之，"作乐者"就是这样计划进行如此的表演，而令诗辞、乐曲、舞蹈等的表演在时空中展现出来。其实，这种熟练于心的表现，正是"作乐者"与"奏乐者"主观知、情、意之契合落实于客观世界的表现。这种熟念于精微处更显神秘，如不同的人依照相同的乐谱演奏乐曲（比如，两人同样演奏《十面埋伏》，或两人同样吟诵《关雎》），却能给受众带来全然不同的感受，受众按照自己的领会来判断出哪个更美。此时的直觉判断往往会统一，也大多能和"作乐者"相契合，这

---

① 王先谦撰：《荀子集解》，北京：中华书局，1988年，第383—384页。

种契合来自道德情感的相对一致性。

客观的统一性是一方面,"作乐"与"奏乐"在主体间知、情、意的相和则是另一方面。《礼记·乐记》曰:

> 诗,言其志也,歌,咏其声也,舞,动其容也。三者本于心,然后乐器①从之。是故情深而文明,气盛而化神,和顺积中,而英华发外,唯乐不可以为伪。

当我们解释"声"的概念时,曾说过"声"在人心来看,就是情感之变动。此处可将"声"训为"情",就是说"诗言其志,歌咏其声,舞动其容",正合前文提及奈格里所谓"艺术来源于人的心灵的三方面,即情感、知觉和思想,它们分别在音乐、造型艺术和诗歌中被体现"的观念。而后"情深而文明,气盛而化神",则打通主客之差别。对此过程的分析,是下一章讨论的重点之一。

综上,本章讨论从"作乐"而"奏乐",继之以两者之统一,展现出"乐"如何从观念中落于时空中,成为实现的"乐"。经历三章讨论,"乐"经历从人心、人情的萌芽,一步步通过"声""音"积累,再到"作""奏"发展最终得以实现出来。这一过程在以往的研究中,往往被整体化,很多由此而涉及的问题也容易被孤立或者忽视。

前文提到过,"乐"除了实现其时空形式外,还要进入受众的

---

① 《礼记正义》原文为器字,而孔疏为气字,从原文。

意识中。这就是说,"作乐"与"奏乐"之所以能"成教",还需要赏乐者的"实践工夫"作为支撑。而本章论述之中,早有多处内容为讨论"赏乐"问题埋下伏笔。在下一章中,我们就以"赏乐"为中心,说说"乐"是怎么"成教",又是怎么指引"实践工夫"的。

第四章 "赏乐"及"乐言"：
"乐以成教"的证立与效力

如前所论，当"乐"得以在时空中实现时，它就成为一个客观的存在、一个可以被感知和被把握的存在。而在被感知和认识的过程中，"乐"中蕴含的意义开始对受众①产生影响，形成一种感染的效果。如果将前者定义为"赏乐"，那么后者可以称之为"乐言"②。这两个内容是一体之两面，既可以分开讨论，又必须紧密关联。论及两者差别，可以说"赏乐"偏重动态的过程，而"乐言"则偏重已获取的、静态的结果。这两个具有不同侧重之概念的背后，也都需要对相应的问题进行解释。比如，前者要说明作为外物的"乐"如何"引动"受众与之产生共鸣，后者则要说明这些"引动"如何对主体的道德行为产生作用。

顺是，我们将在本章第一节中，通过三个部分说明"赏乐"

---

① "受众"指称那些观"乐"的人，也可以称为"听众""观众"，只是因为"乐"包含舞蹈等内容，单说"听众"或"观众"可能不够全面，故讨论多以"受众"代替，偶尔运用"听众""观众"则强调视听之某一面。

② "乐言"一词取自郑注、孔疏《礼记正义》之《乐记》分章标题《乐言篇》，文中是"乐之所言"的简称，即"乐"言说了什么。参见郑玄注，孔颖达疏：《礼记正义》，第1287页。

问题：其一，解释"赏乐"所涉及的"乐"之元素[1]，及受众的"身心"感知；其二，解释在"赏乐"过程中，"乐"之元素与受众"身心"感知的交互作用；其三，解释这些交互作用的客观性与普遍性。在第二节讨论"乐言"问题时，我们又要分别说明：其一，"乐"在"言说"什么；其二，"乐"之"言说"对受众有何道德行为上的指引。以此为基础，我们将在本章最后一节中，通过对"乐以成教"的证立及"乐教"教化的实现两个大问题的讨论，来解释"乐以成教"的传统是如何形成的。当然，这也是对三、四两章的一个小结。

一、"赏乐"：对受众身心的引动

对"赏乐"的讨论要注重"乐"对受众身心产生影响的过程。"乐"对受众身心的影响、引动，就是"乐"中不同的艺术形式、元素对受众身心的作用，或者说，就是"乐"之诗辞、乐曲和舞蹈等对受众身心的作用。同时，对"赏乐"的讨论背后还有两个预设：其一，"赏乐"要有受众"我"，去把握、感知落入时空的"乐"；其二，"乐"在表演、传播的过程中，它的每一个表现都能被受众的身心接收、感知并意识。[2]

按照本章前文所讲，我们要讨论的第一个问题，是"乐"与"身心"的交互作用都有哪些具体内容。一方面，这是问受众"我"

---

[1] 比如声音、动作等作为构成"乐"的形式，都是承载意义的元素。
[2] 值得注意的是，受众所接收到的影响，未必被感知、意识到。同样，感知、意识到的内容，亦未必产生于外来接收的影响，这也就是心之灵觉能力的体现。

在"乐"的时空展现中把握到了什么？哪些感知被调动起来？而另一方面，这是问演奏中的"乐"有哪些元素、形式对"我"产生了影响。① 我们节选《乐记·魏文侯篇》的部分文字，把这两方面的内容做一说明：

> 魏文侯问于子夏曰："吾端冕而听古乐，则唯恐卧。听郑卫之音，则不知倦。敢问：古乐之如彼，何也？新乐之如此，何也？"
>
> 子夏对曰："今夫古乐，进旅退旅，和正以广，弦匏笙簧，会守拊鼓。始奏以文，复乱以武。治乱以相，讯疾以雅。君子于是语，于是道古。修身及家，平均天下。此古乐之发也。今夫新乐，进俯退俯，奸声以滥，溺而不止，及优、侏儒，糅杂子女，不知父子。乐终，不可以语，不可以道古。此新乐之发也。……"
>
> "……天下大定，然后正六律，和五声，弦歌《诗》《颂》，此之谓德音，德音之谓乐。……"
>
> 文侯曰："敢问溺音何从出也？"
>
> 子夏对曰："郑音好滥淫志，宋音燕女溺志，卫音趋数烦志，齐音敖辟乔志。此四者，皆淫于色而害于德，是以祭祀弗用也。……然后圣人作为鼗、鼓、椌、楬、埙、篪。此六者，德音之音也。然后钟、磬、竽、瑟以和之，干、戚、旄、狄以舞之，此所以祭先王之庙也，所以献、酬、酳、酢也，所

---

① 基于前注的说明，我们可以发现这两方面的讨论有重叠之处。这也要求我们在展开讨论的过程中，需要说明两者的差别是什么。

以官序贵贱各得其宜也，所以示后世有尊卑长幼之序也。钟声铿，铿以立号，号以立横，横以立武。……君子之听音，非听其铿枪而已也，彼亦有所合之也。"①

魏文侯从自身感受出发，向子夏请教了如何"赏乐"。这里的自身感受，就是受众"我"接受并意识到的来自"乐"的影响。以"敢问溺音何从出也"句为界，我们可以将文段论述一分为二。前半部分，子夏顺着受众自身的感受去解释"乐"与"身心"之交互，属正向说；后半部分，子夏基于"乐"的客观形式阐发这种交互作用，是反向说。这样看，子夏回答魏文侯的方式很符合"乐"与受众"身心"感知交互作用的双向模式。

当魏文侯讲他自己，"端冕而听古乐，则唯恐卧。听郑卫之音，则不知倦"，就是用最直接的耳目兴奋感受来判定"乐"之高下。《礼记正义》讲，"文侯言身著端冕，明其心恭敬而听古乐，唯恐卧，听郑、卫之音，则心所爱乐，不知休倦也"②，魏文侯端正服饰、坐姿③，越是准备严肃认真地观赏先王之乐④，越是容易困倦而不能集中精神。而他放松地去听郑卫的"流行"乐曲，却是精神抖擞、不知疲惫。魏文侯对自己这样的感觉十分不解，他就问子夏："古乐之如彼，何也？新乐之如此，何也？"既然"古乐""新乐"都

---

① 此一段因讨论的需要而拆分，完整的顺序可参见附录二。

② 郑玄注，孔颖达疏：《礼记正义》，第1305页。

③ 郑注："端，玄衣也。"又依孔疏："端，玄衣也"者，谓玄冕也。凡冕服皆其制正幅，袂二尺二寸，袪尺二寸，故称"端"也。郑玄注，孔颖达疏：《礼记正义》，第1305页。

④ 郑注：古乐，先王之正乐也。郑玄注，孔颖达疏：《礼记正义》，第1305页。

是"乐",怎么就让"我"的感受产生这么大的差别呢?魏文侯这个问题提得很直接、很真诚,甚至显得有些"不合身份"。但他用"令人困倦"或"令人兴奋"的感受来说"乐",已经将"乐"与受众的身心感受联系了起来。子夏就是在承认这种感受联系的基础上,做出了进一步的解释。子夏说:

> 今夫古乐,进旅退旅,和正以广。弦匏笙簧,会守拊鼓。始奏以文,复乱以武。治乱以相,讯疾以雅。君子于是语,于是道古。修身及家,平均天下。此古乐之发也。今夫新乐,进俯退俯,奸声以滥,溺而不止,及优、侏儒,糅杂子女,不知父子。乐终,不可以语,不可以道古。此新乐之发也。今君之所问者乐也,所好者音也。夫乐者,与音相近而不同。

子夏对于"乐"与身心感受之间关系的理解,也体现在他对"乐"影响受众之过程的描述中。子夏认为,是"乐"之曲(如乐器之"弦匏笙簧")、舞(如舞列之"进旅退旅"或"进俯退俯",人物之"及优、侏儒,糅杂子女")、诗(如辞章之"于是道古"或"不可以道古"),甚至整体效果(如"和正以广"或"奸声以滥")等构成"乐"的不同艺术元素,分别作用于魏文侯的耳目感官之上,就有了"溺而不止"等"身心"反应。乐(包含不同元素,如诗、曲、舞等)作为落入时空的存在,分别而又整全[①]地对受众产生影响和引动(拥有不同身心感受,如情绪、评价、联

---

① "乐",既可以单独的艺术形式引起受众感受,又可以作为一个整体的作用于受众。

想、想象等）。我们可以顺此进一步追问（一）"乐"之元素有哪些、（二）被"乐"引动的"身心"感受有哪些，子夏也对这两个问题给出了说明。

子夏说："天下大定，然后正六律，和五声，弦歌《诗》《颂》，此之谓德音，德音之谓乐。"这里提到的"声""音""乐""音律""乐器"等概念，前文都有过详细讨论。简要说，就是：（一）"声"依靠"乐器"来表现，在物理层面就是振动，有"同声相应、同气相求"的现象，使物与物、物与人发生感应；（二）"音"依靠"音律"将不同"声"有章法地合在一起；（三）"乐"通过"作乐"与"奏乐"将情景展现、意义表达、情感抒发，这使它具有稳定性与戏剧表现能力；（四）以上三者在结构上同包含于"乐"，而"乐"又在德性表达上有进一步的要求和标准，超越了一般意义的"声""音"。从艺术形式的种类看，乐理结构[①]中包括三层："声"的层面，有"音高""强弱""音色"等；"音"的层面，有"音律""节奏""旋律""反复"等；"乐"的层面[②]，有"诗辞（语言、文字）""舞蹈（动作）"等。同时，在乐理结构之外，"乐"还有

[①] 按照心理学的讲法，"人对声音的知觉，包括四个要素：音高、强弱、音色和时值。这些要素是根据人对声音的频率、振幅、波形和时程等物理特征的感受而形成的。不同的知觉各与相关的物理特征相对应。但决定某种知觉的物理特征并不是单一的，它同时受其他因素的影响。如强弱的感觉虽主要来自振幅，但同时也受到频率、时程、波形的影响。听觉器官接受音波所得到的听觉印象是一个整体，不是音波的各个物理特征，由此形成的人的音乐经验和行为。人对声音的四个要素之感知能力并不平衡，这些能力的发展也互不相依，有些人某种能力发展有所偏长"。参见《中国大百科全书·心理学》，北京：中国大百科全书出版社，1991年，第514页。

[②] 此一层面是中国音乐哲学的特殊所在，西方所说的"music"多单指旋律音乐，而非戏剧、舞蹈等，我们的讨论并不能直接将西方理论套用过来，这一点值得注意。

其历史情境的意义,如"方位""时令"等,甚至"赏乐"之受众群体所表现出来的整体状态也包含其中。总的来说,"乐"的艺术形式大致可以分为四个层面,或者说四类,各类包含不同的内容,不同内容间也是"先后有别"的。子夏有言:

> 圣人作为鼗、鼓、椌、楬、埙、箎。此六者,德音之音也。然后钟、磬、竽、瑟以和之,干、戚、旄、狄以舞之,此所以祭先王之庙也,所以献、酬、酳、酢也,所以官序贵贱各得其宜也,所以示后世有尊卑长幼之序也。

我们先依照四类的顺序,做一个简单的解释。首先,"乐器"一定是要先能发出声音,即"声"。这其中有六种称作"德音之音"的乐器[1],作为整个"乐"的基础(即"质"),在"乐"的表现过程中有着重要意义,外加一些高级的、复杂的"乐器"作为修饰(即"文")来应和"德音之音",即"音"。然后,"舞蹈""装饰"(合于时节)在祭祀典礼上演奏,即"乐"。同时,这种演奏传递了一些超出演奏内容的信息,树立了一种德性规范,即"乐"外之意。

将"乐"的艺术形式分为四类,并不代表它们之间的割裂,事实上不同的分类间也有着密切的关系。我们可以借着对几个问题的解释,去理解不同艺术形式之间的关系。

第一,"鼗、鼓、椌、楬、埙、箎"六种乐器的特殊性,是建立在不同艺术形式的层面上。一者,这六种乐器的"声音"有特

---

[1] 此段曾在前文"乐器"的讨论中解释过,此处不再重复相同部分,只对本章相关问题加以说明。

点，依郑玄注："六者为本，以其声质也。"这六种结构简单的乐器，其发声之音色是相对粗糙、质朴的，这一点也符合今人考古的发现。孔颖达疏曰，"言此鼗、鼓、椌、楬、埙、篪，其声质素，是道德之音，以尚质故也"①。二者，这六种乐器的"作用"很重要，《周礼·春官宗伯》讲，"以六德为之本，以六律为之音"（《大师》），郑注曰，"所教诗必有知、仁、圣、义、忠、和之道，乃后可教以乐歌"②。"六德之音"是讲"乐器"与六种"德目"之间的对应关系。三者，这六种乐器最为基本，《周礼·春官宗伯》记，"小师掌教鼓鼗、柷、敔、埙、箫、管、弦、歌"，"瞽矇掌播鼗、柷、敔、埙、箫、管、弦、歌"③。凡受过学校教育的学子，对这几种乐器都相当熟悉。综上，这六种乐器正因为其声质朴、意义丰富又被受众熟知，被称为"道德之音"，亦即"德音之音（演奏出德音的乐器）"。

第二，"德音之音"的表现与其他声部④之"和"，就是"乐"不同艺术形式之间的交互。"德音之音"的重要作用，就是在与其他声部的应和中体现出来的，孔疏曰，"既用质素为本，然后用此钟、磬、竽、瑟华美之音以赞和之，使文质相杂"⑤。此处，六种"德音之音"为质、为本，而其他声部为文、为和，"德音之音"表达"乐"的基本结构，而其他乐器之音的配合与加入使之美观、生动。

---

① 郑玄注，孔颖达疏：《礼记正义》，第1313页。
② 郑玄注，贾公彦疏：《周礼注疏》，第715页。
③ 按注疏解释，几种乐器的名称虽有出入，但其形状相似，可谓同器异名。
④ 此处所谓其他声部，除了其他乐器之配合外，也包括人声、舞蹈动作之配合等。
⑤ 郑玄注，孔颖达疏：《礼记正义》，第1313页。

第三，舞、乐、诗诵之"和"，是"乐"的不同艺术形式作为部分与作为整体的关系。"乐器"之和固然可以使乐曲得以在时空中实现，而受众观赏到的却不只是乐曲的演奏。因为对受众而言，"赏乐"除视听感官的发用外，还需要心灵思考等方面的协同，这就需要眼、耳等感官器官与心之灵觉的进一步"应和"。值得注意的是，此时眼、耳等感官感受和"心"之灵觉的交互影响直接决定了受众对于"乐"的领悟。①

第四，"赏乐"之目的与功效就是体现在"乐"的不同艺术形式既"分"又"和"的特性中。依孔疏，"'此所以祭先王之庙也'者，……云六器为道德之音，四器之和，文武之舞，并可于宗庙之中奏之，若乐九变而鬼神格也。'所以献、酬、酳、酢也'者，又用于宗庙中接纳宾客也……'所以官序贵贱，各得其宜也'者，又用乐体别尊卑于朝廷，使各得其宜也……'所以示后世有尊卑长幼之序也'者，闻乐知德，及施于子孙，是示后世。又宗族长幼同听之，莫不和顺；闺门之内，父子兄弟同听之，莫不和亲，是长幼之序也"②，不同的"乐外之意"在"赏乐"的过程中被注意和领会。换言之，"赏乐"既需要感受到"乐"之庄严性、体会到"乐"中每个行动的恰当性、厘清"乐"中的位分（等级）关系，更需要将理解全幅地融洽于"乐"的氛围之中，这是受众与"乐"整体氛围的"应和"。

---

① 然而，此一层意义在郑、孔之注疏中并未得到展开，留待我们下文进一步解释。同时，这一层意义下的"和"概念亦可与前者讨论乐器之"和"合一，再加上心物之"和"，形成"乐"之"和"问题的一个立体的结构。

② 郑玄注，孔颖达疏：《礼记正义》，第1313页。

综上所论，我们从"乐"中不同艺术元素的分类、内容与不同艺术形式之间关系等方面，大致对"乐"所包含的不同意义做出了解释。下面，我们对身心感受的问题进行分析。

"乐"能够引动哪些身心感受呢？首先，"赏乐"要依赖视听感受，耳目感官的发用必不可少。视听感受的直观背后，涉及很多其他感受的辅助与参与。[1] 这些参与、协同的内心感受有时会进一步向外引发某些身体上的反应，如"手舞足蹈"。肢体的运动由内心感受引发而来，这种表现可以称为"心理反应"（psychological mechanisms）[2]，而人能在"赏乐"中相应于"乐"的不同艺术形式发出相应的"心理反应"。我们可借助传统文献中的概念来解释，如《魏文侯篇》中子夏曰：

> 郑音好滥淫志，宋音燕女溺志，卫音趋数烦志，齐音敖辟乔志。此四者，皆淫于色而害于德，是以祭祀弗用也。

---

[1] 值得说明的是，"身心"感受并非只包括"感官感知"与"内心感受"两类，还有一些"乐"之元素可能未能引起内心感受或未被注意到引起了某种感受（前者如"无意识"，后者如"潜意识"），因此类情况的不确定性，我们无法在文中做出分析，但概念使用的指向性和准确性，是需要被注意的。

[2] 可以称之为 musical stimuli and responses，参见 Robert W. Lundin, *An Objective Psychology of Music*, New York: The Ronald Press Company, 1967。然而，这种表述将刺激与反应分成两层并不准确，这个过程应该是连贯且多种因素交互的过程，故不取此种说法，而使用 psychological mechanism，参见 Patrik N. Juslin, Daniel Västfjäll, "Emotional Responses to Music: The Need to Consider Underlying Mechanisms", *Behavioral and Brain Sciences*, 31, 2008。

子夏所谓"志",可解作意向、意念[1],孔颖达疏"是故审则宜类,以制六志"(《左传·昭公二十五年》)一段时讲道:"此六志,《礼记》谓之六情。在己为情,情动为志,情志一也"[2],由此可推知"志"与"情"互为表里。既然这"志""情"均与内心感受相关,我们或可以说,虽然中国传统不以"神经反射""情感引动""图形想象"等概念[3]区分"心理反应",但已经发现"赏乐"的过程中,不同类型的"音"(诗辞、乐曲等艺术形式)能使心志、意念产生不同的"心理反应"。如此,就可以从"志"概念入手,探察身心感受问题。

依照孔颖达疏:"'郑音好滥淫志'者,滥,窃也,谓男女相偷窃。言郑国乐音好滥相偷窃,是淫邪之志也。'宋音燕女溺志'者,燕,安也。溺,没也。言宋音所安,唯女子,所以使人意志没矣,即前'溺而不止'是也。'卫音趋数烦志'者,言卫音既促且速,所以使人意志烦劳也。'齐音敖辟乔志'者,言齐音既敖很辟越,所以使人意志骄逸也。"[4] 概括说来,子夏总结"新乐(音[5])"可能带来的不良"心理反应"有四种,这些"心理反应"分别体现为:(一)以"郑音"为代表的一类,总是表演一些以偷

---

[1] 依《说文·心部》曰,"志,意也",所谓"诗言志,歌永言"(《尚书·舜典》),"志"常出现于讨论"乐"之文献中。

[2] 杜预注,孔颖达疏:《春秋左传正义》,第1675页。

[3] 下文将做详细论述,相关概念为 brian stem reflex, emotional contagion, visual imagery。参见 Patrik N. Juslin, Daniel Västfjäll, "Emotional Responses to Music: The Need to Consider Underlying Mechanisms", *Behavioral and Brain Sciences*, 31, 2008。

[4] 郑玄注,孔颖达疏:《礼记正义》,第1311页。

[5] 此处用"音"更好,"音"即诗辞或曲调,参见第一章对音概念的讨论。

香窃玉（比如，《诗经·郑风》中男女寄情的章节较多）为主体的情节，这种情节引发人产生相应的男女之思；（二）宋音之"燕女"是讲乐舞中女子妖娆的表现，以"宋音"为代表的一类，喜欢依赖于女子之表现吸引受众，与"郑音"对男女之思的引动不同，"宋音"似乎更加直接和赤裸①；（三）"卫音"接近于"炫技派"，是一群对表演技巧、演奏技艺追求颇高的人，日夜沉迷于技艺（比如，操琴的高超指法、高级乐器的创制和使用、诗文对仗工整骈俪等）的提升，失却"乐"的根本意义所在；（四）"齐音"之过可以从《诗经·齐风》中感受到，《齐风》所录辞章文风豪迈、气势高昂，在这样音乐的长期熏染之下，受众便容易变得骄纵无节制。对以上四种"心理反应"略作解释，便可以发现它们分属不同类别。按由简而繁的顺序，可以说："宋音"偏向对"食色之性"的引动，是外在刺激引起五官的基本生理（物理）反应，继"心理反应"进而表现于身体之上；"卫音"虽说也是受众对某种外在刺激的追求，然而这种外在刺激是需要经过训练习得的（比如，高超的技艺等），这里所涉及的"心理感受"似乎比之"食色"而言更"高级"一些；对"郑音"而言，可以说这是需要依靠相当的欣赏能力才能"受其所害"，男女之情事固然引动某些基本的生理反应，然而"郑音"更多吸引之处在于其很多感性、理性方面的表现，这就需要"联想""想象"等心灵能力的运用；至于"齐音"的影响，已经算是某种"教化"了，通过"赏乐"而形成"骄纵"的心理状态并非易事，这也间接说明"齐音"对"身心"

---

① 《诗经·国风》并无宋风，有学者认为宋风并入商颂，可为一说；但是，我们还是认为夫子删减诗三百时亦觉其无可保留。

更为复杂的影响。①

以上是子夏从"新乐之弊"一面说"赏乐"所涉及之"心理反应",子夏也有正面论述"赏乐"之词句。以"钟声"为例,子夏曰,"钟声铿,铿以立号,号以立横,横以立武。君子听钟声,则思武臣"②,孔颖达疏曰,"'钟声铿'者,言金钟之声,铿铿然矣"③。

"铿"是钟演奏的音响效果,这一点通过日常经验就可以把握到。"铿"这种音响和"号"关联起来,故郑玄曰,"号,号令,所以警众也"。"号"是一种特定的行为,"音色"能与"行为"相关联依靠"联想"的能力,孔疏解之曰,"'铿以立号'者,言铿是坚刚,故可以兴立号令也"。这是说,"联想"产生的关联是以"坚刚"之意为桥梁,将"音色"的"坚刚"与"行为"的"坚刚"通感地结合起来。借"号"之"果敢"表现,将"威严"赋予了钟声,这种赋予就依赖"心理反应"的促成。照孔颖达疏解,这个"心理反应"的过程是"号以立横者,谓横气充满也,若号令威严,则军士勇敢而壮气充满",于此将"钟声""铿"与"号令""威严"联系在了一起。而"心理反应"并未停止,顺着"威严"的情感扩充出去又落入了"武"的概念当中。为什么"威严"扩充出去就是"武"呢?孔氏解释说,"君子听钟声,则思武臣者,君子,谓识乐之情者,所以闻声达事,钟既含号令立武,故听之

---

① 这四种不同的"心理反应"既在层位上有差别,有些只是简单的生理反应,而有些却涉及理性参与;又有包含的关系,形成某种"教化"必然也需要理性的参与。

② 此一段在第二章讨论"乐器"问题中已经分析过,当时我们关注的问题是不同乐器的音色与此类音色所代表的意义。现在,我们要看看某类"音色"是如何与某种特定意义产生联系,又是依靠何种心灵能力实现这种联系的。

③ 郑玄注,孔颖达疏:《礼记正义》,第1314页。

而思武臣也"。也可以说，因为君子通过德性修养的工夫，使德行常得磨砺，故而产生此种"联系"。但若是强迫孺子听"钟声"而思武臣，这就不现实了。

总结而言，"乐"作用于"身心"而引发的"心理反应"，属于我们与生俱有的能力。如果要求在身心感受的基础上，进而产生"恰当"的"心理反应"，这就需要培养习得了。① 这个结论引出我们下一个问题，即在"赏乐"过程中，"乐"中不同的艺术形式与主体身心感受如何交互影响。换言之，如何解释"乐"中不同艺术形式能引发相应的身心感受，乃至"心理反应"。显然如果可以将"乐"中不同的艺术形式所产生的影响，与身心感受的不同面向一一对应起来，我们自然就能够看到"身心"与"乐"之间的交互关系了。

我们先来看看《乐记》对"身心"与"乐"交互关系的说明：

> 乐者，德之华也。金石丝竹，乐之器也。诗，言其志也，歌，咏其声也，舞，动其容也。三者本于心，然后乐器从之。是故情深而文明，气盛而化神，和顺积中，而英华发外，唯乐不可以为伪。

从简至繁来看，首先是"金石丝竹，乐之器也"。这是说"乐"的演奏、展现离不开基本的"乐器"，有了这些"乐器"才有了

---

① 这个结论引发我们新的讨论，既然产生"恰当"的心灵活动需要依靠培养习得，那么"恰当"本身是否也来自后天经验呢？这个答案是否定的。简单来说，如果"恰当"是指某种特定的"乐"与"心灵活动"之对应关系，自然需要后天习得；而如果"恰当"指一种普遍的原则，就并非需要依赖经验习得而建立。

能让受众产生身心感受的"乐"。孔氏疏曰,"非器无以成乐,故金石丝竹为乐之器也"[1]。一切"身心"与"乐"的关系都要通过"乐器"发声表现,这是"奏乐"的物理基础和必要方式。再讲"诗、曲、舞"。孔氏疏曰,"'诗,言其志也'者,欲见乐之为体,有此三事。诗,谓言词也。志在内,以言词言说其志也。'歌,咏其声也'者,歌谓音曲,所以歌咏其言词之声也。'舞,动其容也'者,哀乐在内,必形见于外,故以其舞振动其容也"[2]。这是说,借着"乐"中不同的艺术形式,"身心"与"乐"也会产生不同形式的交互作用。如"志"托借于"诗"而言、"声(人情也)"承载于"歌(乐曲)"之上、"容(姿态)"表现于"舞"之中,不同的艺术形式调动相应的身心感受,而不同的身心感受也可以通过相应的艺术形式表现出来。这种交互是以"德"为核心原则的,正所谓"'乐者,德之华也'者,德在于内,乐在于外,乐所以发扬其德,故乐为德之光华也"[3]。在孔氏看来,"德"既属"内(心)"之固有,又体现在"乐"的律制规范之中,"心"与"乐"的互通也有"德"作为枢纽。[4] 既然"德"本于"人心",又寓于"诗、曲、舞"之中,则"是故情深而文明,气盛而化神"所描述的,就是一种由"乐"感动人心进而渗入人心的工夫修养。换言之,人心受"乐"感动而展现出的情(实),是其内在的、

---

[1] 郑玄注,孔颖达疏:《礼记正义》,第1296页。
[2] 郑玄注,孔颖达疏:《礼记正义》,第1296页。
[3] 郑玄注,孔颖达疏:《礼记正义》,第1296页。
[4] 此观点契合于"乐"与"心"的关系,但相比于西方美学的很多观点,此观点具有争议性。

先天的德性之表现，受"乐"的引动与宣发，人自然地表现出这些德性。[①]这种修养工夫既然能够表现和开发人心先天、本有之德，故谓之"不可为伪"。

通过对文本的梳理，我们勾勒出"身心"与"乐"的基本对应关系。为进一步解释这种对应，可以借助一些心理学研究，将这类身心感受中所涉及的"心理反应"的问题进一步细致讨论。

近来有心理学研究认为，人对于"声""音"所产生的"心理反应"大致可分为六种：1. 脑干神经反射（brainstem reflex），就是某种声音的音响效果，被我们的听觉捕捉而产生的直接反应，比如，突然的一声巨响会令人心生恐惧，这一点前文已经有所论述；2. 评价性条件反射（evaluative conditioning），即特定的情形伴随有固定的乐曲，这种"心理反应"具有很强的经验习得之特质，比如，某人每次听到《生日歌》都很开心，则对此人而言《生日歌》就和快乐的情感相连；3. 情绪感染（emotional contagion），这种类型的"心理反应"接近于同情（empathy），比如，当我们看到演员的笑脸时，也会感到些许快乐，当我们听到缓慢的音乐时，也会产生些许压抑的感受，又或是某人每次悲伤的时候都会步履缓慢、有气无力，而节奏缓慢、曲调凄厉的旋律就会给他一种悲伤的暗示；4. 视觉想象（visual imagery），当我们听到某段乐曲时，某种景象会自然地在"眼前"浮现，比如，主题公园在不同的场景设计中，将动画背景音乐播放出来，增强

[①] 按杨天宇《礼记译注》解，"乐的情感深切而形象明白，气氛浓郁而变化神妙"，前后两句取并列之义，亦可做一解。参见杨天宇：《礼记译注》，第487页。

游客游园时的代入感①，这种情形的产生是基于对"乐"的深入了解而形成的记忆和感受，"遗音"也属于这一类；5. 情境带入（episodic memory），所谓情境是指受众主体之记忆，这种记忆具有特殊性；6. 情境期待（episodic expectancy），此类"心理反应"承接记忆而来，既依赖于经验积累，又表现出我们的抽象能力②，是一种较为复杂的情况。③我们可以按照以上六种"心理反应"的分类，再来审视前面讨论的"身心"与"乐"的基本对应，也许会有新的收获。

我们以"石声磬④，磬以立辨，辨以致死。君子听磬声，则思死封疆之臣"一句为例做一个分疏。

孔颖达疏解此一段就讲："此一经明石声。磬者，石磬也。磬是乐器，故读声音罄然矣。"⑤我们可以将这句疏解对应到第一种"心理反应"，即脑干神经反射。如果一种乐器具有很高的声音识别度，那这种音响效果就很容易被我们的听觉从周边环境中听辨出来。对于"石磬"而言，就是"磬轻清响而罄罄然"的"音色"在众多乐器声音中被我们识别出来，所以崔氏云，"能清别于众

---

① 与第2类不同，这一浮现眼前的景象，并非直接基于音乐与情境关联的经验培养。
② 比如每当我们再次聆听"某段熟悉的乐曲"时，都会预先在脑海中"设计"乐曲的演奏，如果实际演奏与我们的"设计"不同，我们就会认为这段音乐表演"错误"了。此时，熟悉音乐的过程就是经验积累，而形成记忆与判断的能力就是抽象能力。
③ 这种"心理反应"并不与客观事实相联系，而直接由音乐的内在结构决定。比如某些固定的旋律结构如同数学上的几何形状一般，能必然地引发我们的某种"心理反应"。参见 Leonard B. Meyer, *Emotion and Meaning in Music*, Chicago: The University of Chicago Press, 1956, pp.157-196。
④ 郑注曰，石声磬，磬当为罄，字之误也。郑玄注，孔颖达疏：《礼记正义》，第1314页。
⑤ 郑玄注，孔颖达疏：《礼记正义》，第1314页。

物,则分明辨别也"①。这就是第一种、基于生理感受的"心理反应"。这种"音色"遗留在脑海中,又引发了第三种"情绪感染"的心理反应。如孔氏疏云,"其声能和,故次钟也。言磬轻清响矣,叩其磬,则其声之磬磬然也"②,这种声音的"音色"给我们带来舒畅的感受,这个感受产生得很直接,不需要依靠经验积累而习得。③"石磬"的声音能够明辨于众声之中,这种"清越"的感觉又可"次钟而和",即与"钟声"相配,这样"清、和"二字也联系了起来。"清、和"的感受如果进一步引动我们生命体验中的与之相关的记忆,这些记忆就或显或隐地成为"石磬"之声的随附。孔颖达疏曰,"辨以致死者,既各有部分,不相侵滥,故能使守节者致死矣。若诸侯死社稷,大夫死众,士死制之属也"④,所讲皆是教化形成的具身(embodied)记忆。而《礼记正义》中崔氏云"若能明别于节义"也可以对应于"情境带入"的过程。如果仍不满足于这种粗浅而简单的物象联系,还想要把这种关系深刻而牢固地记录在行为中,便有文中所谓"君子",能够把修养工夫形成的、深刻的具身记忆印刻在生命中,这就是"君子听磬声,则思死封疆之臣"。于此,孔颖达补充说,"君子听磬声,则思死封疆之臣者,言守分不移,即固封疆之义矣;磬含守

---

① 郑玄注,孔颖达疏:《礼记正义》,第1314页。
② 郑玄注,孔颖达疏:《礼记正义》,第1314页。
③ 就像听到汽车刹车声而产生痛苦感,这种痛苦感固然包含着听觉的不适和联想的不适等多方面,但仅靠听觉的不适便足以导致此种感受的产生。而能够令听觉舒适的音响效果,需要不同频率的振动有规则地结合在一起。
④ 郑玄注,孔颖达疏:《礼记正义》,第1314页。

分,故听其声而思其事也"。① 既然"石磬"之声可以因其明辨于众声之中而称为"清",又可"次钟"相配而称为"和",这种特性与诸侯的政治操守相符合,既能保留独立的德性人格,又能维护天子的崇高威望。当然,这最后一步的联想关系,更需要长期经验积累习得。所以我们在前文就说,因聆听某段音乐而使"眼前"浮现某种景象之情形,一定是基于对"乐"的熟悉印象,形成了特定的"视觉想象"。

除以上对应分析的心理反应外,其他如"评价性条件反射""情境期待"等心理反应,也能够表现、发用在这个具身记忆形成的过程中。如"石磬"之声因似"封疆之臣"而有"守分"之德,这就是一种价值判断;又如知"石磬"之演奏"中"或"不中"律,建立在对"石磬"之律的熟悉上,这就涉及生成"期待"情境的过程。回到子夏向魏文侯解释的文本中,不难看出子夏对每一类乐器的解释,都可以依照"心理反应"的种种形式进行分析疏解,这里就不再一一展开。但是这种模式对于其他传统文献而言,是否具有普遍的有效性呢?我们再对照一下《魏文侯篇》以外的文段,如《孔子家语·辨乐解》记"孔子学琴":

> 孔子学琴② 于师襄子。襄子曰:"吾虽以击磬为官,然能于琴。今子于琴已习,可以益矣。"孔子曰:"丘未得其数也。"有间,曰:"已习其数,可以益矣。"孔子曰:"丘未得其志也。"

---

① 郑玄注,孔颖达疏:《礼记正义》,第1314页。
② 有学者认为此处之"琴"应为"瑟",可备一说。参见林明昌:《孔子鼓瑟不弹琴考——由琴瑟兴替论儒道音乐美学》,第十六届欧洲汉学会议(2006)会议论文。

有间，曰："已习其志，可以益矣。"孔子曰："丘未得其为人也。"有间，孔子有所缪然思焉，有所睪然高望而远眺，曰："丘迨得其为人矣。黯而黑，颀然长，旷如望羊，奄有四方，非文王，其孰能为此？"师襄子避席，垂拱而对曰："君子，圣人也，其传曰《文王操》。"①

"孔子学琴"的故事流传很广，注家也很多，但对孔子如何以琴曲而见文王的解释则过于神秘，我们可以尝试用"心理反应"的模式来探索夫子自其所习之琴曲而见"作曲"之人的过程。孔子跟随师襄子学琴，师襄子自诩擅长琴技，对孔子的学习成果也是很满意。师襄子在孔子学琴的第二阶段，说孔子"已习其数，可以益矣"。这里的意思是说，孔子已经尽得此曲演奏的技艺，可以换别的曲目学习了。在这种程度下，即使孔子不去弹奏，也能在脑海中回想起琴曲的旋律、细节，孔子对琴曲已经形成"音乐期待"，演奏技巧也应该近于我们常说的肌肉记忆。孔子继续研习这些琴曲，说"丘未得其志也"，这里的"志"我们前文已经讲过，带入这里就是说"我（孔子）还没有体会到这琴曲中的意向、德行操守"，这个"志"本属内心之感受，而对于同样有此领悟的师襄子而言，通过聆听孔子的演奏就判断出孔子"已习其志"，这是一种感应，包含着"情绪感染"的发用。孔子继续研习，达致见"作曲"之人的境界，这已经不是外人可以判断的了。琴曲演奏的技艺已熟悉，琴曲的志趣已把握，孔子此时再去把握琴曲对身心

---

① 宋立林：《孔子家语译注》，第477页。

感受之引动就是"情境带入"的过程。而孔子进一步与琴曲中的情境融汇,就能体贴到情境中人物的心理:

> 孔子有所缪然思焉,有所怿然高望而远眺,曰:"丘迨得其为人矣。黮而黑,颀然长,旷如望羊,奄有四方,非文王,其孰能为此?"

孔子的穆然深思、怡然高远,就是其融入琴曲而产生的身心感应,身心代入琴曲的意境,即"作曲"之人所创作的琴曲意境。在孔子看来,这躬耕陇亩、皮肤黝黑、身材修长、目光长远、心系四方之人,不是文王又能是谁?[1] 这个过程,又与"视觉想象"非常契合。可以说,"孔子学琴"较子夏答魏文侯的论述更全面地展现了"乐"对受众身心感受的全幅影响,在孔子学琴的过程中,不同的"心理反应"都有相应的表现。

综上,在文本解读的过程中我们说明了"乐"与身心感受之间的关系,也以"心理反应"的模式诠释了受众在"赏乐"过程中身心兴起的不同感受。[2] 这是本节要解决的第二个问题,下面要对"如何解释这些影响的客观性与普遍性"做一个简要的回应,这是本节讨论的第三个问题。

在日常生活中,我们常常会感受到"乐"对身心的影响,这种现象也是"乐"教化百姓、移风易俗的基础。按照传统的理论,

---

[1] 此琴曲应有诗辞吟诵的内容,能够对情节与直观感受等进行补充。
[2] 虽然只是以"曲"为例,然而其结论对"诗""舞"的情况依然有效,我们在下文也会对此做进一步的解读。

产生这种影响的基础是"同声相应、同气相求"。换言之,"乐"既然基于气之振动所成之"声",则其令受众身心与之产生共振亦属理所当然。而系统解释这个问题,可以回到《魏文侯篇》。① 子夏讲道:

> 夫古者,天地顺而四时当,民有德而五谷昌,疾疢不作而无妖祥,此之谓大当。然后圣人作为父子君臣,以为纪纲。纪纲既正,天下大定。天下大定,然后正六律,和五声,弦歌《诗》《颂》,此之谓德音,德音之谓乐。

孔颖达认为,"此一节子夏与文侯明古乐之正,引《诗》以结之"。子夏给魏文侯解释"古乐"之正的来源,又为什么要先说起天地、四季、百姓安乐等问题呢?我们看到,子夏是将"古乐"之正,与自然、人伦之"大当"连在一起说的。所谓"大当",是指远古之时,天地合顺而四季运行正常,百姓有德行而五谷丰登,不生疾病、没有灾异。子夏讲"然后",就是对应、接续这个状态,圣人才制定出君臣纲纪,大家遵守纲纪,天下才有"大定"。而"乐"的音律、乐器等"规范"也是比照这个"大定"的状态而来,"乐"之"正"与自然、人伦之"大当"是一脉相承的。就子夏论

---

① 为理解方便之故,《乐记》亦有其他段落与此配合,如:"天尊地卑,君臣定矣。卑高已陈,贵贱位矣。动静有常,小大殊矣。方以类聚,物以群分,则性命不同矣。在天成象,在地成形,如此,则礼者,天地之别也。地气上齐,天气下降,阴阳相摩,天地相荡,鼓之以雷霆,奋之以风雨,动之以四时,暖之以日月,而百化兴焉。如此,则乐者,天地之和也。"下文讨论亦有涉及。

述之方式看，传统乐论背后还是有气化论的形上预设，天地万物一气相生，气化变动的秩序既是宇宙天地的秩序，也是万事万物的秩序。对于"乐"而言，一气相生的宇宙处处是气的律动，"乐"与天地万物同质，便可"同声相应、同气相求"，这是子夏论述成立的基础。

需要补充说明的是，按照心理学实验的讲法，"乐"的不同艺术形式给人们所带来的六种"心理反应"，可以在大脑皮层的不同区域找到对应标记。这不同的"心理反应"也是在人的成长发育过程中逐渐得到完善的。[1] 我们可以相信，"乐"与身心感受之间的关系是普遍存在的，而子夏向魏文侯解释的"赏乐"方法也适用于每个受众。

在本节讨论中，我们对（一）"赏乐"所涉及的"乐"的艺术形式及受众"身心感知"的方式、（二）"赏乐"过程中不同艺术形式与受众身心感知的交互作用、（三）交互作用的客观性与普遍性等三个问题进行了梳理。在梳理上述问题的过程中，我们同时说明了"赏乐"的过程与方法，这里包括子夏向魏文侯解释的"赏乐"理论，也有孔子学琴所展现的"赏乐"实践。通过本节讨论，我们发现"乐"可以作为一种场域实现参与者的修身实践，这就带来了"从赏乐中获得什么"的新问题，也打开了下一节的讨论——"乐"能向我们言说什么。

---

[1] 参见 Patrik N. Juslin, Daniel Västfjäll, "Emotional Responses to Music: The Need to Consider Underlying Mechanisms", *Behavioral and Brain Sciences*, 31, 2008, pp.570-571, Table 4。

二、"乐言":"和"意义的呈现

通过对"作乐""奏乐""赏乐"的三分,我们得以将部分先秦乐论的文本做出分别,只有在这种分别的基础上,我们才可以把乐论所涉及的问题分类,并进行针对性的处理。但是,在特定时间、空间条件下展现的"乐",于受众而言还是一个圆融的整体,所以,我们还要在"作乐""奏乐"和"赏乐"三分的基础上,重新对"乐"做一个整体的研究,同时对"作乐""奏乐""赏乐"各部分之间的关系做一说明。站在受众的角度,作为整体的"乐"就是讲述者,那么"乐"在"言说"些什么、"乐"之"言说"有何价值等就是我们要分析的问题。

事实上,顺着身心感受的问题脉络下来,就会遇到"赏乐可从中获得什么"的问题。"赏乐可从中获得什么",也是问"乐"告诉我们什么了?然而,考察传统文献记载,"乐之所言"似乎没有一定之规,如《春秋左传·襄公》有两段关于"乐之所言"的文字,其意义就显得大相径庭:

> 晋人闻有楚师,师旷曰,不害,吾骤歌北风,又歌南风,南风不竞,多死声,楚必无功。(《襄公十八年》)[①]

> 吴公子札来聘,……请观于周乐。
> 使工为之歌《周南》《召南》,曰:"美哉,始基之矣,犹

[①] 杜预注,孔颖达疏:《春秋左传正义》,第1094页。

未也。然勤而不怨矣。"

为之歌《邶》《鄘》《卫》,曰:"美哉,渊乎,忧而不困者也。吾闻卫康叔武公之德如是,是其卫风乎。"

为之歌《王》,曰:"美哉,思而不惧,其周之东乎?"

为之歌《郑》,曰:"美哉,其细已甚,民弗堪也,是其先亡乎!"

为之歌《齐》,曰:"美哉,泱泱乎,大风也哉!表东海者,其大公乎,国未可量也。"

为之歌《豳》,曰:"美哉,荡乎,乐而不淫,其周公之东乎?"

为之歌《秦》,曰:"此之谓夏声。夫能夏则大,大之至也,其周之旧也。"

为之歌《魏》,曰:"美哉,沨沨乎,大而婉,险而易行,以德辅此,则明主也。"

为之歌《唐》,曰:"思深哉,其有陶唐氏之遗民乎?不然,何忧之远也,非令德之后,谁能若是。"

为之歌《陈》,曰:"国无主,其能久乎?"

自《郐》以下无讥焉。

为之歌《小雅》,曰:"美哉,思而不贰,怨而不言,其周德之衰乎?犹有先王之遗民焉。"

为之歌《大雅》,曰:"广哉,熙熙乎!曲而有直体,其文王之德乎?"

为之歌《颂》,曰:"至矣哉,直而不倨,曲而不屈,迩而不偪,远而不携,迁而不淫,复而不厌,哀而不愁,乐而不荒,用而不匮，广而不宣，施而不费，取而不贪，处而不底，行而不流。五声和，八风平，节有度，守有序，盛德之所同也。"

见舞《象箾》《南籥》者，曰："美哉，犹有憾。"

见舞《大武》①者，曰："美哉，周之盛也，其若此乎？"

见舞《韶濩》者，曰："圣人之弘也，而犹有惭德，圣人之难也。"

见舞《大夏》者，曰："美哉，勤而不德，非禹其谁能修之。"

见舞《韶箾》者，曰："德至矣哉，大矣，如天之无不帱也，如地之无不载也。虽甚盛德，其蔑以加于此矣，观止矣，若有他乐，吾不敢请已。"（《襄公二十九年》）②

第一段文字，讲师旷通过演绎、欣赏和考究一段乐曲，"先吹北方的音调，再吹南方的音调，发现南方的音调不强，多死声"，断言楚国对晋国的战争必定不能成功。第二段文字，是说吴国公子札来鲁国访问，请求欣赏周朝的各种音乐③，取精彩处进行点评，并有"美哉""思深哉""广哉""德至矣哉"等评价。乍一看来，"乐"之于师旷似有预测的功能，"乐"能告诉师旷战争的吉凶，而"乐"之于公子札则更平常一些，就是起熏陶、教化、了解各地风俗的作用。其实，无论是师旷，还是季札，对"乐"的

---

① "武王克商后命周公所作'武'是后来《大武》的雏形，周秦之际所流传的《大武》已是几经磨砺的作品。"换言之，"大"字的出现代表着季札所欣赏的"周乐"已经是几经更迭的周乐，较之周公制作之乐已经有所丰富。参见王顺然：《从〈大武〉"乐"看戏剧教化人心之能效》，《戏曲研究》第104辑，第147页。
② 杜预注，孔颖达疏：《春秋左传正义》，第1258—1272页。
③ 如前文所讲，鲁国对内可以演奏天子礼乐，但不能用于祭祀。

理解、认知都是通过"和"的概念而来，这与我们在讨论"奏乐"问题时讲到的"德音之和"非常契合。师旷谓"南风不竞，多死声"，说的是声、律不"和"。而季札点评的"美""广"或"德至"等，也是"乐"与民风、德行的相契，也是一种"和"。[1]季札在周乐的传统中点评各地之"乐"[2]，对乐曲所反映的诸国风俗、政治进行判定与预言，这一方式就是周公以乐封赏诸侯而形成的传统。他对周乐的点评，其一，将堂上之歌诵与堂下之乐舞分而论述，其二，将诸侯之"风"与周之"雅""颂"各按标准，其三，"自《郐》以下无讥"也表现出除风俗、政治的审美旨趣外，还有其他的审美判断。根据季札的评价可以看出，这一时期周乐的审美形态是以"美"讲"和"[3]：既可以从政治规范的角度来讲，"美"是

---

[1] 可以看出，这三种情况对"契合"或"和"的反应还是有些出入的：第一类属于"乐"对某种德性质量的反映，即"乐"与德性质量之"和"；第二类属于"乐"对客观实情准确的描述，即"乐"与客观状况之"和"；而第三类被称作"德至"，认为"乐"已经"和"于天地了。

[2] 吴公子对周公传统的继承，代表着周天子文化的熏陶。参见陈来：《古代思想文化的世界》，北京：生活·读书·新知三联书店，2009年，第224页。

[3] "美"的意义本来就很丰富，一般认为其较为原始的意思还是和祭祀中的审美相关，是一种相对纯粹的感官喜好。甲骨文"美"字从"羊"从"大"，象人头戴羽毛、羊角之类装饰物，表示好看。于省吾认为这反映了古人以羊角为头饰，现在部分少数民族仍保留头戴角的习俗，反映了一种存古的审美标准。而"美"字衍生出"美善""美言""美行"等意义，应该在东周时期。战国竹简中，"美"还保留有纯粹的感官审美之意。《睡虎地秦简·秦律十八种》简65："百姓市用钱，美恶杂之，勿敢异。"是为一种视觉的喜好。《睡虎地秦简·日书甲种》简113正2："可以渍米为酒，酒美。"是为一种味觉的喜好。《睡虎地秦简·日书甲种》简12正2："以生子，男女必美。"也是一种视觉的喜好。"美"还有"媺""媄"等古文异体字，"媄"本义是女子貌美，《周礼》作"媺"，而"媺"中之"㲽"，象人戴饰物之形，也是古文字"美"的侧面。

表现于《周南》《召南》的"勤而不怨",是表现于圣王之乐的"周之盛""圣人之难""勤而不德""天之无不帱,地之无不载",等等;又可以从感官感受的角度来讲,"美"是表现于《郑》的"其细也甚"。另外,季札对《颂》和《韶箾》的评价分别是"至矣哉,直而不倨,曲而不屈,迩而不偪,远而不携,迁而不淫,复而不厌,哀而不愁,乐而不荒,用而不匮,广而不宣,施而不费,取而不贪,处而不底,行而不流。五声和,八风平,节有度,守有序,盛德之所同也"① 和"德至矣哉,大矣,如天之无不帱也,如地之无不载也。虽甚盛德,其蔑以加于此矣,观止矣,若有他乐,吾不敢请已"②,换言之,最高境界的"美",就是与天地的"和"以及与人伦的"和"。总而言之,师旷与季札对"乐"的评价与理解,虽然看似大相径庭,但背后透显出"和"的准则性却是一致的。可以说,"和"是讨论"乐之所言"问题的关键线索,那么"和"究竟具有哪些意义?

在上一节的讨论中,我们讲过子夏对"赏乐"的解释,其中就包括对"乐器"间相互配合的审视,即"用质素为本,然后用此钟、磬、竽、瑟华美之音以赞和之,使文质相杂",也包括对诗

---

① 简译为:美到极点呀!它所表达的思想正直而不傲慢,委曲而不屈服,亲近而不侵逼,疏远而不离心,变动而不放纵,反复而不厌倦,哀痛而不发愁,快乐而不荒唐,使用而不匮乏,宽广而不显露,施予而不浪费,选取而不贪求,静止而不停滞,运行而不流散。它的音乐听起来五声和谐,八音协调,节奏有度,配合有序,这是颂扬崇高德行的三《颂》所共有的特色。

② 简译为:德行崇高到极点了,大极了!像天一样的无所不覆盖,像地一样的无所不运载。即使有非常崇高的德行,大概对此也无以复加了,观看到这里也就到顶了,如果还有其他的音乐,我也不敢再请求了。

诵、舞蹈与乐曲间配合的领会,即"乐"中不同艺术形式的融洽。这两种情况都属于"乐"自身"和"秩序的表现,我们可以将其作为"和"的第一层意义。《论语·八佾》中,孔子对"和"的这层意义有很精彩的论述:

> 子语鲁大师乐。曰:"乐其可知也:始作,翕如也;从之,纯如也,皦如也,绎如也,以成。"

《论语注疏》邢昺疏曰:"大师,乐官名,犹《周礼》之大司乐也。于时鲁国礼乐崩坏,故孔子以正乐之法语之,使知也。"[①]这就是说,孔子与鲁国乐官交流,教导乐官说,"乐,那是可以知晓的。开始时,要将不同的艺术形式逐一表现出来,然后在演奏中要让不同的艺术形式相互不侵扰,且每个艺术形式都能独立、清晰地展现,各部分、章节之间连贯有序,这样便成了。"何晏注曰:"纯纯,和谐也。皦如也,言其音节明也。"就是讲不同艺术形式之间,既能相互融合,又能独立展现。而朱熹在《四书章句集注》中讲,"翕,合也。从,放也。纯,和也。皦,明也。绎,相续不绝也",又引谢氏的讲法:"五音六律不具,不足以为乐。翕如,言其合也。五音合矣,清浊高下,如五味之相济而后和,故曰纯如。合而和矣,欲其无相夺伦,故曰皦如,然岂宫自宫而商自商乎?不相反而相连,如贯珠可也,故曰绎如也,以成。"[②]更强调了"和"的这种既独立又融洽的状态。可以说,"乐"中不

---

① 何晏注,邢昺疏:《论语注疏》,第48页。
② 朱熹:《四书章句集注》,北京:中华书局,1983年,第68页。

同艺术形式的"和",就是"翕如""纯如""皦如""绎如"等表现,而所谓"以成"之"乐",强调的更是一种"无相夺伦"的"合而和矣"。

我们曾在第二章通过解释"是故清明象天,广大象地,终始象四时,周还象风雨……倡和清浊,迭相为经"一句,讲到"乐器""音律"等要应和天地、四时变化而定,这就是"和"的第二层意义。在《乐记》中,"和"的这层含义有正反两种不同的论述,正面:

> 暴民不作,诸侯宾服,兵革不试,五刑不用,百姓无患,天子不怒,如此,则乐达矣。①

> 天地欣合,阴阳相得,煦妪覆育万物,然后草木茂,区萌达,羽翼奋,角骼生,蛰虫昭苏,羽者妪伏,毛者孕鬻,胎生者不殰,而卵生者不殈,则乐之道归焉耳。

反面:

> 天地之道,寒暑不时则疾,风雨不节则饥。

---

① 持有此类观点之文段很多,比如:"……流而不息,合同而化,而乐兴焉。春作夏长,仁也……仁近于乐,……乐者敦和,率神而从天,……地气上齐,天气下降,阴阳相摩,天地相荡,鼓之以雷霆,奋之以风雨,动之以四时,暖之以日月,而百化兴焉。如此,则乐者,天地之和也。化不时则不生,男女无辨则乱升,天地之情也。"《礼记正义》孔疏解此段曰,此一节申明礼乐配于天地,若礼乐备具,则天地之事各得其宜。此类文段虽有差异却并不影响本文之论述,故不再一一涉及。

土敝则草木不长，水烦则鱼鳖不大，气衰则生物不遂，世乱则礼慝而乐淫。是故其声哀而不庄，乐而不安，慢易以犯节，流湎以忘本。广则容奸，狭则思欲。感条畅之气，而灭平和之德。是以君子贱之也。

类似讲法在《魏文侯篇》也出现过，子夏用"大当"来说明天地、四时皆按其正当之序。这类陈述意在强调"乐"于天地、四时之变化有一种连贯性：若天地、四时之序正当，万物欣然而"乐"顺应其中，可以达到人伦倡和之境；若天地、四时之序混乱，万物凋敝而"乐"亦顺应其中，则民生困扰。这种讲法明显将"乐"的审美价值放到自然秩序的角度看，"乐"所"和"的自然秩序便是其审美价值。这种"和"超越了自然秩序的恰当性，即不依赖于主观对自然秩序恰当或不恰当的判断，它纯粹地表现在"乐"对相应自然秩序的准确反映上。需要注意的是，子夏之论"乐"要求"乐"之"和"同时满足"大当"的要求，这就更进一步。而子夏的这一层意思实则来自"和"其他层面的含义，我们在后文会讲到。

如果说"和"的这第二层含义是自天地、四时"物之理"一面讲，那么"乐"与"人心""人情"相通而与人伦纲纪之相应便可算是"和"的第三层含义。所谓"乐者天地之命，中和之纪，人情之所不能免"，《乐记》对"和"的人伦、人情这一层含义的解释也很系统。从"律"而言，《乐记》讲，"是故先王本之情性，稽之度数，制之礼义，合生气之和，道五常之行，……皆安其位，而不相夺也。然后立之学等，广其节奏，省其文采，以绳德厚，律小大之称，比终始之序，以象事行。使亲疏、贵贱，长幼、男女之理，皆形见于乐"，这是强调人伦纲常之序以"律"的形式表现在"乐"之中。从"歌（乐曲）"而言，《乐记》又讲："故歌之为言也，长言之也。说之，故言之；言之不足，故长言之；长言之不足，故嗟叹之；嗟叹之不足，故不知手之舞之，足之蹈之也。"这就是说，歌之长短表现，皆是为了尽人情之需，人心得安置之所便是为"歌"之目的。从"乐"而言，《乐记》还讲，"故听其《雅》、《颂》之声，志意得广焉；执其干戚，习其俯仰诎伸，容貌得庄焉；行其缀兆，要其节奏，行列得正焉，进退得齐焉"，既然"诗""曲""舞"皆是"人心"安置之所，其变化发展亦应顺"人心"所需。最后从"圣王"之角度看，《乐记》则讲，"夫乐者，先王之所以饰喜也。军、旅、铁、钺者，先王之所以饰怒也。故先王之喜怒，皆得其侪焉"，"先王"已将其性情"和"于"乐"中，此进退有常、喜怒有据之谓也。

以上所论"和"的三层意义，粗略来讲，"和"之第一层意义注重"乐"中不同艺术形式的搭配关系，第二层意义注重"乐"象天地、四时之自然秩序，而第三层意义就关注"乐"对人伦、纲纪之情的安顿。如果以"作乐""奏乐""赏乐"三分的结构来看，以上"和"的三层意义也是一贯而下、不可分割的。尤其是在这三层意义中，隐含着通向自然秩序和通向人伦纲纪的两条脉络，区分出"美"与"善"两类"乐言"内容。如《论语·八佾》有记：

子谓《韶》："尽美矣，又尽善也。"谓《武》："尽美矣，未尽善也。"

这段话为人熟知,《论语注疏》邢昺疏曰:"此章论《韶》、《武》之乐。'子谓《韶》,尽美矣,又尽善也'者,《韶》,舜乐名。韶,绍也,德能绍尧,故乐名《韶》。言《韶》乐其声及舞极尽其美,揖让受禅,其圣德又尽善也。'谓《武》,尽美矣,未尽善也'者,《武》,周武王乐,以武得民心,故名乐曰《武》。言《武》乐音曲及舞容则尽极美矣,然以征伐取天下,不若揖让而得,故其德未尽善也。"[1]《萧韶》是帝舜之乐的名称,《尚书·益稷》有云:"《萧韶》九成,凤皇来仪。"[2] 也就是季札评价为"德至矣哉,大矣,如天之无不帱也,如地之无不载也。虽甚盛德,其蔑以加于此矣"之"乐"。我们从两方面概括来看:一者,《韶》乐是帝舜所制,而帝舜是圣王之中对"乐"有着突出贡献的人。前文讲过,帝舜继承有虞氏音乐传统,在其治天下的时代,创制、改造"乐器"("垂作钟""磬,叔所造;叔,舜时人"等)[3],又以"孝德"入"乐"(《乐记》"昔者,舜作五弦之琴以歌《南风》",郑注:"南风,长养之风也,以言父母之长养己")[4],由此推断《韶》乐之形式可谓"美"。二者,帝舜以"孝悌"等德行表现于乐中用以"赏诸侯",其创制《韶》乐更是为了宣扬帝尧"禅让"的美德,由此推断《韶》乐之内容可谓"善"。可见,《韶》乐既"美"又

---

[1] 何晏注,邢昺疏:《论语注疏》,第50页。
[2] 孔安国传,孔颖达疏:《尚书正义》,北京:北京大学出版社,2000年,第152页。
[3] 参见许兆昌:《先秦乐文化考论》,第17—22页。
[4] 熊申英:《乐以和同:东周之前的乐思想研究》,第74—78页。

"善"。相较而言,周公所创制的《武》乐也,可以从这两方面来考察。一者,周公亦是擅长音律,《尚书·金縢》讲的"予仁若考能,多材多艺,能事鬼神"可作为证据,这样看《武》乐的形式美也是当仁不让的。二者,《武》乐在描述杀伐战争,以小邦周攻伐大国殷,从道德上讲不能算"尽善"。所以说,《武》乐是"美"却不"尽善"。综上,我们可以看到用"美""善"来审视"乐"之"言说"是有效的,"美"是自然秩序中的"和",能够对受众不断地熏习熏陶,而"善"是人伦秩序中的"和",能够形成对道德实践的指引。

另有几点需要补充说明。其一,所谓"美"是自然秩序中的"和",尤指孔子以降到《乐记》形成的儒家传统,如果回到"吴公子札来聘"的引文中,对"美"的界定则更为宽泛,"美哉""思深哉""广哉""德至矣哉"等,都是"美",也可以说是"和"在不同"乐"中的表现。如:

> 美哉,始基之矣,犹未也,然勤而不怨矣……
> 美哉,渊乎,忧而不困者也。吾闻卫康叔武公之德如是,是其卫风乎……
> 美哉,思而不惧,其周之东乎……
> 美哉,其细已甚,民弗堪也,是其先亡乎……
> 德至矣哉,大矣,如天之无不帱也,如地之无不载也,虽甚盛德,其蔑以加于此矣……(《襄公二十九年》)

第一句说"曲表明王业虽尚未完成,但百姓是勤劳而不怨恨的"，第二句又说"多么深沉！是那种忧愁而不困顿的乐歌；我听说卫康叔、武公的德行就像这样，这大概是《卫风》吧"，如此点评就是摘选"乐"的表演在不同方面的"和"，这里不只包括与自然秩序的符合，也包括与伦常美德的契合、政治行为的和顺等意思。这一阶段，"美"作为更广泛、更多元的审美标准，体现着一种杂糅的趋向，也值得注意。①

其二，所谓"善"是人伦秩序中的"和"，在《乐记》中则有三层说明，更可见"和"意义的复杂性：

> 是故乐在宗庙之中，君臣上下同听之，则莫不和敬；在族长乡里之中，长幼同听之，则莫不和顺；在闺门之内，父子兄弟同听之，则莫不和亲。

"和"因场域的差异而产生不同表现，如君臣是"和敬"、长幼是"和顺"、父子兄弟是"和亲"，但无论"和敬""和顺""和亲"，都指伦常关系的稳定性，如《礼记正义》孔颖达疏曰："'使君臣上下同听之，则莫不和敬'者。以君臣主敬，故君臣上下同听之，则莫不和敬也。乡里主顺，故云'莫不和顺'。父子主亲，故云'莫不和亲'也。"② 可以说，"和"在相应的人伦关系中有着特定的实践要求，但这种差异性可以在群体性赏乐的过程中潜移默化地形成习惯，这主要依赖蕴于"乐"中之"礼"。

---

① 参见王顺然：《先秦"乐"之五种审美形态的嬗变》，《现代哲学》2023年第5期，第153页。

② 郑玄注，孔颖达疏：《礼记正义》，第1335页。

其三，对"和"的深入理解与运用，也使"乐"表现出预言性。回到《襄公十八年》师旷的例子，襄公十八年冬天（十二月），南方的楚国进攻北方的晋国（楚师多冻），师旷察时令、方位之故，发现南方之音不能和于时下晋国之地（尽失天时地利），进而推断出楚国必败。这么看来，师旷以"乐"预测战争吉凶亦是可以理解之事，而"和"的展现就是"乐"言说的内容。

至此，我们已经论述了"乐"在"言说"些什么、"乐"之"言说"对受众有何指引这两个问题。我们再结合某经典"乐"，来看看这两个问题具体的对应。有鉴于帝舜《箫韶》现存的证据不足以支撑起讨论的需要①，我们就以材料相对丰富的《大武》作参考。

《大武》是记录"周武王伐纣"的"乐"，或者说是一部名为《武王克商》的历史戏剧。有关"周武王伐纣"的记载可见《尚书·武成》："（武王克商，）乃偃武修文，归马于华山之阳，放牛于桃林之野，示天下弗服。丁未，祀于周庙，邦甸、侯、卫，骏奔走，执豆笾。越三日庚戌，柴望，大告武成。"②《大武》乐的创作过程，文献材料也多有记录，如《吕氏春秋·古乐》讲，"武王即位，以六师伐殷，六师未至，以锐兵克之于牧野。归乃荐俘馘于京太室，乃命周公为作《大武》"③，卫湜《礼记集说》亦云，"武王始得天下而作《大武》，所以象其功之成，至于周公六年，朝诸侯而始制礼也。然周公制礼之时，又曰作乐者缘其颂声而广之耳"④。有学者认为，

---

① 许兆昌：《先秦乐文化考论》，第 23—28 页。
② 孔安国传，孔颖达疏：《尚书正义》，第 341 页。
③ 陆玖译注：《吕氏春秋》，第 154 页。
④ 卫湜：《礼记集说》，扬州：广陵古籍刻印社，1996 年，第 321 页。

武王克商后命周公所作之"武"乃《周颂·武》，是《大武》的雏形，而孔子所欣赏的《大武》则是几经创作、修订的完整作品。[①]据可考材料，《大武》总分"武舞""文舞"两大类，其中"武舞"四章标志"禁暴""戢兵""保大"和"定功"，"文舞"两章标志"安民""合众"和"丰财"，舞乐中舞蹈和乐曲旋律的部分只能靠一些文字展开想象了。以下是对《大武》乐章节的整理[②]：

（开场：堂下鼓声响起，经久不停；六十四人的舞队进入场地，舞者在固定的位置上手持红色盾牌和饰玉大斧，头戴冕，屹立不动像山，管乐准备。）

第一章 武王出师北上：开始是一长段鼓声，舞队的集合标志军队的整顿，舞者手执武器从北面出来，巍然屹立，徐缓悠长的歌声表现了武王伐纣的决心。歌者唱白："于皇武王！无竞维烈。允文文王，克开厥后。嗣武受之，胜殷遏刘，耆定尔功。"（《诗经·周颂·武》）

第二章 武王灭商：乐舞"发扬蹈厉"转入焦灼的战斗气氛，表现周军由姜太公率领的前锋部队，直至商都朝歌。这时两面有扮演武王和将军的舞者振木铎，以传达军令，每次敲振木铎便有四次往返而激烈的击刺动作，表示周人的强大威武，气氛热烈紧张，表演达到高潮预示牧野之战的胜利。[③]

[①] 贾海生：《周代礼乐文明实证》，北京：中华书局，2010年，第133—155页。
[②] 参见贾海生：《周代礼乐文明实证》，第155—160页；王克芬：《中国舞蹈发展史》，上海：上海人民出版社，2004年，第三章"两周时期舞蹈的发展和变革"。
[③] 参见卫湜：《礼记集说》，第321页。

唱白曰:"于铄王师,遵养时晦。时纯熙矣,是用大介。我龙受之,蹻蹻王之造。载用有嗣,实维尔公允师。"(《诗经·周颂·酌》)

第三章 武王领兵南下:舞者自场地北处向南运动,标识凯旋,乐舞庆贺。唱白曰:"文王既勤止,我应受之。敷时绎思,我徂维求定。时周之命,于绎思。"(《诗经·周颂·赉》)

第四章 开拓南方疆土:各国臣服,南疆稳定,乐舞以平稳、正大、庄严为其体现;乐止,舞队退下,"武舞"结束。唱白曰:"于皇时周!陟其高山,嶞山乔岳,允犹翕河。敷天之下,裒时之对。时周之命。"(《诗经·周颂·般》)

(间奏:乐工吹籥,全体舞者换执羽毛登场,"文舞"开始。)

第五章 周召二公分治天下:舞者分为两队从第二位至第三位,一队在左,一队在右:象征以陕县为界,分中国为两部,周公治理东方,召公治理西方,万邦国泰民安。唱白曰:"时迈其邦,昊天其子之,实右序有周。薄言震之,莫不震叠。怀柔百神,及河乔岳,允王维后。明昭有周,式序在位。载戢干戈,载橐弓矢。我求懿德,肆于时夏,允王保之。"(《诗经·周颂·时迈》)

第六章 复缀以崇天子:舞队从第三位南至原来的舞位,一起跪拜,右膝至地,左膝曲立,以表示尊崇周天子。全体唱白:"绥万邦,屡丰年。天命匪解,桓桓武王。保有厥士,于以四方,克定厥家。于昭于天,皇以间之。"(《诗经·周颂·桓》)

（谢幕：至此，《大武》表演结束，随着乐曲减弱，舞队、歌者有序地退出场地；历史戏剧《武王克商》拉下帷幕，余音、余韵尚在观众心中流淌，不绝于耳。）

虽然《大武》"乐"之乐曲佚失，但文献可考部分所涉及的诗诵、舞蹈，甚至舞台设计等，构思严谨、寓意深刻、气势恢弘，是先秦诸"乐"中之翘楚，孔子谓之"尽美"亦无夸大。如六十四舞者在第二章（幕）表演中有四次统一而有力的刺击动作，这种设计、表演令人震撼。我们也知道武王以武力争取天下，孔子谓之"未尽善"，但除去"武力"外，《大武》"乐"还是表现出了武王极高的德行。如何领会《大武》"乐"中之善，如何获得其中的教化，我们可以看孔子如何就此问题指点他的学生宾牟贾。见《乐记·宾牟贾篇》：

> 宾牟贾侍坐于孔子，孔子与之言及乐，曰："夫《武》之备戒之已久，何也？"对曰："病不得众也。"
> "咏叹之，淫液之，何也？"对曰："恐不逮事也。"
> "发扬蹈厉之已蚤，何也？"对曰："及时事也。"
> "《武》坐致右宪左，何也？"对曰："非《武》坐也。"
> "声淫及商，何也？"对曰："非《武》音也。"
> 子曰："若非《武》音，则何音也？"对曰："有司失其传也。若非有司失其传，则武王之志荒矣。"子曰："唯！丘之闻诸苌弘，亦若吾子之言是也。"
> 宾牟贾起，免席而请曰："夫《武》之备戒之已久，则既

闻命矣,敢问迟之迟而又久,何也?"子曰:"居!吾语汝。夫乐者,象成者也。总干而山立,武王之事也;发扬蹈厉,大公之志也。《武》乱皆坐,周、召之治也。且夫《武》,始而北出,再成而灭商。三成而南,四成而南国是疆,五成而分周公左召公右,六成复缀以崇。天子夹振之而驷伐,盛威于中国也。分夹而进,事早济也。久立于缀,以待诸侯之至也。且女独未闻牧野之语乎?武王克殷反商,未及下车而封黄帝之后于蓟,封帝尧之后于祝,封帝舜之后于陈,下车而封夏后氏之后于杞,投殷之后于宋,封王子比干之墓,释箕子之囚,使之行商容而复其位。庶民弛政,庶士倍禄。济河而西,马散之华山之阳而弗复乘,牛散之桃林之野而弗复服,车甲衅而藏之府库而弗复用,倒载干戈,包之以虎皮,将帅之士使为诸侯,名之曰'建櫜',然后知武王之不复用兵也。散军而郊射,左射《狸首》,右射《驺虞》,而贯革之射息也。裨冕搢笏,而虎贲之士说剑也。祀乎明堂,而民知孝。朝觐,然后诸侯知所以臣,耕藉,然后诸侯知所以敬。五者,天下之大教也。食三老、五更于大学,天子袒而割牲,执酱而馈,执爵而酳,冕而总干,所以教诸侯之弟也。若此则周道四达,礼乐交通。则夫《武》之迟久,不亦宜乎!"

此一段文献较长,从字面义上就有很多值得解释的地方。孔子"考验"他的学生宾牟贾,说起《大武》"乐"时问了几个问题。孔子问:"《大武》表演开始前长时间的击鼓警众象征什么?"宾牟贾答:"象征武王担心伐纣得不到众诸侯的支持。"问:"《大武》乐的曲调漫长,绵延不绝,这又象征什么?"答:"象征武王担心诸侯率兵赶不上参加战斗。"又问:"舞蹈一开始就威武雄壮地举手顿足,这象征什么?"答:"象征战斗应该抓住战机,速战速决。"再问:"《大武》舞的跪姿是右膝着地,左膝抬起,这象征什么?"答:"《大武》是没有跪这个动作的。"还有:"《大武》乐中杂有很多商声,为何?"宾牟贾肯定地回答:"这根本就不是《大武》乐之音。恐怕是乐官传授有差错。如果不是乐官传授有差错,那就是武王有贪商之念。"① 在这里,我们可以看到在以宾牟贾为代表的很多人眼中,《大武》"乐"塑造了周武王一心"觊觎"天下,唯恐在武力上战胜不了商纣王的形象,甚至说武王是一个"事前没有计划"(担心战争打响却得不到诸侯支持)、"信心不足"(一定要等到诸侯之军队集合)、"得势就要速战速决"之人,故而在《大武》中也表现出"贪商"之意。这种误解颇深,夫子感叹说,"是啊,苌弘也这么说",包含着对这种误解的遗憾。宾牟贾意识到自己的理解有问题,便反过来请教孔子。至春秋战国之际,礼乐崩坏,对《大武》乐的误解很普遍,其错也不全在学生身上,孔子用"吾子"称呼宾牟贾也表达出一种亲近的情感。

　　《大武》究竟如何体现武王德行之"善"呢?首先,"乐"是代表成功事业的。"成",郑注"谓已成之事也",《大武》之"成"并非只是"得天下"之结果,更在于"乐"之所象乃"武王"之成就。如果从中看到一个"贪图名利"的"武王"形象,明显是不合理的。其次,既然"乐"是重现当年"武王"之德行事功,

---

① 对前述引文的译文根据《礼记译注》修订,参见杨天宇:《礼记译注》,第497—502页,下同。

那其中细节更应该细细厘清，每一个细节都应该反映出"武王"的周密考虑和崇高品行（参见前文对《武王克商》的描写）。如《大武》表演到最后，舞者都"跪了下来"，这象征周公、召公治国以文治替代武功，而"分夹而进，事早济也，久立于缀，以待诸侯之至也"，是武王向诸侯证明既非"好战"亦非"贪商"。《大武》"乐"要回归历史之中来理解，否则就会产生如宾牟贾的误解。在文献记录中，"武王战胜了商纣王，来到了殷都，未等下车，就把黄帝的后代封于蓟，把帝尧的后代封于祝，把帝舜的后代封于陈。下车以后又封夏禹的后代于杞，把商汤的后代安置于宋，整修了王子比干的墓，把箕子从牢中释放出来，让他去寻访商代的礼乐之官并且官复原位"，这就是无心"贪商"的直接证明。紧接着，武王"为民众废除了商纣王的苛捐杂税，为一般士人成倍地增加俸禄。然后渡过黄河向西，把驾车的马放牧于华山南面，表示不再用它们拉战车；把牛放牧于桃林的原野，表示不再役使它们；把兵车铠甲盖好包好以后，收藏到府库里，表示不再使用它们。把干戈等武器倒放，用虎皮包裹起来。把带兵的将帅封为诸侯，这些诸侯在东郊习射时，奏《狸首》之曲；天子在西郊习射时，奏《驺虞》之曲。（这样就把射箭与战争分开了）战场上那种穿透铠甲的射箭停止了。大家都穿上了礼服，戴着礼帽，腰插笏板，而勇士也不身带佩剑了"，这表现出武王止息战争，行休养生息之政。最重要的是，武王复归对祖先、神灵的尊重，要求"天子在明堂祭祀祖先，然后民众就懂得孝道了。诸侯定期朝见天子，然后君臣关系就明确了。天子亲自耕种籍田，然后诸侯就懂得敬天、孝祖了。这五件事，是对天下进行教化的重大举措"。这向下看是"兴天下"的教化，对着商纣王离经叛道、反抗传统的形象而言，武王重新恢复了对于宗法、神灵的崇敬，恢复了对传统的敬畏。这些教化能够形成潜移默化、持之以恒的作用，故《大武》才使观众有了如宾牟贾所言"迟而又久"的感受。虽然我们跳过了很多内容，但从以上对孔子言教的梳理中，《大武》所透显出的武王德行，足以让观众获得启发和明确的德行指引。对正义的坚持、对战争的反对，教化、育养天下之仁政，都能令观众回味无穷。郭店楚简《性自命出》有言："凡声其出于情也信，然后其入拨人之心也够。闻笑声，则鲜如也斯喜。闻歌谣，则陶如也斯奋。听琴瑟之声，则悸如也斯叹。观《赉》、《武》，则齐如也斯作。观《韶》、《夏》，则勉如也斯敛。"[①]这可以算对《大武》的准确总结了。只可惜《大武》终究是一部描述战争的"乐"，战争的不义，使《大武》只能称为"尽美"，而不能称为"尽善"。

这里需要补充一点，学界对《大武》乐中"贪商"的讲法有一些争议。我们看到前文引宾牟贾讲的"贪商"其实是延伸义，是有人将《大武》中有"商"色彩的艺术形式作为武王图谋政权的隐喻。但问题在于，所谓"商"色彩的艺术形式具体指什么呢？关于这一点，学界聚讼纷纭，有讲"商声""商音""商颂"，也有讲"商"之祭祀乐制。我们可以将"商声""商音""商颂"大致归为一类：讲"商声"指五声调式里的"商"，没有"商声"其实就是宫、羽、角、徵的早期四声调式；讲"商音"是说没有"商调式"，传统一般讲十二律音高配五声调式，如"黄钟宫""大吕

---

① 李零：《郭店楚简校读记》，第137页。

角"等，但少见有"商调式"的说法，这里多少有些概念错用的嫌疑；讲"商颂"，其实也算是讲"商音"，如前所讲"音"本就包含诗辞、文辞一类，而在《大武》"乐"中出现《商颂》的内容不见得就能引起"贪商"的联想。以上都可以算是内容性的艺术形式，但如果讲《大武》乐涉及"商"之祭祀礼乐，就是另一类，就关乎《大武》乐表演形式之上的内容。一般讲，商周之际"德"的观念不断凸显，祭祀传统逐渐弱化，故而以商文明作为祭祀文明的余晖，讲商乐也是强调其祭祀形式和祭祀作用。虽然我们可以在引文中看到类似"非武坐"等作为某种仪式形态的讲法，但其所指却并不必含有祭祀的意味，故而也不必过度解读。

通过对《大武》乐的对照分析，我们对以"和"为原则、以通向自然秩序的"美"和通向人伦纲常的"善"为教化指引的"乐言"，有了更加贴切的领会。在下一节中，我们将对第三、四章讨论所共同指向的"乐教"问题做一个总结。

三、"乐教"的实践与效力

除《宾牟贾篇》之外，《乐记·乐象篇》也对《大武》乐做了点评，其谓，"乐者，心之动也；声者，乐之象也"。《礼记正义》孔颖达疏："'乐者，心之动也'者，心动而见声，声成而为乐，乐由心动而成，故云'乐者，心之动也'。'声者，乐之象也'者，乐本无体，由声而见，是声为乐之形象也。"[①] 从"心动"到"声成"

---

① 郑玄注，孔颖达疏：《礼记正义》，第1298页。

再到"为乐",又从"乐象"到"见声"再到"动心",这种往复式的解释体现着"心"与"乐"以"声"为媒介的互动关系。不单《大武》"乐"如此,我们在第三、四两章围绕"乐"展开讨论的"作乐""奏乐""赏乐""乐言"等问题,都强调"乐"由"心动"产生、"乐"由"声"来实现。正因为这种密切的交互关系,"乐"才有"立人""生民"的教化功能,成为实践工夫的指引,归根结底就是"乐以成教"。所以,《乐记》接着就说,"……是故情见而义立,乐终而德尊,君子以好善,小人以听过。故曰:生民之道,乐为大焉"。"情见而义立"是说"乐"展现的是历史情节,树立的是其背后透显的价值导向和工夫指引;"乐终而德尊"是说观赏"乐"最终落向对德行的尊崇,尊重德行,甚至尊重德性,是商周之际人文精神世界的重大转变;"君子以好善,小人以听过",孔颖达解君子、小人为位尊者、士庶,这是说"乐"传递出对善恶判断的标准,这并不是说"乐"成为一种他律道德的准则,而是说在"乐"的言说中形成对善恶判定的心灵契合。总而言之,"乐以成教"的"教"主要还是落在对"人心"本有的价值意义的觉醒上,期以对情志的感染和熏陶来实现对人行为的劝勉与规范,最终实现道德主体的自我挺立。本节就通过讨论(一)"乐以成教"之概念的证立、(二)"乐"形成教化的"效力"及"表现"这两个问题,明确"乐教"的基本形态,也对三、四章的讨论做一个小结。

在传统文献中,"乐教"一词的使用较早出现在《礼记·经解》中,其言:"广博易良,乐教也。"孔颖达在《礼记正义》中解释道,"'广博易良,乐教也'者,乐以和通为体,无所不用,是广博简易良善，使人从化，是易良"，这是说以"和"贯通自然秩序而见"乐"之广博，能影响人心、启发善端、化民成俗便是"乐"之易良；又讲，"'诗'为'乐'章，'诗''乐'是一，而教别者，若以声音、干戚以教人，是'乐'教也；若以'诗'辞美刺、讽喻以教人，是'诗'教也"①，这里讲了"乐教"在艺术形式和思想内容上的表里问题，如传授"乐器"的使用、"音律"等，是狭义的"乐教"。"诗""乐"是一，就是强调广义的"乐教"包含着义理教化的面向。总之，我们讲的"乐教"一词，其实是"乐以成教"或者"以乐为教""以乐教化"的简称，是利用"乐"所具有的"和通为体，无所不用"之特质，使人更加容易地"从化"而达至"良善"，《性自命出》谓"《赉》《武》乐取，《韶》《夏》乐情"，此处的"取""情"二字便是"乐"教化的结果。②

相较于"乐教"一词，以"乐"为"教"的讲法在《尚书·尧典》中已出现过，文见："帝（尧）曰：夔！命汝典乐教胄子，直而温，宽而栗，刚而无虐，简而无傲。诗言志，歌永言，声依永，律和声。八音克谐，无相夺伦，神人以和。"这里是讲，帝尧告诉掌管"乐"的大臣夔，说："（我）授你用'乐'来教导宗亲子弟的权力，使他们的品行正直而温和、心胸宽大而谨慎、刚强而不暴虐、说话精练而不骄傲。通过诗来表达内在的情志，歌来抒发辞章未尽的情怀，曲调作为情绪抒发的途径，音律作为规范曲调的标准。一旦他们能够达到令所有乐器的声音和谐，纲纪伦常就

---

① 郑玄注，孔颖达疏：《礼记正义》，第1598—1599页。
② 在"先王"看来"乐"之为"教"如同"民之寒暑也，教不时则伤世"（《乐记》），"教"之恰当则人伦昌明，反之则纲纪败坏。

可以在他们心中树立起来，神和人也就能相安无事。"帝尧委夔以"培养宗亲子弟"之重任，既是对大臣夔的信赖，更是对"乐"的教化能力的看重。可以说，帝尧勾勒了"乐"之为"教"的培养次第，这是由"人格塑造"进至"人伦纲纪树立"再通向"神人以和"境界的过程。这个过程是由内在的修身，向着外在的"和天下"的逐步推进，也可以说是"内圣外王"的基本形态。我们可以借用孔子与子路的一段故事，再分析一下"乐以成教"在"修身"层面的表现。

《论语·先进》记："子曰：'由之瑟奚为于丘之门？'门人不敬子路。子曰：'由也升堂矣，未入于室也。'"这段文字讲的是"子路鼓瑟"的事，《孔子家语·辨乐解》对这一事件的记录更详细，其曰：

> 子路鼓瑟，孔子闻之，谓冉有曰："甚矣由之不才也。夫先王之制音也，奏中声以为节，流入于南，不归于北。夫南者，生育之乡；北者，杀伐之域。故君子之音，温柔居中，以养生育之气。忧愁之感，不加于心；暴厉之动，不在于体。夫然者，乃所谓治安之风也。小人之音则不然，亢厉微末，以象杀伐之气。中正之感，不载于心；温和之动，不存于体。夫然者，乃所谓乱亡之风也。……今由也匹夫之徒，曾无意于先王之制，而习亡国之声，岂能保其六七尺之体哉？"冉有以告子路。①

---

① 宋立林：《孔子家语译注》，第479页。

孔子听了子路鼓瑟，对冉有说："子路是不太懂这段乐曲啊！圣王制定音律是以中和为标准，律制之所以向南流传而未复归于北，是南方主生养而北方主肃杀之故。由此了解便可知，琴曲之要在于保养生生之德，一味地杀戮讨伐就成了小人的行径。……子路这样忽略先王之制，弹奏亡国、杀伐的乐曲，又怎么保养自身呢？"在这段对话中，孔子认为"乐"的修身工夫有两点要注意：首先，不要随意弹奏杀伐乐曲。《史记·乐书》中讲："故舜弹五弦之琴，歌《南风》之诗而天下治；纣为朝歌北鄙之音，身死国亡。舜之道何弘也？纣之道何隘也？夫《南风》之诗者生长之音也，舜乐好之，乐与天地同意，得万国之欢心，故天下治也。夫朝歌者不时也，北者败也，鄙者陋也，纣乐好之，与万国殊心，诸侯不附，百姓不亲，天下畔之，故身死国亡。"北音表现纣王好战而不得民心，南音则表现舜弘扬生生之德行，两相比较则前者是小人之好勇斗狠，后者显示出君子对百姓之保养。其次，子路总因"好勇斗狠"而受到孔子的批评，此处子路又把"好斗"的性格表现在"鼓瑟"之中，以"亢厉微末，以象杀伐之气"引动身心"忧愁之感、暴厉之动"，足见子路不知如何以"乐"养身，孔子对着冉有说子路"习亡国之声，岂能保其六七尺之体哉"，也是间接地规劝子路以恰当之"乐"修养人格。以"乐"修养人格之实践因人而异，子路好勇斗狠，就需要借助柔和之音抚平之。如此看来，"乐教"也有一套"因材施教"的规范，这套规范要在主体与"乐"的互动中落实。

《乐记》就从"音（乐曲）"层面上，强调了不同类别的乐曲会对人造成不同的影响：

夫民有血气心知之性，而无哀乐喜怒之常，应感起物而动，然后心术形焉。（一）是故志微、噍杀之音作，而民思忧。（二）啴谐、慢易、繁文、简节之音作，而民康乐。（三）粗厉、猛起、奋末、广贲之音作，而民刚毅。（四）廉直、劲正、庄诚之音作，而民肃敬。（五）宽裕、肉好、顺成、和动之音作，而民慈爱。（六）流辟、邪散、狄成、涤滥之音作，而民淫乱。①

"音（乐曲）"对人能产生影响，是基于人之性有"血气心知"的一面，即有"生之自然之质"的一面。《礼记正义》有言："人由血气而有心知，故'血气''心知'连言之，其性虽一，所感不恒"，"血气心知"之性尤其容易受到外物感动而变化，面对乐曲中高亢的声音、激烈的旋律，人很自然地会去激动、去活跃。《礼记正义》又曰："术，谓所由道路也。形，见也。以其感物所动故，然后心之所由道路而形见焉。"所谓"心术"，即"心"所行迹之道路、表现，可由外物引动而形成。乐曲此时既为外物，便能够引出"心"的反应。《乐记》总结这些反应并归为六种不同类型，就是六种不同类型的"音"引动"心"的六种不同反应。引文中的受众主体是"民"，这强调的是一种普遍性，也是说六种类型的反应是有其实际使用价值的。正是基于这种普适性的表现，"乐教"才得以建立，所以《乐记》说，"是故先王本之情性，稽之度数，制之礼义，合生气之和，道五常之行，使之阳而不散，阴而不密，刚气不怒，柔气不慑，四畅交于中，而发作于外，皆安其位，而

---

① 文中序号为笔者所加。

不相夺也"，这也是将这六类反应作为人的基本情性、情实。基于对"音"影响人情感、塑造人情性等效用能力的把握，圣人以"乐"为教，在不同的影响关系中择优而取，期以通过"乐"使受众达到"刚气不怒，柔气不慑"的状态，以此完成教化的目的。既如此，如何在"奏乐"过程中，以"乐"中不同的艺术形式，形成对受众性情的修养与辅助呢？《乐记》中"子贡见师乙"一段，与这一问题直接相关：

> 子贡见师乙而问焉，曰："赐闻声歌各有宜也，如赐者宜何歌也？"师乙曰："乙，贱工也，何足以问所宜？请诵其所闻，而吾子自执焉。宽而静、柔而正者宜歌《颂》。广大而静、疏达而信者宜歌《大雅》。恭俭而好礼者宜歌《小雅》。正直而静、廉而谦者宜歌《风》。肆直而慈爱者宜歌《商》。温良而能断者宜歌《齐》。夫歌者，直己而陈德也。……明乎商之音者，临事而屡断；明乎齐之音者，见利而让。临事而屡断，勇也。见利而让，义也。有勇有义，非歌孰能保此？"

子贡问师乙："我听说唱诵诗歌要因循个人的性情，（那您说说）像我（子贡）这样的人，应该怎么选歌？"《礼记正义》孔疏曰："是欲令师乙观己气性，宜听何歌也。"[①] 子贡之问，间接地请师乙指点他在性情上的缺点，并提供救治良方。对此，师乙答道："我就是一个普通的乐师，怎敢品评您的得失、给您指点方向？但

---

① 郑玄注，孔颖达疏：《礼记正义》，第1338页。

我倒是听说一些方法，我来讲一下，请您自己决定吧。"师乙解释了与六种唱诵内容对应适宜的六种性情，以"广大而静、疏达而信者宜歌《大雅》"一句为例，《礼记正义》谓："广大，谓志意宏大而安静。疏达，谓疏朗通达而诚信。《大雅》者，歌其大正，故性广大疏达，直歌《大雅》，但广大而不宽，疏达而不柔，包容未尽，故不能歌《颂》。"这里包含两层含义：其一是说人之性情若有"广大、疏达"的状貌，便符合《大雅》的歌诵气象，而性情能与诗歌相符，表演时就更容易表现出诗歌中的情感，诗歌中的情感也更能够引发相应性情的感动；其二是说自《风》至《小雅》《大雅》《颂》，具有在德性境界上的次第差异（后有对"故宜歌诸侯之《风》，未能听天子之《雅》矣"等文段的疏解），因此，在修养工夫上可自《风》而《颂》不断向上升进，后文讲"夫歌者，直己而陈德也"，也是强调唱诵诗歌要比照着自家修养的次第来看。总之，"奏乐"是一种巩固而后精进的修身工夫，应己之情而歌颂相应德行是"巩固"，一步步提升对德行之要求是"精进"。同时，师乙犹以《国风》中的"商""齐"之声为例，突出了"乐"所能体现之最基本的"勇""义"两种德性，如《诗经·齐风·还》谓，"子之还兮，遭我乎峱之间兮。并驱从两肩兮，揖我谓我儇兮"，其意为"你是那样的矫健啊，与我在峱山前相遇，并马一齐追赶那两只野猪，你拱手揖让，称赞我打猎的技艺高超"，这是一种基于"辞让"的勇敢德行。"齐乐"虽不得流传至今，但我们可以比照《大武》"乐"的气象，对"齐乐"的教化之功加以想象。

以上，我们以"赏乐""奏乐"之特殊形式为例，来说明"乐以成教"是一个丰富而细致的系统。每一位"乐教"的实践者，都像"孔子学琴"一般,经历"了解""熟悉"而达致"精通"的过程。在"乐"的不同阶段(如"作乐""奏乐"及"赏乐"等)中,"乐教"的实践者能够获得不同程度、不同面向的德性修养(如自"风"至"小雅""大雅"达到"颂",甚至是《大武》《箫韶》等"尽善尽美"之篇章),这便是"乐以成教"。正是因为"乐"表现出对个人道德修养、实践工夫的指引能力,才有了"乐"在"移风易俗"、德育百姓等方面的运用,"乐以成教"也由"客观性"发展出"普遍性"。《乐记》谓"乐也者,圣人之所乐也,而可以善民心,其感人深,其移风易俗,故先王著其教焉",既然"乐"可以善民心,圣王就用"乐"来正"人伦纲纪"。

"乐"对人之性情的修养能达到什么程度呢?这是本节讨论的第二个问题,即"乐"形成教化的"效力"。对这个问题的讨论,《乐记》言之有二:

> 是故君子反情以和其志,广乐以成其教。……是故情深而文明,气盛而化神,和顺积中,而英华发外,唯乐不可以为伪。

> 故君子反情以和其志,比类以成其行。奸声乱色,不留聪明;淫乐慝礼,不接心术;惰慢邪辟之气,不设于身体。使耳、目、鼻、口、心知、百体,皆由顺正,以行其义。

这两段话皆起于"君子反情以和其志"一句,我们做一个尝试性的调整,将段二内容插入段一之省略处,合为:"是故君子反情以和其志,广乐以成其教,比类以成其行。奸声乱色,不留聪明;淫乐慝礼,不接心术;惰慢邪辟之气,不设于身体。使耳、目、鼻、口、心知、百体,皆由顺正,以行其义。是故情深而文明,气盛而化神,和顺积中,而英华发外,唯乐不可以为伪。"如此,则形成一个自"声"至"乐"、自"感知"到"心灵"的"以乐修身"之过程的表述。统言之,反去淫弱之情理,以调和其善志;比拟善类,以成己身之美行;不使奸声乱色留停于耳目,令耳目不聪明;不使淫乐慝礼而连接于心术,谓心不存念;以耳目心术所为皆善,则怠惰邪辟之气无由来入,邪辟之气不施设于身体,则耳目口鼻想知虑百事之体,皆从和顺,以行其正直义理。久而如此,则"志起于内,思虑深远","言之于外,情由言显",继而,"思念善事日久,是和顺积于心中,言词声音发见于外,是英华发于身外"。[①] "乐"能使人真诚地、如如地表达出内心之善,使人由本心、仁心而行,而非是强制人去行使仁义。由此亦可知,"乐以成教"并非法律制度一般,以外在律令的形式规范、约束人怎么做。

那么"乐以成教"之所谓"移风易俗"又是什么意思呢?《乐记》也有多处说明:

> 律小大之称,比终始之序,以象事行,使亲疏、贵贱、长幼、男女之理,皆形见于乐,故曰:"乐观其深矣。"

[①] 郑玄注,孔颖达疏:《礼记正义》,第1297页。

是故先王有上有下,有先有后,然后可以有制于天下也。

故乐行而伦清,耳目聪明,血气和平,移风易俗,天下皆宁。

按孔颖达疏解,文段一所讲"大小"之称,是"以作钟之法,须小大称宜",所讲"终始"之序,是"祭天祭地,皆有降神,独引宗庙降神者"。"乐"中所有的规制,都是将人伦纲纪之理投射到艺术形式之中,这就足以知道"乐"之精深所在。文段二是说人天生就有品行的高下差异,先王使其尊卑得分,应和自然之理,同时将这种已有之理表现在"乐"中。由以上两段描述,可进至文段三,"乐"之所以能使伦类清明,是依靠"乐"来巩固人伦纲纪中的当然之理,让邪曲之音远离百姓伦常日用,如此人就能耳目清明、血气和平。既然"血气和平"中"血气"二字乃是生之自然之质,所以它易被外物引动。若想追求"血气"平和而不受外物侵扰,可以依靠"乐"中无邪曲之音、无邪曲之理来干预,引导"血气"平和之气得到表现。这也印证了"乐"之"教"在于使人表现其本于内心之"理""德",而非强制的外在规范、律令。

需要补充的是,有学者依据《乐记》的"论伦无患,乐之情也。欣喜欢爱,乐之官也。中正无邪,礼之质也。庄敬恭顺,礼之制也。若夫礼乐之施于金石,越于声音,用于宗庙社稷,事乎山川鬼神,则此所与民同也","及夫礼乐之极乎天而蟠乎地,行乎阴阳而通乎鬼神;穷高极远而测深厚",以及《周礼·春官宗伯》的"凡六乐者,文之以五声,播之以八音。凡六乐者,一变而致羽物及川泽之示,再变而致裸物及山林之示,三变而致鳞物及丘陵之示,四变而致毛物及坟衍之示,五变而致介物及土示,六变而致象物及天神"等文段,认为"乐以成教"主要依赖"乐"具有通天通地之宗教性。这种宗教性是值得肯定的,它至少带来一种内在的敬畏,但如果以宗教性为主,那这种理解还是容易引起误会。就第一段文本而言,"乐"是仪式中必不可少的组成部分,其功能有三:其一,祭祀中要歌颂"与祖宗、神祇相匹配的德性、德行",而"乐"中分歌"风""小雅""大雅""颂"等,就是从德行相配的角度表达对祖先的敬重;其二,通过"乐"重新展现祖宗的德行事迹,是以祭祀仪式的方式教化参与者,形成一种熏习;其三,在琴、瑟等乐器的伴奏中,吟咏祖先神灵的德行来召唤他们的降临,对德行的赞美,逐步形成了对民族精神的塑造,更形成了文化的共同体。

第二段文字是对先圣先贤以天地之理入"乐"之过程的描述,与前引子夏所谓"夫古者天地顺而四时当,民有德而五谷昌,疾疢不作而无妖祥,此之谓大当。然后圣人作为父子君臣,以为纪纲。纪纲既正,天下大定。天下大定,然后正六律,和五声"的表述相近。最后一段文字记述的是演奏"乐"的仪程。据《周礼注疏》的讲法,"变"是"乐成则更奏"①,就是再次演奏一遍。整句来看,是说自"川泽"至"天神"皆是天地间之事物,凡天地间之事事物物都满足"同声相应、同气相求"的原则,所以"乐"就能引动天地万物,而多次的演奏也可以充分感动世间事物。综上,我们解释"乐"中的宗教性不应过于神秘化,而对"乐以成教"

---

① 郑玄注,贾公彦疏:《周礼注疏》,第687页。

的理解也不必强加于祭祀宗教的说法之上。①

通过分析"乐以成教"在修养性情、移风易俗,乃至祭祀宗教等不同层面的作用方式,我们基本完成了对"乐教"形成教化之"效力"及"表现"的探讨。与"由人心生之"的理论解释一脉相承,"乐"的教化也是落在修养、辅助"人心"之德性上,它是帮助接引人心本有之德,期以达到"由仁义行"的效果。当然,熏习的教化也具有一定的强制性。王庆节认为儒家伦理具有"示范性",从这个角度看,学子、士人研习"乐"的初期,必定有模仿学习、强制训练的过程。保证和实现这个学习、强制过程的,是"乐教"所具有的客观制度基础,也就是一般意义上的"乐制",这是我们下一章讨论的重点之一。

通过前一章对"乐的实现"和这一章对"乐教的效力"的解释,"作乐""奏乐""赏乐"及"乐之所言"贯通一气,组成一个完整的"乐教"理论系统。这个"乐教"的理论系统自始至终围绕一个逻辑起点,即"乐由人心所生"。"乐"既由"人心"生,便不能流于物而使之物化,故《乐记》曰:"乐者乐也。君子乐得其道,小人乐得其欲。以道制欲,则乐而不乱;以欲忘道,则惑而不乐。""物化"之"乐"便为"小人"之"乐","乐(音yuè)"亦不再是"乐(音 lè)"而是"惑"。"惑"则不能"由仁义行",故子曰:"人而不仁,如乐何?"所以,在下一章的讨论中,我们将围绕"乐以成教"的核心精神,展开对"礼乐崩坏"

---

① 根据文本归纳,但凡谈及带有原始宗教色彩的段落,多半是"礼""乐"连用。而兼谈"礼""乐",便是站在"礼""乐"之上,将"礼""乐"作为天地万物之一来讨论。

之究竟的探索，寻求"克己复礼归仁"而"兴于诗，立于礼，成于乐"的出路。在讨论"成于乐"之前，首先要解释的就是"乐制"的问题。

第五章 "乐制"与"人心":
"乐以成教"之核心的抉择

　　根据上一章的论述,"乐"能够对受众的身心产生教化与引导,"赏乐"能够培养人内心本有之"和",并加深对于"美"和"善"的体证。为了保障、完善"乐"对"人心"的教导,"乐"的成教逐步形成完整的规范与制度,可以泛称为"乐制"。但"乐制"的确立并未促进"乐教"的延续与传承,面对"礼乐"文明的崩坏,孔子慨叹曰:"礼云礼云,玉帛云乎哉?乐云乐云,钟鼓云乎哉?"我们不禁产生疑惑,制度究竟在何种程度上能保证教化的效力?教化又究竟指向何处?

　　既然建立"乐制"是保障"乐教"效力的一条路径,我们不妨通过《周礼》《礼记》等书中的相关记录,总结一下"乐制"建立背后的理论设计。在第一节的讨论中,我们继续沿用"赏乐""奏乐""作乐"三分的结构,对应解释"学校""乐官""采风"等三种"乐制",完成对"乐制"建立及乐职分工意图的说明。

　　"乐制"的建立并未保障"乐教"的传承,这一点也值得深思。在第二节的讨论中,我们亦将通过"赏乐""奏乐""作乐"三分的结构,分别展示"乐制"在现实施行的过程中所面对的危机。面对礼坏乐崩的社会环境,孔子建立以"克己复礼归仁"和"兴于诗、立于礼、成于乐"互为表里的儒家"乐教"观念,期以化解、对治"乐制"所面对的种种危机。

参照孔子的乐论，本章第三节的讨论将重构墨、荀、道等先秦诸子在乐观念上的争论，并通过四家论辩，对先秦乐教做一总结。

一、"乐制"："乐教"制度化的建立

"乐之成教"为什么要诉诸"制度"呢？嵇康说："是以古人知情不可放，故抑其所遁；知欲不可绝，故自以为致。故为可奉之礼，致可导之乐。"① 简言之，节制"人情"之放（失）的"乐"应该遵循规矩而创作，这"规矩"从"乐"的角度看，便是有关"乐"之制度，或称之为"礼乐"。② 嵇康的这一讲法，讲出

---

① 蔡仲德：《〈礼记·乐记〉〈声无哀乐论〉注译与研究》，武汉：崇文书局，2023年，第216页。

② "乐"诉诸制度保障是"礼""乐"连用的起点，徐复观先生在《中国艺术精神》第一章中讨论"礼乐"的文段就隐含着这层意思，他说："中国古代的文化，常将'礼乐'并称。甲骨文中，没有正式出现'礼'字。以'豊'为古'礼'字的说法，不一定能成立。但甲骨文中，已不止一处出现了'乐'字，这已经充分说明乐比礼出现得更早。"参见徐复观：《中国艺术精神》，第1页。这里有不同形式、不同层面的表现，以《大武》"乐"的诗、曲、舞表演形式为例："乐"之形式编排可算作"乐"结构之"礼"，包括舞步进退、曲调升降、诗诵节奏等；"乐"之演奏调度可算是"乐"演奏之"礼"，包括乐官职责、指挥命令、道具服饰等；"乐"之内容透显出社会礼法之"礼"，包括天子诸侯进退之据等；甚至，"乐"所逼显出的天地、人伦之"理"，也可算作"乐"转出之"礼"的形上一层含义。对"礼乐"关系转变的讨论，又参见王顺然：《"乐崩"现象的背后："大乐教"到"小乐事"转向中的"学统"再造与礼乐关系重构》，《孔子研究》2022年第1期，第106页。

了乐制建立的缘由，我们要讨论的制度问题，也是基于这一讲法而来。

根据前文讨论，"乐制"需要保证"赏乐""奏乐"和"作乐"三个过程能够有序地进行：从"赏乐"的角度看，能够保证"乐"之诗、曲、舞等可以被恰当地理解、领会，这就是"学校"制度；从"奏乐"的角度看，能够保证典乐演奏时乐师之间的调度协调，这就是"乐官"制度；从"作乐"的角度看，能够保证乐师谏言议政等权力的实施，这就是"采风"制度。为了能够将这些制度较为真切地展现出来，我们可以设想一位修习"乐教"的小童，通过他学习"赏乐"的过程，看看"学校"制度的运行；通过他经历的祭祀"奏乐"场景，看看"乐官"制度的分工与协调；通过他如何被举荐、选拔并参与国家政治事务，看看具有"作乐"职能的乐官如何采风、议政。我们尝试通过分析《周礼》中《春官宗伯》《地官司徒》等篇目、《礼记》中《文王世子》《王制》《学记》等篇目[①]，重现小童在修己以成圣的过程中，所经历的"乐制"，分疏"乐制"的建立与设计初衷，对"乐制"有一个系统的认识。

欲了解"小童"如何通过学校教育获得对"乐"的鉴赏能力，首先要对"学校"制度做一个简要的说明。一般来说，到周代渐

---

① 关于《周礼》《礼记》等相关文段的成书问题，很多专书、专文都有所讨论、说明，《周礼》《礼记》虽然成书较晚，但其中文字的形成应早于成书，所记录的制度应该早于文字的形成，制度的最终形成又需要很长的沉淀过程，因此难以依靠有限的文献考据给出确定的时间。限于篇幅及讨论内容的相关性，我们不必在此过多说明，讨论时，我们只选取特定的制度说明特定的情况即可。

渐形成的"学校"制度在等级上可分为"国学"和"乡学"两级，教学内容可分"童蒙""小学"和"大学"三个阶段，学校规模则分为"小学""大学"两种。[①]《礼记·内则》见：

> 六年，教之数与方名。七年，男女不同席，不共食。八年，出入门户及即席饮食，必后长者，始教之让。九年，教之数日。十年，出就外傅，居宿于外，学书计。衣不帛襦袴。礼帅初，朝夕学幼仪，请肄简、谅。十有三年，学乐诵《诗》舞《勺》。成童，舞《象》，学射御。二十而冠，始学礼，可以衣裘帛，舞《大夏》，惇行孝弟，博学不教，内而不出。[②]

此处所谓"十有三年，学乐"，是对照贵族子弟入"小学"（"小

[①] 此一段解释众说纷纭，依所见文献有：马宗荣《中国古代教育史》(1942)论"周代学制与教育"、陈东原《中国古代教育》(1931)论"所谓庠序教育"、林琳《中国古代教育史》(2006)论"夏商西周时期的教育"等七种。就"学习阶段三分""入学时间"及"小学"学习内容等问题从马宗荣说，参见马宗荣：《中国古代教育史》，贵阳：文通书局，1942年，第47—48页。

[②] 郑玄注，孔颖达疏：《礼记正义》，第1012—1013页。后文为："三十而有室，始理男事，博学无方，孙友视志。四十始仕，方物出谋发虑，道合则服从，不可则去。五十命为大夫，服官政。七十致事。凡男拜，尚左手。"可与孔子"吾十有五而志于学，三十而立，四十而不惑，五十而知天命，六十而耳顺，七十而从心所欲，不逾矩"（《论语·为政》）所列出的年龄，做一对应。

学在公宫南之左"①)的时间来讲的②,泛指从"童蒙"升入"小学"学习的时间。也就是说,"小童"经过六岁辨识器物、七岁知男女有别、八岁辞让长者、九岁了解纪年计时、十岁开始学习文字书写和识字读书等一系列准备之后,在十三岁左右开始正式接触"乐"。学前的"小童"尚处于"识物"阶段,如果看到外物能识辨就是聪明,如果在师长的教导下能知男女有别、辞让长者等,就是乖巧,所以称之为"童蒙"。"童蒙"可以在临近的"家塾"③中进行,方便父母与之亲近及照看。这个时候,"小童"的学习内

---

① 《礼记·王制》曰:"殷人养国老于右学,养庶老于左学。周人养国老于东胶,养庶老于虞庠:虞庠在国之西郊。"知"东宫南之左"当为殷制"小学",属"国学"。参见马宗荣:《中国古代教育史》,第50页。

② 一般说"太子"八岁之前为"童蒙",八岁入"小学",十五岁入"大学",《白虎通》曰:"八岁入小学,十五岁入太学是也。此太子之礼。"公卿之太子、大夫之元氏嫡长子十三岁入"小学"(合《内则》之论),二十岁入"大学",《尚书大传》曰:"公卿之太子,大夫之元氏嫡长子,年十三始入小学,此王子入学之期也。"中下官吏之子弟到了十五岁才可以入"小学",十八岁入"大学",《尚书大传》亦曰:"十五入小学,十八入大学。"平民之子,经过三层选拔后,也可能到"小学"里学习。

③ 《礼记·学记》云:"古之教者,家有塾,党有庠,术有序,国有学。'家有塾'者,此明学之所在。"《周礼》:百里之内,二十五家为闾,同共一巷,巷首有门,门边有塾,谓民在家之时,朝夕出入,恒受教于塾,故云"家有塾"。《白虎通》云:"古之教民者里皆有师,里中之老有道德者,为里右师,其次为左师,教里中之子弟以道艺、孝悌、仁义也。""党有庠"者,党,《周礼》谓五百家也。庠,学名也。于党中立学,教闾中所升者也。"术有序"者,术,遂也。《周礼》:万二千五百家为遂。遂有序,亦学名。于遂中立学,教党学所升者也。"国有学"者,国,谓天子所都及诸侯国中也。《周礼》:天子立四代学,以教世子及群后之子,及乡中俊选所升之士也。而尊鲁,亦立四代学。余诸侯于国,但立时王之学,故云"国有学"也。参见郑玄注,孔颖达疏:《礼记正义》,第1227页。

容应该为"六甲、五方、书计之事始知室家长幼之节"①。后来转变为"洒扫应对进退之学"②。一旦进入"小学"学习,"乐"便成为各种学习内容的载体:"乐"中不同的艺术形式、元素,如诗、曲、舞等,就是其学习的科目,由此逐次向外辐射教授"礼""射""御"等内容。③ 以"舞"为例,儿童时学习"勺舞"④、青春期学习"象舞",待到二十岁左右学习"大夏舞"。这种循序渐进的过程,符合一个人身体、心灵的成长状况。⑤ 与"舞"类似,"诗""曲"等方面的训练,也同样表现为由简而繁的发展过程。

需要补充的是,"小童"在"小学"的学习过程中,也要经历一系列的达标考核,被称之为"中年考校"。在"乡学"中就是"乡遂大夫考校其艺",在"国学"中则会有专门负责考核的老师。孔颖达说:"非惟乡人所教如此,王子公卿之子亦当须教,其不肖者亦当退之。"⑥ 这种"中年考校"是对"小童"在"小学"

---

① 此为《汉书·食货志》记周室先王之制所言,六甲指六书,分:指事、象形、形声、会意、转注、假借;五方指方名之学;书计指书写、计算之学。参见王志民、黄新宪:《中国古代学校教育制度考略》,北京:首都师范大学出版社,1998年,第11页。
② 朱熹在《小学(序)》中说:"古者小学,教人以洒扫,应对,进退之节;爱亲,敬长,隆师,亲友之道。皆所以为修身,齐家,治国,平天下之本,而必使其讲而习之于幼稚之时。欲其习与智长,化与心成,而无扞格不胜之患也。"朱熹此处所谓"小学",当是传统"家塾"之教,在乡学中与教礼乐技艺的"小学"连在一起。
③ 参见王志民、黄新宪:《中国古代学校教育制度考略》,第12页。
④ 我们可以理解为小型体操舞蹈,适合于儿童的动作。
⑤ 打个比方:儿童之"勺舞"就好像广播体操,既可以矫正、辅助筋骨成长,又可用步伐、动作整齐等要求初步地锻炼其协调合作能力;塑造筋骨有助于身体健康,而训练协调能力,可看作是对"和"的一种培育。
⑥ 郑玄注,孔颖达疏:《礼记正义》,第474页。

学习过程中的阶段性考评。考评之重点并非是小童的表演能力，而是小童对不同艺术形式中透显出的德行、德性的领会程度。小童处于不同的学习阶段，其对"乐"的领悟程度亦不同，如《礼记·学记》说：

> 一年视离经辨志，三年视敬业乐群，五年视博习亲师，七年视论学取友，谓之小成。九年知类通达，强立而不反，谓之大成。……

由此可以看出，从"小学"的第一年开始，"离经辨志"就成为所有"小童"的学习目标。"离经"者，孔颖达谓之"离析经理，使章句断绝也"；"辨志"者，孔谓之"辨其志意趣乡，习学何经矣"。[①] 所谓"离经辨志"，便是透过对经典章句的辨析树立对德性生命的追求。学三、五、七年而所谓之"小成"，是经由"敬业乐群"（安心学业并与同学友好相处）、"博习亲师"（广泛学习并亲近老师）、"论学取友"（明辨所学之是非且以德行结交朋友）等德性生命的层层展开，次第达至"修身工夫"，这是"小学"的基本目的。[②] "小童"对"乐"中德性的领悟，既是整个"学校"教育的初衷，也为之后的"大学"教育做好了准备。有趣的是，七

---

① 郑玄注，孔颖达疏：《礼记正义》，第1227—1228页。
② 这和朱熹编写《小学》时说"后生初学，且看《小学》书，那个是做人的样子"是相一致的。正因为"小学"教育可以依靠简单的技艺传授而立"修身"学问的大体，才使其后接"大学"学习顺理成章。

年之数正是"太子"八岁到十五岁的七年[①]，可见《周礼》、《礼记》的《王制》《学记》《内则》等文献中有关"学校"教育制度的叙述是可以相互发明的。

经过一次次"中年考校"的"小童"随着年龄的增长而成为"少年"，他们要为之后的"大学"学习做准备。这些临近"大学"的"少年"，他们的学习程度，可以参照《礼记·内则》："二十而冠，始学礼，可以衣裘帛，舞《大夏》，惇行孝弟，博学不教，内而不出。"《大夏》者，帝禹之乐，《白虎通·礼乐》曰，"禹曰《大夏》者，言禹能顺二圣之道而行之，故曰《大夏》也"。演绎大禹之乐以修孝悌之行，正是我们前一章所说的"赏乐以得先王之教"。从另一个角度看，"小学"结束时，"小童"们已经由研习技艺转向德行实践，学会践行帝禹的《大夏》乐中透显出的"孝悌"德行。这比之"童蒙"时，只是听从长辈训诫而言，大大地跃进了一步。这一步的迈进，也成就了从"小学"到"大学"一脉相承的"以乐成教"的理念。[②]

以上是对"小学"教育的简单介绍，可以说在"小学"教

[①] 王应麟在《玉海·卷一百十一》上说："周之制，自王宫、国都、闾巷党街莫不有学，司徒总其事，乐正崇其教，下至庠塾，皆以民之有道德（之）老为左右师，自天子之元子、众子，公卿大夫士之适子，至庶民之子弟，八岁（按：对应贵族子弟之十三岁）入小学。教之洒扫应对进退之节，礼乐射御书数之文。十有五（按：对应贵族子弟之二十岁），进乎大学，教之致知格物正心诚意之道。"

[②] 《学记》亦曰："九年知类通达，强立而不反。"孔颖达对此句解释十分肯定，他说："九年考校之时，视此学者，言知义理事类，通达无疑。'强立'，谓专强独立，不有疑滞。'而不反'，谓不违失师教之道，谓之大成。"达到这种程度的"少年"已经就进入了"大学"学习的门径。

育——一种涵盖士人甚至平民的基础教育①——中,"乐"作为一种载体让不同技艺、规范得以传授。在经历不断地演习后,承载文化的"乐"也逐渐融入每个士人的日用伦常和道德实践之中。相较而言,"大学"教育近似为一种精英教育。在经过层层考核并通过司徒的选拔之后②,"小学"学习中出类拔萃的人才获选进入"政教合一"的"大学"学习,这些人被称作"俊士",也是邦国行政的预备人才。作为国家未来的希望,其德性的教育培养更是基础、根本。《礼记·学记》讲:

> 夫然后足以化民易俗,近者说服,而远者怀之,此大学之道也。……大学始教,皮弁祭菜,示敬道也;《宵雅》肄三,官其始也;……时观而弗语,存其心也;幼者听而弗问,学不躐等也。……大学之教也时,教必有正业,退息必有居。③

---

① 这是一种制度设计,平民的优秀子弟可以被选入国学,也间接证明他们可以在乡获得小学教育。

② "命乡论秀士,升之司徒,曰选士。司徒论选士之秀者而升之学,曰俊士。升于司徒者不征于乡,升于学者不征于司徒,曰造士。"(《礼记·王制》)就是说,被选上的小童都要上报司徒审核,这些人就被称作"选士"(被选上的人)。司徒再从这些"被选上的人"中再做筛选,优中择优,就是"俊士"(出众的人),"俊士"就可以入"大学"学习。同时,上报到司徒那里的"选士"不必在乡服役,可以进入"大学"学习的"俊士",连司徒也不能让他们服役,这就是"造士"(有才德可以造就的人)。参见钱玄、钱兴奇编著:《三礼辞典》,南京:江苏古籍出版社,1998年,第696页。贾公彦疏解"造士"时说:"乡人既卑,节级升之,故为选士、俊士,至于造士。若王子与公卿之子,本位既尊,不须积渐,学业既成,即为造士。于是大乐正之官,总论乡人造士,及王子等造士,以告于王,升诸司马,故云'大乐正论造士之秀者,以告于王,而升诸司马,曰进士',是总包乡人及王子及公卿之子学业成者。"

③ 郑玄注,孔颖达疏:《礼记正义》,第1227—1232页。

如果说通过"小学"的学习,"俊士"们已经初步掌握了具体的技艺,明确了德性修身的目标,那么"大学"的"造士"就要进一步为未来邦国行政事务培养人才,要使"俊士"能为天下之事业有所贡献,就要树立其对家国天下的责任感与担当意识,故而有"大学始教,皮弁祭菜,示敬道也;《宵雅》肄三,官其始也"之论。"俊士"进入"大学",首先要明确"化民易俗,近者说服,而远者怀之"的大学之道,进而祭拜"先圣""先师",宣告进入"道统"之学习、传承,接着就要知晓《小雅》中讲入仕志向的三首诗,树立起"君臣和睦"(《鹿鸣》)、"鞠躬尽瘁"(《四牡》)、"周爱天下"(《皇皇者华》)的政治理想①,如此"大学"学习就是纲目并举。从"小学"到"大学",学习重心的转变,带来了教学方法和状态的变化,比如,在"大学"的教学中,老师会强调"长幼有序"的规范,要求"俊士"按年纪"幼者听而弗问,学不躐等也";也会"时观而弗语,存其心也",将问题留给"俊士"独立思考,"西周大学中的活动,是一种实际训练,(注重)培养学生的实践能力"②。

　　从另一个角度看,"大学"教育是针对优秀人才的精英教育,负责设计、执行"大学"教育工作的人员也应该是国家遴选的优秀教官。"大学"的教育究竟是谁主持?教学制度是如何运作的

---

① 此三篇常见于典籍之中,例如《左传·襄公四年》:"对曰,三《夏》,天子所以享元侯也,使臣弗敢与闻;《文王》,两君相见之乐也,臣不敢及;《鹿鸣》,君所以嘉寡君也,敢不拜嘉;《四牡》,君所以劳使臣也,敢不重拜;《皇皇者华》,君教使臣曰:'必咨于周。'臣闻之,访问于善为咨,咨亲为询,咨礼为度,咨事为诹,咨难为谋,臣获五善,敢不重拜。"本章第二节将对此文段有所讨论。

② 郭齐家:《中国古代学校》,北京:商务印书馆,1998年,第21页。

呢？"学校"制度是否也区分"教学"与"考核"之不同责任呢？只从"学校"制度来看"大学"教育已经不够，既然参与"大学"教学工作的人员和参与"奏乐"活动的"乐官"直接相关，我们就可以结合对"乐官"制度的说明，逐一解答上述问题。

先来说主持、设计"大学"教育的人。《礼记·王制》曰：

> 乐正崇四术，立四教。顺先王《诗》、《书》、《礼》、《乐》以造士。春秋教以《礼》、《乐》，冬夏教以《诗》、《书》。①

总体来讲，是"乐正"编订《诗》《书》《礼》《乐》四教，以适当的科目来培养人才。"乐正"是早期乐官的名称，也是国家掌管教育的最高负责人，孔颖达谓，"乐正，乐官之长，掌国子之教"。"乐正"有"大乐正"和"小乐正"之别，奉"夔"为祖，有《虞书》为证："夔，命汝典乐，教胄子。"到了《周礼》中，大、小"乐正"便成为"大司乐"和"乐师"，《周礼·春官宗伯》所谓"大司乐掌成均之法，以治建国之学政，而合国之子弟焉"，就是解释"大司乐"（"中大夫"之职）"典乐""掌教"之双重职责。《周礼·春官宗伯》又进一步描述了"大司乐"这两重职责，它讲：

> 大司乐……以乐德教国子：中、和、祗、庸、孝、友。以乐语教国子：兴、道、讽、诵、言、语；以乐舞教国子：舞《云门》、《大卷》、《大咸》、《大韶》、《大夏》、《大濩》、《大武》。

---

① 郑玄注，孔颖达疏：《礼记正义》，第472页。

以六律、六同、五声、八音、六舞、大合乐。以致鬼、神、示，以和邦国，以谐万民，以安宾客，以说远人，以作动物。……①

"大司乐"有"掌教"的职责，他用"乐"教育国子② 具备忠诚、刚柔得当、恭敬、有原则、孝顺父母、友爱兄弟的德行，用"乐"教会国子比喻、称引古语、背诵诗文、吟咏诗文等语言技巧，用"乐"教国子学会《云门》《大卷》《大咸》《大韶》《大夏》《大濩》《大武》等舞蹈。"大司乐"亦有"典乐"的职责，他能带领众乐师用六律、六同、五声、八音和六代的舞一起配合演出，以招人鬼、天神和地神来祭祀，以使各国亲睦、民众和谐、宾客安定、远人悦服、动物繁生。可以这样说，"大司乐"培养"俊士"就是"以治建国之学政，而合国之子弟焉"，培育的方式是围绕着"乐"的各种艺术形式展开的，这和我们所说的"大学"教育的纲目是相同的。相较于"大司乐"（或者说"大乐正"）总掌国家教学体系而言，"乐师"（"下大夫"之职，或称之"小乐正"），被规定为"掌国学之政，以教国子小舞"③ 也就是具体负责调配、安排教学内

---

① 郑玄注，贾公彦疏：《周礼注疏》，第 676—679 页。
② 近于"俊士"但稍有差别，见 229 页注②。
③ 凡舞，有帗舞，有羽舞，有皇舞，有旄舞，有干舞，有人舞。教乐仪，行以《肆夏》，趋以《采荠》，车亦如之。环拜以钟鼓为节。凡射，王以《驺虞》为节，诸侯以《狸首》为节，大夫以《采蘋》为节，士以《采蘩》为节。凡乐，掌其序事，治其乐政。凡国之小事用乐者，令奏钟鼓，凡乐成，则告备。诏来瞽皋舞，及彻，帅学士而歌彻，令相。飨食诸侯，序其乐事，令奏钟鼓，令相，如祭之仪。燕射，帅射夫以弓矢舞。乐出入，令奏钟鼓。凡军大献，教恺歌，遂倡之。凡丧陈乐器，则帅乐官。及序哭，亦如之。参见郑玄注，贾公彦疏：《周礼注疏》，第 701—708 页。

容、教师人选的官员。通俗地说,"乐师"应该是总领"大学"教学事务的官员。那么,他又会如何安排这些"俊士"的学习任务呢?《礼记·文王世子》曰:

> 凡学世子及学士必时,春夏学干戈,秋冬学羽籥,皆于东序。小乐正学干,大胥赞之。籥师学戈,籥师丞赞之。胥鼓《南》。春诵夏弦,大师诏之。①

这段话包含的内容不少,我们先来说"小乐正"是如何安排学校教学事务的。"小乐正"根据时令、季节变化来安排"俊士"的学习内容。依照季节分,春夏教"武"舞,秋冬教"文"舞,都在东序(夏代"大学"之称)中进行。"武"舞中,"小乐正"教"武"舞怎样运用"干",由"大胥"协助他;"籥师"教"武"舞怎样运用"戈",由"籥师丞"协助他。由"大胥"击鼓为节奏以教授"南"。春季教读《诗》,夏季教弹琴,由"大师"②来演示。总之,教学内容是围绕着"乐"及不同艺术形式来展开,授课内容包括了诗、曲、舞等不同方面,这就是"小乐正"用以安排"大学"教学事务的科目。我们再来看这段文字中涉及的三种"乐官":(一)"大胥"("中士"之职),按《周礼·春官宗伯》所讲:"大胥掌学士之版,以待致诸子。春入学,舍采合舞。秋颁学,合声。以六乐之会正舞位,以序出入舞者,比乐官,展乐器。凡祭

---

① 郑玄注,孔颖达疏:《礼记正义》,第730页。
② 有人译作"太师"是不准确的,乐官中应是"大师",而"太师"应指三公之一,又作"太保",或"太子太傅"。参见钱玄、钱兴奇编著:《三礼辞典》,第217—218页。

祀之用乐者,以鼓征学士。序宫中之事。"① "大胥"这个乐官是掌管"俊士"户籍的官员,能够准确找到每一位"学员"。同时,"大胥"在春季入学校帮助"小乐正"排练舞蹈,秋季要考核"俊士"学习效果,并根据成绩发榜单、正纲纪。在负责考校年轻"俊士"的过程中,"大胥"也要对乐官、乐器等进行审查、检视。可以说,作为学校的"教导主任","大胥"需要监管学校的制度落实和教学效果,维护和伸张"大司乐"的教学理念。(二)"籥师"("中士"之职),按《周礼·春官宗伯》所讲:"籥师掌教国子舞羽吹籥。祭祀则鼓羽籥之舞。宾客飨食,则亦如之。大丧,廞其乐器,奉而藏之。"② 较之"小乐正"和"大胥"来看,"籥师"算是第一线的专科教员,并在祭祀场合中负责处理有关"籥"的各类问题。(三)"大师"("下大夫"之职),按《周礼·春官宗伯》所讲:"大师掌六律六同,以合阴阳之声。阳声:黄钟、大蔟、姑洗、蕤宾、夷则、无射。阴声:大吕、应钟、南吕、函钟、小吕、夹钟。皆文之以五声,宫、商、角、徵、羽。皆播之以八音,金、石、土、革、丝、木、匏、竹。教六诗:曰风,曰赋,曰比,曰兴,曰雅,曰颂。以六德为之本,以六律为之音。"③ "大师"一条所讲是最为人熟悉的。简单说,"大师"之职就是统管教授与"乐"相关的理论问题、专业知识。同时,作为与"乐师"("小乐正")同为"下大夫"的官员,"大师"为"大司乐"之下等阶最高的"乐官",直接接受"大司乐"之管理。前面说过"乐师"是总管"大学"教学事务的

---

① 郑玄注,贾公彦疏:《周礼注疏》,第708—711页。
② 郑玄注,贾公彦疏:《周礼注疏》,第740—741页。
③ 郑玄注,贾公彦疏:《周礼注疏》,第714—719页。

官员，比照来看，"大师"就应该是负责"教学演示""实践训练"的官员。于是，有学者认为"乐师"与"大师"应该是自"大司乐"下分出的两系："乐师统领一系，以掌学政为主；大师统领另一系，以掌乐事为主。大师下辖乐官分工较细，唱歌、舞蹈、音律调试、乐器保存等均有专职，显示出周代中后期以来的乐官制度的确趋于严密。"① 这个观察是合理的，但其中将"学政"与"乐事"分开的表述值得商榷。所谓"学政"与"乐事"的分离是不完全的，自"乐师"与"大师"之下的不少"乐官"既需要在"学政"中教导"俊士"技艺与理念，也需要在"乐事"实践中担负起演奏的工作。

既然说到了"大师"代表着"大学"学习中"教学演示与实践"的一面，就不能不对"大学"学习"注重实践"的理念做一点评。如果说"小学"的教育注重口耳相传式的培养，那么，在"大学"的教学中，老师就注重培养"俊士"的独立思考能力。老师们之所以能够"时观而弗语，存其心也"而促使"俊士"们学会自己思考，主要依靠这种实践教育。尤其是当"乐"作为一部完整的"历史戏剧"出现在大型祭祀活动之中时，每一个参演者都是寓"学习"于"表演"之中。如果"俊士"难以在课堂上领会一些艰深的说教，就用这种实践参与的方式让他们去切身体会。这就是孔颖达一面说"大学之道"是"学贤圣之道理，非小学技艺耳"，而另一面说"至二十入大学之时，仍于大学之中兼习四术"的原因之一，正是寓"道"于"艺"也。

---

① 黎国韬：《先秦至两宋乐官制度研究》，广州：广东人民出版社，2009年，第62页。

有关"学校"制度的说明基本告一段落,单就"大学"教育而言,可以这样总结:"学校"制度中的"大学"教育,主要由"大司乐"主持;在教学过程中,"俊士"经历了"乐师"负责的"课堂学习"和"大师"负责的"实践演练"等科目的培训,"自主地"体悟"乐"中之"德"并践行之。下面,我们将讨论重心从"学校"制度转到"乐官"制度上来。前文已经交代过,这两个制度有很大程度的交叉,我们就从交叉处说起,先说说那些参与"大学"教学活动的"乐官",如下:

> 大司乐掌成均之法,以治建国之学政,而合国之子弟焉。
> 乐师掌国学之政,以教国子小舞。
> 大胥掌学士之版,以待致诸子。
> 小胥掌学士之征令而比之,觵其不敬者,巡舞列而挞其怠慢者。
> 大师掌六律六同,以合阴阳之声。
> 小师掌教鼓鼗、柷、敔、埙、箫、管、弦、歌。
> 磬师掌教击磬、击编钟。
> 笙师掌教吹竽、笙、埙、籥、箫、篪、笛、管,舂牍、应、雅,以教祴乐。
> 镈师掌教镈乐。
> 旄人掌教舞散乐、舞夷乐。
> 籥师掌教国子舞羽吹籥。①

---

① 郑玄注,贾公彦疏:《周礼注疏》,第674—740页。

鼓人掌教六鼓、四金之音声，以节声乐，以和军旅，以正田役。

舞师掌教兵舞，帅而舞山川之祭祀；教帗舞，帅而舞社稷之祭祀；教羽舞，帅而舞四方之祭祀；教皇舞，帅而舞旱暵之事。凡野舞，则皆教之。①

以上简单列举《周礼》中所见参与"大学"教学工作之"乐官"的名目及分工。这些"乐官"都具有"教"的职责，或负责总体教学设计，或具体负责课程讲授，或担任监督考核之职责，等等。由此可见，在"大学"教育中，对"俊士"技艺学习的分工已经十分细致。既然"大学"是以"德性"教育为核心的国家政治人才培训机构，那么就某一位"俊士"而言，很难在有限的学习时间内精通各种不同技艺，那这种细致的分工目的何在呢？简单说，一来，为了满足"俊士"各有所长、各有所专的特点，所设之科目、任课之老师也不会千篇一律。二来，"俊士"只有接受过如此多门类的培养后，才能对不同科目都有必要的了解，这对充分领会"乐"的意义、学会"赏乐"有莫大的帮助。教"音律"的"乐官"（如"大师"）让"俊士"知道什么是准确的音高，教"乐器"的"乐官"（如"小师""磬师"等）让"俊士"知道如何制造、演奏乐器，教"舞蹈"的"乐官"（如"旄人"等）让"俊士"知道进退的节奏和动作的意义，如此等等。需要特别注明的是，说到"舞师"所教授之舞蹈技艺时，《周礼》强调："凡野舞，则皆教之。"简言

---

① 郑玄注，贾公彦疏：《周礼注疏》，第371、377页。

之，各种类型的队列都会在学校传授。我们之前说过，"舞"之行列进退与军旅、阵型、战争等直接相关，故言"皆教之"以强调"俊士"需要对此道有一定程度的掌握和运用。可见，在学校制度中，"乐官"在保证"俊士"的德性培养之前提下，一来得保证"俊士"学有专长，二来得引导他们领会"乐"的每一个细节之含义（亦即"赏乐"），并完成相关能力的塑造与训练。

与"学校"教学职责相对，还有一批同属"大司乐""乐师"和"大师"的管理，专门负责祭祀奏乐的乐官。如果说学校教育是以"乐师"为首、分管"学政"的乐官为主，那么祭祀演奏就是以"大师"为首、分管"乐事"的乐官为主。如果将祭祀仪式从形式上看作一部舞台戏剧，这些分管"乐事"的乐官就可以分为"台前"和"幕后"两类，他们之间的默契配合，是成就一场庄严祭祀的必要条件。依照《周礼·春官宗伯》记载，这当中负责"台前"演奏的乐官有：

瞽矇掌播鼗、柷、敔、埙、箫、管、弦、歌。掌《九德》、《六诗》之歌，以役大师。
视瞭掌凡乐事播鼗，击颂磬、笙磬。
钟师掌金奏。
镈师掌金奏之鼓。
鞮鞻氏掌四夷之乐与其声歌。[①]

---

① 郑玄注，贾公彦疏：《周礼注疏》，第725、726、734、739、743页。

而负责"幕后"协同、准备的乐官有：

> 典同掌六律、六同之和，以辨天地四方阴阳之声，以为乐器。
> 典庸器掌藏乐器、庸器。
> 司干掌舞器。①

"台前"负责演奏各种乐器的乐官，主要是以"瞽"为代表的盲乐师②，这令我们产生些许疑惑：第一，"台前"的演出如何形成统一调度；第二，"台前"的舞蹈由谁来表演；第三，为何负责演奏"钟""镈"的乐官要单独列出。我们借对祭祀"奏乐"整体过程的考察，看一下"台前""幕后"的乐官，如何在"大司乐""乐师"和"大师"的调度下各司其职、协同运作，使祭祀"奏乐"有条不紊。

在"大司乐"依照时令确定祭祀之神祇、祖先后，所用之"乐"（如《春官宗伯》曰"乃奏黄钟，歌大吕，舞《云门》，以祀天神"）便随之确定。之后，"乐师"与"大师"便要开始筹备"乐"的场地、人员、乐器、服饰、排演等工作。此时，"乐师"是近于艺术总监之职，"大师"则是"奏乐"的指挥。一般来说，固定的祭祀

---

① 郑玄注，贾公彦疏：《周礼注疏》，第726、744、745页。
② 郑玄云："无目联谓之瞽，有目联而无见谓之矇，有目无眸子谓之瞍。"有人认为天生眼盲之人在听觉有神通，称为"神瞽"，故选择盲人为乐师。亦有人认为以盲人为乐师也是社会助养的方法，这种助养可以算作是为天下兴利的行为，也是对墨子非乐的一个回应。参见郑玄注，贾公彦疏：《周礼注疏》，第518—519页。

都会演奏固定的"乐",而固定的"乐"亦有固定的乐器、服饰等,这时"典同"就要负责依照"音律"调试、制造"乐器","司干"就要负责准备道具、服饰等。祭祀"奏乐"之始,由"视了"引导"瞽矇"到相应方位的乐器前坐好,"钟、镈"二师到体相较大的立式金属乐器前,舞者戴好"司干"准备的服饰、道具,演职人员做好准备等"大师"的开场号令发出。"大师"敲击节奏,带领众"瞽矇"开始吟诵①,乐器奏响、舞者登台。舞者由"乐师"引导的"国子""俊士"组成,他们动作统一、行列整齐,并对乐器演奏之曲调、节奏相当熟悉,也清楚自己一举一动所表示的意义。乐章结束,"大师"发出号令,"奏乐"中止,"典庸器"准备下一场的乐器,舞者更换下一场的服饰,如果需要表现少数民族的风气、风俗,就要请"掌四夷之乐与其声歌"的"鞮鞻氏"表演特定段落。如此反复,直至"奏乐"结束、祭祀完毕。

按照祭祀奏乐的流程,我们可以基本理解乐官们如何协同完成特定祭祀用"乐"的演奏。②"奏乐"的乐官团体和参与"大学"教育的乐官团体是相互对应的。在学校教育中,他们分别承担"俊士"的实践课程与理论课程;在祭祀"奏乐"中,他们分别担任表演与辅助的职责。正是"大学"教育中的"学校"制度与"乐官"制度紧密相连的平行对应关系,使"乐官"制度中负责"学政"

---

① "令奏击拊"者,拊所以导引歌者,故先击拊,瞽乃歌也。参见郑玄注,贾公彦疏:《周礼注疏》,第720页。
② 虽然没有文献明确说明我们提出的第三个问题,为何"奏金乐"的"乐师"不由"瞽矇"担当,但就"钟、镈"乐器的复杂结构而言,让视力正常的乐师担任更为稳妥,并且"钟、镈"之演奏同样与军事相关,乐师需要能及时看到指挥号令。

的乐官与负责"乐事"的乐官关系密切。值得补充的是，既然是祭祀奏乐，就要表演相应"神祇、先祖"的光辉历程，比如祭祀"周武王"的"奏乐"就一定是奏《大武》"乐"。在"奏乐"的过程中，"神祇、先祖"的精神就会随着演奏"降"到人间，再现于舞台上，甚至赋予表演者某种特定的精神关联，使所有参与"乐"活动的人透过"乐"感受、体会到"神祇、先祖"的德性。这种可以召唤先人的戏剧表演，不只为"乐"增加了神秘感和仪式感，也增加了"乐"之成教的效力。总的来讲，通过宣扬圣王与祖先的德行，表达对神圣先驱的崇拜，祭祀奏乐塑造了民族文化精神、形成了民族文化认同、促进了德性的启蒙与培养。同时，历代圣王之乐还有其内在的文化精神脉络，宣示着圣王道统传承的连贯与发展，祭祀奏乐承载了这一文化精神的脉络，有助于实现道统的有序传承。

在"学校"制度和"乐官"制度之后，则是与"作乐"紧密相关的"采风"制度。从广义来讲，"采风"代表着"乐官"拥有谏言等政治职能。"采风"谏言大致可分为三种情况：了解各地风俗情况、提供策略意见和举荐人才。因这三种情况分别对应着不同的乐官职能与"制度"安排，使得"采风"制度与"乐官"制度也有着密切的联系。

先说"了解各地风俗情况"这一类工作。除《周礼·春官宗伯》中的"籥章""旄人""韎师""鞮鞻氏"四种掌各地风俗之乐的"乐官"[①]，《地官司徒》中负责教授各地乐舞的"舞师"等，也

---

① 黎国韬：《先秦至两宋乐官制度研究》，第61页。

具有掌握各地风俗情况的职责。像"旄人",他专门收集、编排各地乐舞,"凡四方之以舞仕者属焉",通过调度各地舞者来"典乐"中演绎最"时尚"的舞蹈,还可以了解各地兵列战阵的变化。

再说"提供策略意见"这一类工作。比之"了解各地风俗情况"这一工作而言,这个工作更广泛。"提供策略意见"其实包含很多方面,有军事战争方面的意见,有节气测定方面的意见,等等,我们在前文讨论"乐舞"和"音律"的时候都有所说明。这里,我们以中士"籥章"为例,看看他是如何辅助四季农耕的。《春官宗伯》写道:"籥章掌土鼓豳籥。中春昼击土鼓,吹《豳诗》以逆暑。中秋夜迎寒,亦如之。凡国祈年于田祖,吹《豳雅》,击土鼓,以乐田畯。国祭蜡,则吹《豳颂》,击土鼓,以息老物。"孔颖达注:"《豳诗》,《豳风·七月》也。"贾公彦疏曰:"云'《七月》言寒暑之事'者,《七月》云'一之日觱发,二之日栗烈',七月流火之诗,是寒暑之事。云'迎气歌其类也'者,解经吹《豳诗》逆暑,及下迎寒,皆当歌此寒暑之诗也。"① 简言之,一个专管"土鼓、豳籥"的乐官,在农耕时代的中国社会,担负起通过奏乐、吟咏来"昭示"四季土地之寒暑交替的责任。② 面对这种情况,我们在欣赏"乐制"的制度合理性之余,也会对先秦"乐官"的地位乃至"乐"的价值做出新的评价。

最能体现"乐"的政治价值的,还是"采风"制度中涉及的"举荐人才"的工作。承接上文所讲,"俊士"在"大学"要定期接受

---

① 郑玄注,贾公彦疏:《周礼注疏》,第 741—743 页。
② 以现代的眼光来看,这一工作近似以共振原理测定土壤的温湿状况,是一项有科学依据的技术,与第一章讨论如何定律的原理相似。

"大胥"的考核，那么对考察合格的"俊士"会有什么安排呢？《礼记·王制》曰：

> 王大子、王子、群后之大子，卿、大夫、元士之适子，国之俊选，皆造焉。……大乐正论造士之秀者，以告于王，而升诸司马，曰进士。[①]

"大学"学习合格的"俊士"是国家未来的栋梁，这些优秀人才要被举荐，恰当地安排为后备官员，这个举荐的工作就由"大乐正"（即"大司乐"）来完成。换个角度看，尽管比之"大司徒"之"卿"职而言，"大司乐"的"中大夫"之职低了不少，但朝堂之上都可以算作"大司乐"的门生，体现了"大司乐"崇高的学统地位。而在"大学"教育中，如果遇到表现不佳的"俊士"，《礼记·王制》曰：

> 将出学，小胥、大胥、小乐正简不帅教者，以告于大乐正，大乐正以告于王。王命三公、九卿、大夫、元士皆入学。不变，王亲视学。不变，王三日不举。屏之远方，西方曰棘，东方曰寄，终身不齿。[②]

这就是说，在"俊士"临近毕业之时，小胥、大胥、小乐正逐级检举不遵循教导的子弟以报告大乐正，大乐正再报告给天子。

[①] 郑玄注，孔颖达疏：《礼记正义》，第472页。
[②] 郑玄注，孔颖达疏：《礼记正义》，第472—473页。

天子命三公、九卿、大夫、元士都到学校去帮助教导这些子弟。如果这些子弟还没有改进，天子就亲自到学校劝诫。如果还不改变，天子三天用膳不奏乐，并（忍痛）驱逐这些不遵循教导的子弟。可以说，配合"大乐正"完成相关的教学工作，帮助学校成功培养人才，是自天子、三公以至百官的共同责任。由此亦可知，"采风"制度中乐师、乐官对人才的举荐，与"学校"制度对人才的培养是一体之两面。

以上是有关"采风"制度的讨论，还有如"保氏"等以讽诵"掌谏王恶，而养国子以道"的官员，也同样处在以"乐"为核心的相关制度之中，我们不再过多延伸。可以说，"采风"制度的建立，将社会政治、文化生活的不同脉络串联起来，使"乐"进一步成为流动的文化风俗系统。

在本节的讨论中，我们通过交叉分析有关"赏乐"的"学校"制度、有关"奏乐"的"乐官"制度和有关"作乐"职能的"采风"制度，基本厘清了出现在《周礼》的《春官宗伯》《地官司徒》和《礼记》的《文王世子》《王制》《学记》等相关篇目中有关"乐制"的内容，概括地说明了"乐制"的建立及乐职分工的意图。可以说，周初较为成熟的"乐制"，辐射、渗透到了社会的每个角落、每个个体。我们可以想象，依照这样一套较为完善的"乐制"，人才培养得到保障、人才举荐进入良性循环，每个人都因"乐教"的教化而认同先王之道，由此构建起的"礼乐社会""王道政治"也不再只是理想。可惜看似完善的"乐制"却自春秋以降遭遇各种问题，最终"礼乐"之大厦崩坏。这其中表现及个中原因便是下一节要讨论的主要内容。

二、"人心":"乐制"的危机与孔子的重建

借用"作乐""奏乐"和"赏乐"的结构,我们讨论了《周礼》和《礼记》中记载的关于"乐制"的内容。下面,我们沿用三分的结构再来看看春秋以降礼坏乐崩的环境下,"乐制"所面临的问题。当然,这些问题究竟是制度自身的缺陷,还是参与者对制度的破坏,需要我们分梳清楚。通过对这些问题的分析,可以进一步对孔子如何复兴礼乐加以研究,把握孔子的"乐教"思想。

首先,我们从与"作乐"相关的"采风"制度说起。"淫词艳曲"的出现,和乐官对风俗的整理、采用有很大相关性,一旦涉猎的题材或处理的手法流于艳俗以取媚于上,这类"淫词艳曲"就很容易出现。郑卫之音、亡国之音就是其中的代表。《礼记·乐记》曰:

> 郑卫之音,乱世之音也,比于慢矣。桑间濮上之音,亡国之音也,其政散,其民流,诬上行私而不可止也。

"郑卫之音"一直是五声之乱的典例,郑国之音好滥而淫志,卫国之音促速而烦志。这里所谓"好滥"和"促速"是指乐师编排、演奏乐章的手法。乐师想要在采风过程中,将不同风格的乐曲、民风编排、融合到大型乐章之中,需要达到很高的技术水平,一旦处理的手法不当,欣赏者就容易被误导。这是"作乐"制度在周初"各

美其美"的多元审美标准下本身容易出现的问题。① 古今、华夷的审美价值不同,如果想将它们恰当地融合到一起,就需要树立一个根本的理念,而这一直到孔子复兴礼乐时,才有解决之道。

相比"郑卫之音"而言,有关"亡国之音"的故事流传更广,我们能够从中看到除制度外,参与"作乐"活动的人可能出现方方面面的问题。"亡国之音"的由来,我们之前讲师旷时说到过,《礼记正义》中郑玄注《乐记》时讲:"濮水之上,地有桑间者,亡国之音,于此之水出也。昔殷纣使师延作靡靡之乐,已而自沈于濮水。后师涓过焉,夜闻而写之,为晋平公鼓之,是之谓也。桑间在濮阳南。"《韩非子·十过》记:

> 昔者,卫灵公将之晋,至濮水之上,……闻鼓新声者而说之……乃召师涓而告之曰:"有鼓新声者,……子为我听而写之。"师涓曰:"诺。"……灵公……遂去之晋。晋平公觞之于施夷之台,酒酣,灵公起,公曰:"有新声,愿请以示。"平公曰:"善。"乃召师涓,令坐师旷之旁,援琴鼓之。未终,师旷抚止之,曰:"此亡国之声,不可遂也。"……平公曰:"寡人所好者音也,子其使遂之。"师涓鼓究之。……公曰:"清徵可得而闻乎?"师旷曰:"不可。……"平公曰:"寡人之所好者音也,愿试听之。"师旷不得已,援琴而鼓。……平公曰:"清角可得而闻乎?"师旷曰:"不可。"……平公曰:"寡人老矣,所好者音也,愿遂听之。"师旷不得已而鼓之。一奏

---

① 参见王顺然:《先秦"乐"之五种审美形态的嬗变》,《现代哲学》2023 年第 5 期,第 151 页。

之，有玄云从西北方起；再奏之，大风至，大雨随之，裂帷幕，破俎豆，隳廊瓦，坐者散走，平公恐惧，伏于廊室之间。晋国大旱，赤地三年。平公之身遂癃病。故曰：不务听治，而好五音不已，则穷身之事也。

这件事表现出哪些"人的问题"呢？顺着文本来看：其一，乐官师涓在桑间濮水之地采得之"风"，便是当年纣王让乐官师延制作的亡国乐章；相较于师旷在曲未终时便知其为"亡国之音"，师涓却将"亡国之音"作"新声""听而写之"、以乐技取悦于君主，这清楚地反映了乐官身上的问题。其二，卫灵公为记录一段新奇的乐章，特地召乐师师涓前来侍奉，而他所喜欢的乐章恰恰就是纣王命师延所作靡靡之音，足见卫国之音之所以发展为"烦促"的状态，是受国君所好的影响。其三，晋平公为追求新奇的感受，一遍又一遍地"迫使"师旷演奏"新声"。《晋语八·第十四》直言晋平公"说（悦）新声"，可见晋平公对新奇乐章的追求，是君主作为"赏乐者"主动干预"乐"的审美旨趣，这也是一个重要的问题。其四，师旷的谏言职责与演奏职责的分离，使得他一方面需要劝诫晋平公不能再追求新奇乐章，一方面又要听从晋平公让他继续奏乐的命令；出现在师旷身上的冲突与张力，体现了两种职能间的矛盾，更体现了人为因素、政治因素导致学统地位的衰落。当然，这里还涉及邦国间文化差异的问题。这种种问题的出现，直指制度中的"人"的因素。

以上我们所谈的是有关"作乐"的问题，下面接着说有关"奏乐"的两方面问题。我们同样从"制度"的问题说起。

"奏乐"制度就是乐官、乐师在祭祀、外交等场合演奏"乐"的规范，与之紧密相关的，就是前文所介绍的"乐官"制度。可以说，建立一个规范的"乐官"制度是为了让乐官们分工明确，从而保证"乐事"的运转流畅。然而，"乐官"制度的确立，导致了乐官的职业化和乐官对于技艺、器物的过度追求。尤其是前者的产生贻害无穷，甚至可以说"乐官"的制度化、职业化是礼乐走向崩坏的重要因素。《左传·襄公十一年》记：

> 郑人赂晋侯以师悝，师触，师蠲，……歌钟二肆，及其镈磬，女乐二八，晋侯以乐之半赐魏绛，……①

这个事情在《国语·晋语七》中也有记载，其言："十二年，公伐郑，军于萧鱼。郑伯嘉来纳女、工、妾三十人，女乐二八，歌钟二肆，及宝镈，辂车十五乘。公锡魏绛女乐一八、歌钟一肆。"② 这是说，郑国人为避免战事，贿赂诸侯联盟的盟主晋悼公。礼物中包括三个乐师——师悝、师触和师蠲，还有两套编钟乐器、配器以及女乐十六人。晋侯又把这些礼物分了一半给魏绛。这样做有哪些问题呢？其一，晋国会盟诸侯攻打郑国，是因襄公十一年郑国对宋国发动的不义之战，郑国以乐师、乐工贿赂晋侯以避免诸侯围攻，是以不义而掩饰不义。其二，晋侯收受贿赂而停止对郑战争是不义，以收受的贿赂赏赐臣下也是不义。在这些不义之行中，还隐藏着更严重的问题，就是所有的乐师、乐工、乐器

---

① 杜预注，孔颖达疏：《春秋左传正义》，第1035页。
② 徐元诰集解：《国语集解》，第413—414页。

等都像货物一样被送来送去。像这种互赠乐工的事件并非首例，郑国用乐工贿赂晋国的事情早有发生。《左传·成公九年》记：

> 晋侯观于军府，见钟仪，问之曰："南冠而絷者，谁也？"有司对曰："郑人所献楚囚也。"使税之，召而吊之。再拜稽首。问其族，对曰："泠人也。"公曰："能乐乎？"对曰："先父之职官也，敢有二事？"使与之琴，操南音。①

郑国把战胜楚国而俘获的乐师钟仪敬献给晋侯，保留有世家传承②的钟仪因演奏极具特色的南音而深得晋侯喜爱。晋侯十分满意，郑国自然会再三地赠送乐工来贿赂晋侯，这就有了襄公十年的事情。乐工被当作礼物赠送习以为常，其原因之一就在"乐官"制度导致的"乐官"职业化。在"乐官"职业化的过程中，乐工慢慢从"乐"的诠释者沦为演奏"乐"的工具。这样的一个工具，要依靠其演奏的技艺、客观的功能来衡量其价值。如此一来，乐工宣扬道德修养的价值被忽略，乐工所代表的学统地位被弱化，周初建立的"乐"的精神核心也在逐渐消失。由此可知，君主间相互赠送乐工这件事，可以说是诸多不合道义的行为中最

---

① 杜预注，孔颖达疏：《春秋左传正义》，第847—848页。
② 如《王制》所论："凡执技以事上者：祝史、射御、医卜及百工；凡执技以事上者：不贰事，不移官，出乡不与士齿"，乐师一职因其职业的特殊性，更保留有世家传承的传统。钟仪既为乐师，也算是"礼乐世家"出身，更答"先父之职官也，敢有二事"，足见乐师的世家性质；使与之琴而奏南音，体现出这种世家传承的音乐技艺有其固有的套路、规章，乐师经家族传承而得来的知识、技艺具有相当的固定性和地域特征性。

为严重的一种。①

制度以外，参与"奏乐"活动的人也有很多问题，我们可以大致分为两类：其一，不断追求"奏乐"技艺的精湛、乐器的华美；其二，僭越、滥用"乐"的演奏场合。前者，"乐官"职业化带来乐工评价机制的变革，作为"奏乐"的工具，技艺精湛与否成为评价乐工价值的唯一标准；后者，"乐"的意义客观化后，通过"奏乐"能够表达出僭越礼制的意向。

《礼记·乐记》有言曰："是故乐之隆，非极音也。"这是说"乐"不是为追求"音"（乐曲）的极致而创制的。事实上，夏商周的天子、诸侯追求"极音"的行为比比皆是，《吕氏春秋·侈音》讲："夏桀、殷纣作为侈乐，大鼓钟磬管箫之音，以钜为美，以众为观，俶诡殊瑰，耳所未尝闻，目所未尝见，务以相过，不用度量。宋之衰也，作为千钟。齐之衰也，作为大吕。楚之衰也，作为巫音。"② 可以说，一代又一代的君主因为追求"极音"而导致国家衰亡，周景王更是因为追求"极音"不幸驾崩。《国语·周语下》记曰：

> 二十三年，王将铸无射，而为之大林。
>
> 单穆公曰：不可。……
>
> 王弗听，问之伶州鸠，对曰：臣之守官弗及也。（不可。）……

---

① 孔子对这种送乐工的行为十分反感，《左传·成公二年》记孔子评论说："仲尼闻之曰，惜也，不如多与之邑，唯器与名，不可以假人。"下文将详谈。

② 许维遹集释：《吕氏春秋集释》，第112页。

王不听，卒铸大钟。

二十四年，钟成，伶人告和。

二十五年，王崩，钟不和。①

在铸造"无射"大钟的过程中，周景王先问单穆公②，单穆公劝阻他不要铸造大钟；周景王不甘心，又越过单穆公去问乐官伶州鸠，还是被劝阻；周景王还是不甘心，直接命令负责铸造的乐工打造大钟。最终，大钟在周景王二十四年铸造完成，乐工媚上报告说钟"和"，可惜周景王在大钟的影响下，次年不幸驾崩③，所以说大钟事实上是不和的。周景王铸"无射"大钟能反映出当时周室的很多问题：首先，乐师、乐工职责的制度化、客观化程度非常高。从单穆公到伶州鸠再到伶人，周景王为了铸造大钟，可以直接对负责乐器铸造的专职人员发出命令。其次，乐官价值的体现需要依靠技艺。伶人说钟"和"，是以高超的铸造技艺实现了对一口旷古未有的大钟之铸造。周景王对这（些）个伶人很满意，根本不会在意之前两位臣工的劝阻。乐工以技艺取悦君主，君主

---

① 徐元诰集解：《国语集解》，第107—113页。又见《左传·昭公二十一年》记"春，王将铸无射"。

② 周景王二十一年（前524），鲁大夫闵子马批评周王室不讲学问，是混乱的先兆。同年，周景王打算废小钱，铸大钱。单旗（即单穆公）进行劝谏，未果。公元前522年周景王又想造一套名叫无射的大型编钟，单旗以劳民伤财为由劝谏，周景王还是不听。单旗认为这样的局面对自己不利，于是拉拢刘献公刘挚的庶子伯蚠和周景王之子王子猛、王子匄，培植势力。而周景王则意属王子朝继承王位。

③ 周景王驾崩是周室衰落的重要标志，《周语下》亦曰："景王崩，王室大乱。及定王，王室遂卑。"

凭技艺奖赏乐工，导致乐工的优劣由其工具价值决定。最终，周景王不仅自食"不和"之钟的恶果，还令周室陷入"王子朝之乱"。

"周景王铸无射钟"这件事反映了"奏乐"活动中的"人的问题"。贪图"极音"而追求技艺的高超、乐器的精良，以工具价值取悦于君上，这些都是严重的"人的问题"。这种情况在春秋末期已经很普遍，也得到了一定的关注。《国语·楚语上》记：

> 灵王为章华之台，与伍举升焉，曰："台美夫！"对曰："臣闻国君服宠以为美，安民以为乐，听德以为聪，致远以为明。不闻其以土木之崇高、彤镂为美，而以金石匏竹之昌大、嚚庶为乐；不闻其以观大、视侈、淫色以为明，而以察清浊为聪。"①

楚灵王对"高台"之美的追求，形同周景王对"无射"大钟的喜好，而大臣伍举（伍子胥之祖父）的劝诫之辞，则反映了一批有识之士对单纯追求"奏乐"之美感的反省与批判。这种批判虽说只是基于对传统规范的追溯，但开启了对"乐"核心价值的反思，为后世思想的发展埋下了种子。

在"乐"的象征意义客观化之后，不遵守制度、僭越逾制而滥用"乐"的问题越发严重。《左传·襄公四年》记：

> 穆叔如晋，报知武子之聘也。晋侯享之，金奏《肆夏》

---

① 徐元浩集解：《国语集解》，第493页。

之三,不拜;工歌《文王》之三,又不拜;歌《鹿鸣》之三,三拜。

韩献子使行人子员问之,曰:"子以君命辱于敝邑,先君之礼,藉之以乐,以辱吾子,吾子舍其大而重,拜其细,敢问何礼也?"

对曰:"三《夏》,天子所以享元侯也,使臣弗敢与闻;《文王》,两君相见之乐也,臣不敢及;《鹿鸣》,君所以嘉寡君也,敢不拜嘉;《四牡》,君所以劳使臣也,敢不重拜;《皇皇者华》,君教使臣曰:'必咨于周。'臣闻之,访问于善为咨,咨亲为询,咨礼为度,咨事为诹,咨难为谋,臣获五善,敢不重拜。"①

我们在第三章已经说过,这里穆叔的"不拜"是一种"去仪式化"的行为,是一种外交场合中保存国体的权宜之计。② 根据前文对"大学"教育的讨论,《鹿鸣》《四牡》和《皇皇者华》三篇是"俊士"入"大学"的第一门课程。鲁穆叔对这三个乐章的评价是:"《鹿鸣》是贵国用以嘉许敝国国君的,怎能不拜谢;《四牡》是贵国国君慰劳使臣的,怎能不拜谢;《皇皇者华》是国君对使臣的指教,又怎么不重谢呢?"晋侯以这三个乐章招待鲁穆叔是以恰当之"乐"欢迎客人,"乐"所具备的意义与时下的场合正相应,这个"奏乐"就是符合规矩的。但之前两个乐章的演奏,即三《夏》和《文王》,一是天子召见诸侯之乐,一是诸侯间见面

---

① 杜预注,孔颖达疏:《春秋左传正义》,第951—956页。亦见于《国语·鲁语下》。
② 我们无法得知晋侯以僭越礼制之"乐"招待鲁穆叔究竟是居心不良,还是习以为常。

之乐,都是错用了"乐"的意义而生出僭越之嫌。

在分析"作乐"与"奏乐"的问题之后,我们再来看看有关"赏乐"的问题。"赏乐"的问题比较特殊,因为有关"赏乐"的"学校"教育只是一个培养"赏乐"能力的机制。"赏乐"能力的训练主要依赖个人,相同的学校教育也可能培养出品性各异的人才。单就对天子的"赏乐"规范而言,《国语·周语上》记载了邵公对周厉王的一段劝谏:

> 故天子听政,使公卿至于列士献诗,瞽献曲,史献书,师箴,瞍赋,矇诵,百工谏,庶人传语,近臣尽规,亲戚补察,瞽、史教诲,耆、艾修之,而后王斟酌焉,是以事行而不悖。[①]

邵公同周厉王讲解"听政",其中就涉及很多乐官采风、谏言的事。邵公认为,认真对待公卿至百工上表的诗、曲、赋、诵等,是天子"赏乐"的基本规范。然而这些劝诫并未被接纳。《周语上》记曰:"王不听,于是国莫敢出言,三年,乃流王于彘。"[②] 我们之所以把这类问题归咎于制度,有两方面的原因:其一,随着"学校"制度的确立,"乐"的教化便从主体的、生动的道德感受,陷落为客观的、固化的价值传授,"学校"就变成了"乐"之精神价值具体的、在地的化身。这是"学校"设置、教育规范化不可避免的问题,可以补偏救弊,但难以根除。其二,在实际层面,作为掌握权力的天子、国君与掌握学统的"学校"、乐正之间,存在不可

---

① 徐元浩集解:《国语集解》,第11—13页。
② 徐元浩集解:《国语集解》,第13页。

调和的冲突。当天子意志与道德相和时，这种冲突被掩盖了，而一旦天子意志与道德相悖，这种冲突便立即显现出来。虽然所谓"致乐以治心，则易直子谅之心油然生矣。易直子谅之心生则乐，乐则安，安则久，久则天，天则神"（《乐记》）是强调君子应不断追求"乐"的道德价值，"乐"的教化也一再强调人心应当与"自然"和、与"乐律"和、与"天理"和，但在"赏乐"的过程中，天子、国君又能否时时超越于当下具体而连贯的表演，不断探求"乐"中抽象的道德价值？这是常人很难做到的。

"学校"制度并不能实现对君主持续的限制，君主在熟悉了"乐"之后，便容易对当下的、具体的技艺或表演产生迷恋与追求。这种迷恋与追求常常导致对欲望的无法节制，考究起来，其在境界上其实也有所区分。《战国策·魏一》记：

> 魏文侯与田子方饮酒而称乐。文侯曰："钟声不比乎，左高。"田子方笑。文侯曰："奚笑？"子方曰："臣闻之，君明则乐官，不明则乐音。今君审于声，臣恐君之聋于官也。"文侯曰："善，敬闻命。"①

魏文侯与田子方在酒席间评论乐章，文侯当即指出合奏的乐队音高没有调试好，左侧偏高。② 田子方进言："我听说，主上圣明则对官员治理有道，不圣明则对乐曲关心更多。现在，您竟然

---

① 刘向集录：《战国策》，第 780 页。
② 依诸侯之礼，乐队应该是左、中、右三面分布，则至少是三个音高形成的和弦，魏文侯能听出音高差别，足见其"赏乐"工夫之精深。

对音律、音高理解这么透彻，我担心您的吏治昏蔽。"按照我们对"声""音""乐"概念的分析，《乐记》讲"是故知声而不知音者，禽兽是也；知音而不知乐者，众庶是也；唯君子为能知乐"，这里存在一个境界的次第，以这种次第关系来理解此段文本便再清楚不过。君子（君主）知"乐"，是强调在乐官们统筹表演"乐"的过程中，不断深化对圣王德行的领会；众庶知"音"，则强调关心乐曲的效果，获得乐曲的美感；禽兽知"声"，就只能辨别声音的高下参差、节奏的平缓快慢。魏文侯能如此精准而细致地把握音高的差异，说明他在"赏乐"时关注的是"声"，这是由"音"而入"声"的欣赏方式，违背了由"音"而进"乐"的"赏乐"原则。而由"音"入"声"，是"众庶"的赏乐过程。一般情况下，我们对乐剧的欣赏，首先是在"音"的层面流连，熟悉各个乐曲、旋律乃至情节。随着对乐曲、旋律的熟悉，我们就会对具体的音高、节奏有更精确的把握和要求，似乎对音高、节奏的准确把握才能体现出我们对"乐"的熟悉，这自然就陷落于对"声"的追逐中。但由"音"进"乐"，讲的是在了解"音"的基础上，继续加深对"乐"的主旨、精神之体贴。[1] 换句话说，重视"乐"的君主，看重乐官能否合理烘托"乐"传递的精神感召；重视"音"的君主，恣情欣赏新奇乐章；重视"声"的君主，时下的魏文侯就是典型，再比如好"无射"大钟的周景王、喜"章华之台"的楚灵王均属于此类。需要指出的是，这里分疏"声""音""乐"的三种情况，也对应着"赏乐"的三重"境界"。

---

[1] 这就好像我们去看一部电影，过多关注演员的妆容，忽略了这个故事的情节，没有领会电影的主题思想一般。

以上所论，是在"作乐""奏乐""赏乐"等环节中，"制度"与"人"导致的主要问题。简单来说，"制度"的设立带来了客体化、形式化的危害，作为主体自身的德性修养丧失了生动的实践状态，而"人"的问题则主要集中在审美倾向与道德价值的错位，两者并不是不能统一，但错位却是一种常态。面对这些问题，孔子慨叹说："礼云礼云，玉帛云乎哉？乐云乐云，钟鼓云乎哉？"既然不能以钟鼓等器物、制度的追求代替"乐"的核心价值，孔子便提出了另一种"治病之方"。下面，我们以《论语》论"乐"的篇章为基础，看孔子如何确立"乐以成教"的精神内核。

到了孔子的时代，礼乐的崩坏已是常态，三代礼乐需要考证、推演而不能直接观摩。《史记·孔子世家》讲道：

> 孔子之时，周室微而礼乐废，《诗》《书》缺。追迹三代之礼，序《书传》，上纪唐虞之际，下至秦缪，编次其事。曰："夏礼吾能言之，杞不足征也。殷礼吾能言之，宋不足征也。足，则吾能征之矣。"观殷夏所损益，曰："后虽百世可知也，以一文一质。周监二代，郁郁乎文哉。吾从周。"[①]

《论语·微子》说："大师挚适齐，亚饭干适楚，三饭缭适蔡，四饭缺适秦。鼓方叔入于河，播鼗武入于汉，少师阳、击磬襄，入于海。"按照这段文字的表述，即便是在尊重礼乐文化传统的鲁国，乐师也沦为演奏的工具。对这些乐师来说，无论是其社会身

---

① 《史记》，第1935—1936页。

份的转化，还是对自我身份的认知，他们都被异化为一种价值工具，不再具备对礼乐精神传承的担当。乐师遗忘了"乐"之精神，孔子只能通过对三代遗迹的爬疏，重建礼乐精神的内核。为方便理解，我们仍以"作乐""奏乐""赏乐"的结构来分疏孔子针对不同病症的"对治之方"。

首先，针对"作乐"中容易产生"郑卫之声""靡靡之音""亡国之乐"的问题，孔子做了以下的工作，《史记·孔子世家》记曰：

> 古者《诗》三千余篇，及至孔子，去其重，取可施于礼义，上采契后稷，中述殷周之盛，至幽厉之缺，始于衽席，故曰"《关雎》之乱以为《风》始，《鹿鸣》为《小雅》始，《文王》为《大雅》始，《清庙》为《颂》始"。三百五篇孔子皆弦歌之，以求合《韶》《武》《雅》《颂》之音。①

作为"乐"的艺术形式之一，"诗"是重要的文辞并自古有之。累积传至孔子时代，林林总总共计三千余首。孔子删减其中重复的内容，采录从殷周的先祖契、后稷，经殷周之盛世，至幽厉二王所流传的篇章，并从夫妇之道编起。所以说，"《国风》从《关雎》开始，《小雅》从《鹿鸣》开始，《大雅》从《文王》开始，《颂》从《清庙》开始"。再将这三百零五篇配上"乐曲"，使之与《韶》《武》《雅》《颂》等乐舞相融洽，这就是孔子对"作乐"乱象的一种处理。孔子对诗文的删改编订，体现着他对"乐教"的理解：

---

① 《史记》，第 1936 页。

比如《小雅》前面的《鹿鸣》几篇是"大学"的必学材料，是为"俊士"树立正确的政治理想、政治追求；又如在《左传·襄公四年》"穆叔如晋"的文段中，鲁穆叔说三《夏》[①]是"天子所以享元侯"，说《文王》是"两君相见之乐"，由此可知，以《清庙》为《颂》之首、《文王》为《大雅》之首也是持之有故；再如《子罕》记孔子说："吾自卫反鲁，然后乐正，雅颂各得其所。"可见雅、颂的编订透显着孔子的深思熟虑。我们以《关雎》为例，作为《诗经》第一篇，又是反映各地风俗之《国风》的首章，《关雎》反映了孔子对治"作乐"弊病的思路，也是"不可不察也"。《论语》中有两处专门提到《关雎》：

子曰："《关雎》，乐而不淫，哀而不伤。"（《八佾》）

子曰："师挚之始，《关雎》之乱，洋洋乎！盈耳哉。"（《泰伯》）

《论语》两次提到《关雎》，足以说明孔子对它的钟爱与重视，也能看出这首诗在孔子及其弟子的学问交谈中常常出现。

其中《八佾》一句，以《关雎》说明乐师采风作乐的原则是"乐而不淫，哀而不伤"。对"乐而不淫，哀而不伤"的解释有很多，简单来说，"哀""乐"是诗文透显出的情态，吟诵诗文的人透过诗文把握到其中的情景，从而感受到"哀""乐"的情态。恰当的

---

① 殷之三《夏》如周之《清庙》。

感受"哀""乐"的情态,又能节制自己的所思所感而不因情伤身,就是"乐而不淫,哀而不伤"。若能透过诗,把握到"哀""乐"的情境,如实、恰当地感受生命之实情,这就是清平世界,甚至可以说是圣人眼中的理想社会。①

对《泰伯》一句中的"关雎之乱",其解释更是聚讼纷纭。朱熹、刘宝楠以"乱"为"终",讲《关雎》是演奏结束的标志②;黄式三以"乱"为"理",讲《关雎》是对乐舞表演中混乱(如舞步、队列等)的治理;戴望以"乱"为"和",讲《关雎》要被集体演奏。按"乐"的演奏流程来看,朱子的说法较为合理。黄式三所谓"乱既曲终之名,《关雎》自成一曲,何以总名曰乱?"把《关雎》作为独立的"乐"来看,这种讲法稍有悖于"乐"的形式结构。③《关雎》虽可配合乐曲而独立演奏,但也应该前后衔接不同的乐章才能构成一部完整的"乐"。相较之下,如果将《关雎》作为整个"乐"的最后一章倒更容易理解,整部"乐"最终呈现百姓安居、男女之情欣然的平和状态。《泰伯》一段更能体现出孔子对《关雎》所描述世界的向往,由"始"到"乱",由"开歌"到

---

① 当然,这种清平之象不仅具备对情感的呈现,更含有对周秦时期理想社会政治制度实情的表述。孙作云在《从诗经中所见的西周封建社会》一文中,以《诗经》中的十几篇文字为基础,详细梳理周代封建土地制度,又在《读噫嘻》和《读七月》中剖析了《周颂·噫嘻》和《豳风·七月》的内容,指出《周颂》和《大雅》《小雅》中的祭祀歌、典礼歌,都是周天子的乐歌。参见氏著:《诗经与周代社会研究》,北京:中华书局,1966年,第75—185页。

② 刘宝楠引证《尔雅·释诂》说"乱、治也",又解释说:"凡乐之终,咸就条理,故曰'乱'。"

③ 参见程树德撰:《论语集释》,北京:中华书局,1990年,第544页。

"合乐"，完全是享受。

总之，通过孔子对《关雎》的两次评价来看，孔子对"作乐"有着"如实、恰当、不过分"且真切地描绘"人之实情"的基本要求。如"哀""乐"之情实有，则如实地描述之，能够如实地描述，也就是清平世界的景象。描述不能放纵，文辞不能牵强或者哗众取宠，否则便流于"淫""伤"的情状。

有了对"作乐"的基本要求，孔子也确立了"作乐"所追求的方向。《八佾》说：

> 子谓《韶》："尽美矣，又尽善也。"谓《武》："尽美矣，未尽善也。"

前一章末节，我们已经对"尽善尽美"一段做过讨论，但从"作乐"之追求、方向来看，《韶》乐的尽善尽美体现在乐章的编排、乐章间的联结以及对"乐"精神内核的表达等方方面面，它渗透在舞蹈、乐曲等细节之中，也是乐师、乐工的精诚合作而达至的状态。可见，对"作乐"的环节，孔子不但提出了"乐而不淫，哀而不伤"、如实、真切的基本要求，也树立了《韶》《武》等的追求目标，这就是孔子对"作乐"问题的解决办法。

其次，"奏乐"环节中所产生的"乐师工具化""追求技艺、器具之精"和"诸侯滥奏乐"等问题，是孔子最担忧的。以诸侯僭越的行径为例，《论语》对此也是批评甚多。如《八佾》：

> 孔子谓季氏："八佾舞于庭，是可忍也，孰不可忍也？"

三家者以雍彻。子曰:"'相维辟公,天子穆穆',奚取于三家之堂?"

鲁国大夫季氏在《论语》中是僭越形象的代表,《八佾》开篇便记录他以大夫之位僭用天子之乐的事情,也可见孔子对其行径的批判。在前文引用的文献材料中,在"奏乐"中僭越的主要还是诸侯,而到了孔子的时代,大夫"奏乐"之僭越已成平常。鲁国的三家大夫仲孙、叔孙、季孙,均以天子之乐祭祀自家的先祖。对于这种行为,孔子认为是必须要禁止的。孔子也看到,导致这种现象产生的原因是周室纲纪不振,所以,强调天子的权威是解决僭越现象的一种必要方式。《季氏》首先讲:

孔子曰:"天下有道,则礼乐征伐自天子出;天下无道,则礼乐征伐自诸侯出。自诸侯出,盖十世希不失矣;自大夫出,五世希不失矣;陪臣执国命,三世希不失矣。天下有道,则政不在大夫。天下有道,则庶人不议。"

《论语注疏》解"天下无道,则礼乐征伐自诸侯出"一句说:"天子微弱,诸侯上僭,自作礼乐,专行征伐也。"[①] 所谓僭越,就是天子、诸侯的地位不被尊重。天子式微,则"奏乐"的规矩就

---

① 何晏注,邢昺疏:《论语注疏》,第254页。

会被诸侯僭越；诸侯、国君式微，"奏乐"的规矩就被大夫忽视。①解决的办法之一，就是强化天子、国君的地位以正君臣的名分。这种"正名"虽依赖很多客观因素，但也应该是自上而下的自觉。至少，上位者首先不能"自甘堕落"。《左传·成公二年》记：

> 新筑人仲叔于奚救孙桓子，桓子是以免。既，卫人赏之以邑，辞。请曲县、繁缨以朝，许之。仲尼闻之曰："惜也，不如多与之邑。唯器与名，不可以假人。"

在成公二年的齐卫战争中，新筑大夫仲叔于奚来兵救援卫国孙桓子，桓子获救，免于被俘。卫国人要赏赐仲叔于奚土地，仲叔于奚辞谢不要，却要求允许他带着曲县、繁缨去见国君，卫国人答应了。孔子听说后，评价道："（卫国人）实在可惜可叹，还不如多给些土地城邦，这种关乎名分的器物是最不能随便赏赐给人的。"很明显，在孔子看来，名分是政治生活中最重要的标识，其隐含的价值远高于土地，所以那些关乎名分的器物不能用以赏赐，轻易地动用这些器物是政治生活中的"自甘堕落"。这种对自己名分的自觉和自尊，是"奏乐"活动的基本要求与底线，就算是天子、诸侯在军事、经济实力上不及旁人，也不能随意丢失了

---

① 自天子出还是自诸侯出，其实也是判断普遍性、开放性的一种方式。相对而言，越普遍、越开放，奇奇怪怪的规矩越少，开放是在做减法，保留礼乐制度中的适用性和必要性。自天子出，各诸侯国风俗习惯、利益好恶都能平衡，自诸侯出则偏好多，"盖十世希不失矣"，是很快要被废弃的。

名分体统，对此要有一种自上而下的自觉。①

孔子也为"奏乐"活动树立了"榜样"。《八佾》记"子语鲁大师乐"一段，曰："乐其可知也：始作，翕如也；从之，纯如也，皦如也，绎如也，以成。"简单地说，这就是孔子心中对"奏乐"的期待。《左传·昭公四年》曰："先王之乐，所以节百事也，故有五节迟速本末以相及，中声以降，五降之后，不容弹矣，于是有烦手淫声，慆堙心耳，乃忘平和，君子弗听也。"在市井表演中，艺人是依靠滑稽、淫邪、奇技等方式吸引行人驻足观赏，但"先王之乐"的演奏，是要在平淡中透显精深的生命体会。换言之，"乐"的演奏是在清净平淡中引人思考，通过对圣王德行的娓娓述说，启发受众、感召受众。达成这种境界有两个基本要求，在《论语》中也有体现：

子于是日哭，则不歌。(《述而》)

子与人歌而善，必使反之，而后和之。(《述而》)

其一，"奏乐"中的情感，必须不做作、不扭曲。如果当天发生了令人悲伤的事情，一整天都受到这种情绪的影响，我们就不要扭曲内心的感受去"奏乐"、去歌唱，因为在这种情形下难以达成平淡之情态。即便是乐曲本身表达着一种悲伤的情感，我们依然不能用原本伤心的情感来表现，因为在这种情绪之下，"奏乐"

---

① 名分之于礼乐政治生活，牵扯着自上而下的自觉，犹如古希腊、罗马时期的"城邦公民"代表着特定意义的社群道德契约。

会与"哀而不伤"的基本要求相违背。其二,"奏乐"成就的情感要自然流露,使得受众与演奏呈现的情感相契,受众既能体会到乐曲中的情感,也能在乐曲中呈现出自己的情感。这是一种难得的契合,是德性生命自证的良机。在这个过程中,情感与情感间得到不假文字的"感通",形成一种当下的明悟。总之,"奏乐"一方面需要恰如其情,表现当发之情,另一方面要让情感与"乐"形成自然的共鸣,使受众与圣王形成情感的感通,如此"奏乐"才能借"乐"以窥天道性命之学问。

说完"作乐""奏乐",下面我们来看孔子对"赏乐"问题的处理。"赏乐"的问题,主要是"赏乐者"自身的问题,所以孔子对"赏乐"问题的处理,是从"赏乐者"入手。

首先,孔子认为在"赏乐"的过程中,"赏乐者"不能过分关注"声""音"与器物等细节。如《阳货》记:

> 子曰:"礼云礼云,玉帛云乎哉?乐云乐云,钟鼓云乎哉?"

这句反诘,显然是针对"赏乐者"过分关注形式细节的弊端,《乐记》讲"是故乐之隆,非极音也",也可能是承此而来。不要试图通过追求"音"的极致来实现"乐"的"尽善尽美",这两者本就不在一个层面。赏乐者愈发将注意力集中在乐曲表演、乐器精美优良等方面,那距离对"乐"的领悟就愈发远。那么,"赏乐"的关键是什么呢?

> 子曰:"人而不仁,如礼何?人而不仁,如乐何?"(《八佾》)

这一引文也是对上一段的回答,其实孔子在这里以"仁"对已经崩坏的乐教传统进行提拔与重建。我们讲过,"乐"最终要达至"尽善尽美"的"和",而在孔子看来,这个通向伦常之"和",要以"仁"为根基。能使人与人感通、联结的,是人人皆有的"仁"。所以,"赏乐者"应该尽快地从对"声""音"的执着中跳出来,通过对"乐"中圣王德行的体悟来觉醒"仁"。

其次,孔子在向师襄子学琴的过程中,亲身实践如何摆脱"声""音"的束缚,进入对"仁"的认识和对圣王德行的领会中。《孔子家语·辨乐解》讲:

> 孔子学琴于师襄子。襄子曰:"吾虽以击磬为官,然能于琴。今子于琴已习,可以益矣。"孔子曰:"丘未得其数也。"有间,曰:"已习其数,可以益矣。"孔子曰:"丘未得其志也。"有间,曰:"已习其志,可以益矣。"孔子曰:"丘未得其为人也。"有间,孔子有所缪然思焉,有所睪然高望而远眺,曰:"丘迨得其为人矣。黯而黑,颀然长,旷如望羊,奄有四方,非文王,其孰能为此?"师襄子避席,垂拱而对曰:"君子,圣人也,其传曰《文王操》。"①

孔子将学琴分为"曲""数""志""人"四个阶段,每一个阶段都对应一种独立的审美标准,而不同审美标准不断超拔,形成一统摄的审美形态。四个层次依次来看:所谓"习其曲",代表孔子从"欣赏者"转为"演奏者"来面对《文王操》,这种转变

---

① 宋立林:《孔子家语译注》,第477页。

能使孔子对乐曲的领会更为细致,进入"声""音"的世界。一段时间后,师襄子第一次对孔子说"可以益",鼓励孔子学习一些新的内容(旋律)。孔子并未采纳师襄子劝其求"新"的建议,而是进一步在"曲"中见"数",这已经开始超离"声""音"的世界。所谓"习其数",一方面代表着孔子能够像乐工一样,从乐律的层面来处理乐曲,另一方面代表着在感官感受的"求新"之外,知觉理性也可以介入对乐曲的理解。因此"数"可以算是从"声""音"世界转出的重要节点。沿着"数"往前走,乐曲的"志""意"就在理解中逼显出来。"志""意"重在讲"乐"的教化能力。师襄子传承乐教,自然对"志""意"之境很熟悉,所以就能看出孔子"得(曲之)志"的不凡之处。令师襄子"辟席再拜"的,是孔子达至了所谓"见其人"的境界。《韩诗外传》对孔子学琴也有记载:

> 孔子学鼓琴于师襄子而不进,师襄子曰:"夫子可以进矣!"孔子曰:"丘已得其曲矣,未得其数也。"有间,曰:"夫子可以进矣!"曰:"丘已得其数矣,未得其意也。"有间,复曰:"夫子可以进矣!"曰:"丘已得其意矣,未得其人也。"有间,复曰:"夫子可以进矣。"曰:"丘已得其人矣,未得其类也。"有间,曰:"邈然远望,洋洋乎,翼翼乎,必作此乐也,默然而黑,几然而长,以王天下,以朝诸侯者,其惟文王乎。"师襄子避席再拜曰:"善!师以为文王之操也。"故孔子持文王之声,知文王之为人。师襄子曰:"敢问何以知其文王之操也?"孔子曰:"然。夫仁者好韦,和者好粉,智者好弹,有

殷勤之意者好丽。丘是以知文王之操也。"[1]

对照《韩诗外传》的引文来看，孔子以"韦""粉""弹""丽"等乐曲表达的"志""意"，归纳出作曲者有"仁""和""智""殷勤"的德行，再根据这些德行之"类"倒推出作曲者是周文王。[2]这一说法将"见其人""得其类""习其志"等都落在外在德行来讲，反而丢失了"见其人"的境界意义。只有将"见其人"和"人而不仁如乐何"综合起来看，才能在"仁"的这种最终境界中看到从外在"德行"向内在"德性"的审美转向。

"德行"向"德性"的转变有着重要的意义，《五行篇》记曰："仁形于内，谓之德之行；不形于内，谓之行。"[3]仁德根植于内心的行为叫"德之行"，"德之行"重在强调道德行为自然生发于主体内心的仁德，这是"德性""品性"，而不仅仅是事功意义的德行。孔子透过乐曲看到的是文王的"仁"，这是"品性"而不仅仅是"德行"。所以，《韩诗外传》在文本上的补充虽然让孔子之"见人"更符合逻辑，但在境界上反而落了下乘。孔子起身"有所缪然深思焉，有所罩然高望而远眺"，是乐曲演奏过程中，心灵产生了共振与感通。《礼记·乐记》说"（乐）其本在人心之感于物"，《文王操》

---

[1] 韩婴撰，许维遹校释：《韩诗外传集释》，北京：中华书局，1980年，第175—176页。
[2] 《史记·孔子世家》引文与《韩诗外传》相关文本的差异需要注意。前者将孔子学琴分为"曲""数""志""人"四个阶段，而《韩诗外传》则增至"曲""数""意""人""类"五个阶段。对照《论语》的语词习惯来看，《韩诗外传》所用的"韦""粉""弹""丽"等不符合孔子的言说习惯，再加上"类"更接近一种对"见人"的补充性解释，由此推知《韩诗外传》"孔子学琴"之成文当在《史记》后。
[3] 魏启鹏：《简帛〈五行〉笺释》，台北：万卷楼，2000年，第9页。

作为共振的中介,让孔子对文王产生了一种"同声相应"的感通。

我们可以清晰地看到,孔子在学琴的过程中,十分明确他要在"乐"中学习的东西。在学琴之初,孔子便立定"得其为人"的方向,可以说,这就是"赏乐"工夫的研习法门。

最后,是孔子确立的"赏乐"之方向与境界。《述而》讲:

> 子在齐闻《韶》,三月不知肉味。曰:"不图为乐之至于斯也!"

这段话流传甚广,却也聚讼纷纭。若单独拿出"在齐闻《韶》"一段独立来看,我们说孔子"沉浸"于《韶》之中而"不知肉味",并没有什么解释的困难。但若将此段放入《论语》之中,这样的直译就出现了解释的困难:其一,就我们日常经验而言,因"闻《韶》"而"三月"感觉不到肉味[①]似是过分夸张,这不符合《论语》一贯平实的表述方式。其二,如《大学》云"心不在焉,食而不知其味",儒家向来强调"求放心"而不堕于物欲,圣人之心岂能因偶闻《韶》乐华章便三月滞于其中?事实上,如果我们将"闻《韶》"再放入周代的"学校"教育中来看,对《韶》乐的领会,需要经过"小学"的数年培养,加上"大学"的不断研习、揣摩,才能有所得。孔子对《韶》乐的领会,相较来说,已经是很迅速的了。而且,对《韶》乐教化之领会并无尽头,孔子在齐学《韶》

[①] 已有学者撰文说明孔子所在的时代,"肉"是一种珍贵的美味,又以孔子"食不厌精,脍不厌细"的观念来看,孔子亦看重、欣赏美味。参见苗金海:《质疑〈三月不知肉味〉新解》》,《中国音乐学(季刊)》2011年第1期,第64页。有关"三月不知肉味"的讨论,参见王顺然:《周秦乐教管窥:以"三月不知肉味"之辨为中心》,《中国美学研究》第12辑,2018年,第10—23页。

只是对《韶》的基本感受,在《论语》等典籍中记录的孔子在不同场合、不同时间提及《韶》乐之情境,更能反映出他对《韶》的不断反思与领会。

孔子一进入《韶》乐的情景便是三月不知肉味,这既是《韶》乐承载着帝舜丰厚德行的表现,也是孔子"赏乐"工夫的展示。沉潜、涵养,就是"赏乐"的方向与境界。当然,奏《韶》"乐"于"齐",也令孔子反思。①

在本节的讨论中,我们借"作乐""奏乐""赏乐"三分的结构,首先分析了"乐教"中"制度"与"人"两方面的问题,进而以《论语》为基础,说明了孔子为解决相关问题所提供的"对治之方"。简单说,在孔子看来,"乐制"的缺陷可以通过"克己复礼归仁"的德性觉醒来解决,制度的设计提供了足够的辅助,但根本还是要落在参与"乐教"的人身上,"乐教"的最终目的也是落在"成人"之上。《宪问》有言:

> 子路问成人。子曰:"若臧武仲之知,公绰之不欲,卞庄子之勇,冉求之艺,文之以礼乐,亦可以为成人矣。"曰:"今之成人者何必然?见利思义,见危授命,久要不忘平生之言,亦可以为成人矣。"

---

① 另,《史记·孔子世家》记曰:"与齐太师语乐,闻《韶》音,学之,三月不知肉味,齐人称之。"《史记》记载之经过与《论语》有出入,以《史记》之解,是说孔子听到《韶》的"乐曲"部分,并向齐乐师学习演奏,三个月废寝忘食(地学习)而不知肉味。但是这种记述不能让人充分理解《论语》所谓"不图为乐之至于斯也!"的意义,故本文倾向《论语》所记。

这里的"知""不欲""勇""艺"等是可以通过教育培养出来的品性，但"成人"的根本还是要落在"人心"的志向、"德性"的觉醒上。如果将制度看作是路径，那么行走在路上的则是"人心"。所谓"兴于诗、立于礼、成于乐"（《泰伯》），"德性"的觉醒与人在境界上的提升，才是孔子对"乐以成教"精神核心的判定。能够"成于乐"，便是在观赏"乐"的过程中充分体贴"乐"中德性生命的展开，通过体贴、领会"乐"中表现的德性人格返照自身进而磨砺心志。如孔子闻《韶》，能体贴帝舜之德行并觉醒、自觉自身的"德性"便是"成于乐"。然而，孔子的"以乐成教"也受到先秦诸家的挑战，这就是我们下一节要讨论的问题。

三、"乐教"核心之争：从老、庄、墨、荀四家看

孔子在"礼崩乐坏"的废墟上，以"仁"对"乐以成教"进行了重建与提拔，将"乐制"的价值落在其对觉醒"仁"心的作用上讲，也从觉醒"仁"心的角度对制度的弊病提出了一些补救的"药方"。但孔子之后，儒家宣扬的"乐教"受到了墨、老、庄诸家的反驳，他们争论的焦点在哪里？这些争论是否不可调和？而儒门后学如荀子，又如何继承和发展儒家的"乐教"观念呢？在本节的讨论中，我们将继续沿用"作乐""奏乐"和"赏乐"的结构，试图对以上问题进行简要的回应，进一步加深对"乐以成教"之精神内核的理解。

在开始讨论诸子争论前，我们先要对"乐""礼"的关系做一说明。这是因为在前面的讨论中，我们是将目光集中在"乐"上，

此时的"礼""乐"关系主要表现为"乐"和"乐制"的关系。但当我们试图处理各家对"乐"的争论时,"礼""乐"关系的范围就有了明显的扩大,这时的"礼"也就不再限于"乐制",而是扩展为"不仅是今人指称为仪礼的部分,更广泛地概括了当时宗法封建社会的典章制度与道德规范"[①]。

有关"礼""乐"关系的讨论有很多,如李濂提出的"礼乐一元论"[②],徐复观在《中国艺术精神》第一章中则认为"中国古代的文化,常将'礼''乐'并称……(但)'乐'比'礼'出现得更早"[③],而近来对礼器的研究中,常发现"礼""乐"在器具、形式等各方面既分又合的状态。以上的讲法并不矛盾,如果按照我们讲述的周公以降"乐教"的形成过程看,"乐"作为一种托底的文化形态,承载起建立"西周宗法封建社会典章制度与道德规范"的重任,这一时期可以称为"大乐教"阶段,此时的"礼乐一元"能够以"乐"为基础。随着"大乐教"中学统与王权之间的张力不断表现出来,乐官逐步"工具化"、乐技逐步"娱乐化",慢慢进入了"小乐事"阶段,此时的"礼乐一元"中"乐"就只能是"礼"的辅助表现形式。[④]但无论是哪一阶段的"礼乐一元","礼乐"总是既分又合的状态,只是说前者更偏重对社会风俗的"教化",后者则强化了对道德主体的"教育"。"礼""乐"之间既分又合的

---

① 陈鼓应:《先秦道家之礼观》,《汉学研究》(台北)2000年第1期,第1页。
② 李濂在《礼乐一元论》一文中表示,"礼乐二者,合为一体;不偏不倚,相反相成"。参见李濂:《礼乐一元论》,《清华学报》1936年第1期,第221—237页。
③ 徐复观:《中国艺术精神》,第1页。
④ 参见王顺然:《"乐崩"现象的背后:"大乐教"到"小乐事"转向中的"学统"再造与礼乐关系重构》,《孔子研究》2022年第1期,第106页。

关系，在《乐记》中就有所讨论，如《乐记》讲：

> 故钟鼓管磬，羽籥干戚，乐之器也。屈伸俯仰，缀兆舒疾，乐之文也。簠簋俎豆，制度文章，礼之器也。升降上下，周还裼袭，礼之文也。

这里以区分的视角看"礼""乐"在形式上的独立性，以及各自在"器""文"层面的对应比较。"礼""乐"作为相对独立的概念，其关系无外乎三种：（一）依于"乐"而产生的"礼"；（二）先有"礼"而后配之以"乐"；（三）"礼"与"乐"相互涵摄。第一种"礼"，可以理解为"乐制"；第二种"礼"，是本来实存的先天关系，如血缘父子之"礼"、宗法之"礼"；第三种"礼"，则是通过"乐"的表演、传承衍生出的习俗甚至规范。以上三种区分，在文化的融会发展中，逐步统归于"礼""乐"既分又合的并列状态。

如果进而追问"礼""乐"更根本的"分合"关系，则要从圣王设"礼""乐"为教的原因入手。说到"成教"问题，可以先分析"礼""乐"对个体道德的引导能力。我们从起点、工夫、境界等三方面来看一下这个问题。

第一，"礼""乐"修养人格的起点有"分合"，《乐记》曰：

> 乐由中出，礼自外作。乐由中出，故静，礼自外作，故文。

> 乐也者，情之不可变者也。礼也者，理之不可易者也。

这两段引文虽表述不同，但对"礼""乐"为教的差异，尤其是对为教起点的差异有一致的判断。简单说，"礼""乐"成教一外一内，前者指向不可变易的"道理"，后者指向人所本有的先天"实情"。照这样看，用来修饰、规范日常生活之洒扫应对的"礼"不必依赖于"乐"而产生，用来体贴生命的"乐"也不一定需要执着于有规范形式的"礼"。"礼""乐"的成教有其相对的独立性。但我们也要知道，外在的"礼"之所以能"悦我心"是因为它能够引发内心共鸣，内在的"义"之所以能成"人路"在于表达为礼，"礼""乐"两者还是不可分的。

第二，"礼""乐"成教的工夫亦是一内一外、既分又合，《乐记》有言：

> 乐也者，动于内者也。礼也者，动于外者也。故礼主其减，乐主其盈。礼减而进，以进为文。乐盈而反，以反为文。礼减而不进则销，乐盈而不反则放，故礼有报而乐有反。

> 穷本知变，乐之情也。著诚去伪，礼之经也。礼乐偩天地之情，达神明之德，降兴上下之神，而凝是精粗之体，领父子君臣之节。

第一段引文是说，主于内的"乐"旨在不断丰富、不断启发，唤醒主体内心仁爱之情，而主于外的"礼"旨在不断减损、不断规范人的行为，使人手足有措。"礼"在外，朝着不断消减的方向令人不断努力遵循；"乐"在内，朝着不断丰富的方向令人发明本性。有"礼"就使施报相得,有"乐"就使本末相彰,《乐记》又说"仁近于乐,义近于礼",其所指也是"礼""乐"这种内外夹持之工夫。这种内外夹持的工夫在第二段引文得到进一步明确的说明:"乐"是一种"返本"的工夫,将这种工夫推进便是"穷本知变";"礼"是一种"减损"的工夫,将这种工夫推进便是"著诚去伪"。但从另一角度看,"礼""乐"的工夫是并用的:于内,可见天理下贯之性,于外,可知人伦道德之礼(理)。

第三,"礼""乐"成教的境界是内外兼修。《乐记》曰:

> 故乐也者,动于内者也。礼也者,动于外者也。乐极和,礼极顺,内和而外顺,则民瞻其颜色而弗与争也,望其容貌而民不生易慢焉。故德辉动于内,而民莫不承听。理发诸外,而民莫不承顺。

引文讲"礼""乐"动"内""外",是针对君子修身工夫而言,修习"礼""乐"工夫,其面容、气象乃是内外相和,令人心生敬意。有"礼""乐"修身的君子,普通百姓看到他的面色就不和他相争,看到他的容貌就不会产生轻慢的情绪。这一"德辉动于内""理发诸外"的状态就是外在举止合礼、内在德性朗现,就是"礼""乐"成教、内外兼修的境界。

需要补充的是,《乐记》在"礼""乐"工夫中更重"乐"的一面,有言曰:"知乐则几于礼矣。"修习"乐教",重在使受众、学子觉醒内在德性,也潜移默化地用圣王的德行感染、浸润受众。所以,借"乐教"的修习能够通达"礼"的本质,这也就离规范的"礼"不远了。

在引导个体道德修养的基础上,我们可以进一步讨论"礼""乐"成教对社会风俗的"教化义"。在一定程度上,"教化"承接着"教育",既然能够实现对个体道德的培育,也就能够推扩为对社会风俗的熏陶、改良。而"教育义"中讲到的"工夫"与"境界",在"教化义"中就变为治道的"作用方式"与"效果"。我们就从"作用方式"和"效果"两方面来分疏"礼""乐"成教的价值与两者之间的关系。

从"作用方式"看,"礼""乐"教化的普遍性落在"管"人情之上。《乐记》曰:

> 乐统同,礼辨异,礼乐之说,管乎人情矣。

《礼记正义》注:"管,包也。"这里讲"包管"人情,强调一种普遍性的限制,不仅仅是对于个人德性的启发。"礼""乐"教化作为普遍性的限制,一般会结合"刑""政"而成为儒家的一种"治道"。见《乐记》曰:

> 是故先王之制礼乐,人为之节。衰麻哭泣,所以节丧纪也。钟鼓干戚,所以和安乐也。昏姻冠笄,所以别男女也。射、乡食飨,所以正交接也。礼节民心,乐和民声,政以行之,刑以防之。礼、乐、刑、政,四达而不悖,则王道备矣。

前半段引文意思与上一段引文相近,同属在教化义层面对

"礼""乐"作用方式的描述。而后半段引文，则是对"礼""乐""刑""政"结合之后，共同形成的治道系统的描述。在这个系统中，"礼"重在"节"，用来节制民心之乱，"乐"重在"和"，用来统一民声之杂，"刑"是禁止越界的行径，"政"强调树立治国之纲纪。"礼""乐""刑""政"各有优长，强制性主要落在"礼""刑"方面。

从"效果"的角度看，"礼""乐"（亦即"礼""乐""刑""政"）教化最后也达致一种夹持中的平衡与统一。《乐记》曰：

> 乐者为同，礼者为异。同则相亲，异则相敬。乐胜则流，礼胜则离。合情饰貌者，礼乐之事也。礼义立，则贵贱等矣。乐文同，则上下和矣，好恶著，则贤不肖别矣。刑禁暴，爵举贤，则政均矣。仁以爱之，义以正之，如此，则民治行矣。

"礼""乐"对社会民风的教化是建立在对个人德性的教育之上的，在作用方式上有相似性。"乐"强调由内而外地表达真实情感，"礼"注重由外而内地规范道德行为，在社会教化层面有一种"同"与"异"的差异性。这种差异性可以是一种张力，既要强调共情，又要区分尊卑，既要"亲而近"，又要"敬而远"。事实上，社会生活、社会伦常关系本就是要寻找到人与人之间恰当的距离，恰当的距离既能确立相应的规范，也形成相应的共情。任何处在社会伦常生活中的人，都需要意识到相互之间的距离感，或者说边界感。所谓边界，既能够形成主体间的交流与共情，又能斩断过度的联结而形成规矩。这一点很难达成，社会生活中重义而失仁、重仁而屈义的情况更多。在这种摇摆、夹持的状态中，"仁以爱之，义以正之"才能真正实现"民治行"。

当然，"礼""乐"教化的最终目的还是与"天地"合，要落在"和"上讲。《乐记》说：

> 乐也者，情之不可变者也。礼也者，理之不可易者也。乐统同，礼辨异，礼乐之说，管乎人情矣。

> 大乐必易，大礼必简。乐至则无怨，礼至则不争。揖让而治天下者，礼乐之谓也。

> 大乐与天地同和，大礼与天地同节。和，故百物不失；节，故祀天祭地。明则有礼乐，幽则有鬼神。如此，则四海之内，合敬同爱矣。礼者，殊事合敬者也。乐者，异文合爱者也。礼乐之情同，故明王以相沿也。故事与时并，名与功偕。

这三段引文的结构与《周易》之"易"的"不易""简易""变易"三解有一种内在的对应关系：其一，"乐也者，情之不可变者也。礼也者，理之不可易者也"，是说礼乐"不易"的内在核心；其二，"大乐必易，大礼必简。乐至则无怨，礼至则不争"，是说礼乐"简易"的体相；其三，"礼乐之情同，故明王以相沿也"，体现出了礼乐因时而"变易"的情状。"礼""乐"教化的最终目的也应如《周易·系辞》所讲："夫大人者，与天地合其德，与日月合其明，与四时合其序，与鬼神合其吉凶。先天下而天弗违，后天而奉天时。"这种既包容又有层次的关系，正是孔子所感叹"天何言哉？四时行焉，百物生焉，天何言哉？"(《论语·阳货》)的"天地"状态。这种"天地"状态表现在"乐"上是"易而不极"，表现在"礼"上是"简而不粗"。

有了对"礼""乐"关系与"礼""乐"教化的解释，我们就可以开始说明老、庄、墨、荀等各家有关"乐"的争论。当然，简要说明诸子的争论，还是为了更清楚地呈现儒家乐教的形态，所以诸子的先后顺序没有必定的要求，我们可以先从老子说起。

在老子的五千言中，我们确实能看到对"声"和"音"的评判，但这些评价并不能算是对儒家乐教的直接批判。比如：

五色令人目盲，五音令人耳聋，五味令人口爽，驰骋畋猎令人心发狂，难得之货令人行妨。是以圣人为腹不为目，故去彼取此。(《十二章》)

大音希声。(《四十一章》)

邻国相望，鸡犬之声相闻，老死不相往来。(《八十章》)

首先，从第三条文本中不难发现，《老子》对"声"概念的使用和我们之前对"声""音""乐"概念的分层分析是一致的。"鸡犬之声"就是最基本的物理声音，而"鸡犬之声相闻"反映的是一种不严格接受礼乐教化规范的状态。这种状态也不完全是前礼乐状态，因为国与国的区别，总是要有一些基本的礼乐规制，而坊间只能听得到"鸡犬之声",也说明"奏乐"活动并不经常发生。通过老子的描述,我们并不能推出老子反对"乐",只能说老子对于"礼""乐"教化的作用,尤其是对社会的规范作用是有批判的。其次,对于"大音希声"的讲法,我们习惯从"境界"的角度来理解。"乐之隆非极音",既然并非是将"音"推向极致就成为"乐",那么"声"也不能通过量化的积累而成为"音"。这样的解释事实上很符合儒家的看法,老子似乎也是通过对"音""声"的区别,批判了诸如魏文侯"辨声之高下"、周景王好"无射"大钟、楚灵王喜"章华之台"等"好声"的行为。但老子是否是从这样一个角度来讲"大音希声"? 我们还可以保留一些怀疑。当我们自身与巨大环境中的音响处于同步共振的状态,类似我们在宇宙背景音的统罩中,旋律中的"声"是无法被感知到的,这也可以看作一种"大音希声"的状态。也就是说,"大音希声"的讲法不仅仅具有伦理属性,也具有自然属性。相对而言,"五音令人耳聋"的讲法所表达出的批判性更为直接。如果按照河上公注解来看,其曰:"好听五音,则和气去心,不能听无声之声。"[1] 这便是将此句与"大音希声"合起来讲,偏重"大音希声"伦理属性的真实性。按照这一脉络,对"无声之声"的欣赏就要依靠心中之"和",而不能将这种"和"落入受器物局限的"声"中,否则心中之"和"被耳目之欲引动,难以回归本性的真实。所以,老子是利用这个悖论——原本用来听"声"的耳朵,反而因为听到了"声"而变聋,凸显出"乐教"对"和"、对自然本真的追求。

---

[1] 河上公注,严遵指归,王弼注,刘思禾校点:《老子》,上海:上海古籍出版社,2013年,第26页。

这种讲法还是和儒家很一致，不太见得其批判性。如果换个角度，将"五音"作为规范，那么"五音"中音与音之间的部分就被忽略，也就是"耳聋"了。就如海德格尔所讲的"遮蔽"一样，当我们只听见、看见那些显现的规范，就会忽略声谱、光谱的连续性与多样性，从这个角度来理解"五音令人耳聋"似乎更合适一些。

综上来看，老子并没有对"乐"进行一种彻底的批判，更像是在儒家乐教之上高屋建瓴地做了提拔。可以说，在承认类似"无声之声"所构成的"乐"[①]能够消除对耳目欲望的追求，给人产生重要而积极影响的基础上，老子将"自然""和"进一步拔高。而老子对那些拘泥于"声""音"之类行为的批判，也是落在对乐器、技艺的无节制追求和对新奇、精巧旋律的嗜好之上。从这一点上看，老子对"乐"的态度与孔子同大于异。区别在于孔子偏重伦常价值，而老子更关心自然价值。

说到庄子则比较复杂，一方面庄子同老子一样，也强调"听无声以闻和"，注重对"和"的把握。《庄子·天地》有言：

> 视乎冥冥，听乎无声。冥冥之中，独见晓焉；无声之中，独闻和焉。故深之又深，而能物焉；神之又神，而能精焉。

[①] 《大戴礼记·主言》见"至乐无声，而天下之民和"；《小戴礼记·孔子闲居》见"无声之乐，气志不违；……无声之乐，气志既得；……无声之乐，气志既从；……无声之乐，日闻四方；……无声之乐，气志既起；……"此类说法主要强调"乐"之成教在于达到"和"的境界，而在"无声"之状态下，也可以达至这种"和"的境界，并且通过"无声"之状态达至"和"的境界，更有其优势。

这里说的"无声之中，独闻和焉"，就是在耳目之欲不被声色引动的当下，对"和"的一种感通，这是"乐"成教的至境。直接讲"听乎无声"还是很难理解的，但结合庄子对心灵境界的描述看，"听乎无声"与"天籁"说直接相关，《齐物论》讲：

女闻人籁而未闻地籁，女闻地籁而未闻天籁夫！

什么是"天籁"呢？按照颜成子游的理解，"地籁则众窍是已，人籁则比竹是已"，"天籁"是什么？子綦说："夫吹万不同，为而使其自己也。咸其自取，怒者其谁邪？"可见，"天籁"是"使其自己""无有怒者"的、自然而然的"声"。这种自然而然的"声"既是整体大全的天地之声，也是无有形态的"无声"之声。① 庄子对"地籁""天籁"的说明，打开了乐教必依于规范性的限制。我们既可以欣赏"人籁"，体贴乐官演奏的韶武之乐，也可以透过"地籁""天籁"，直接与自然相感通，达致"和"的内心境界。在庄子看来，"人籁"所追求的"和"本就取自自然万物之"和"；而自然界万物之"和"，也恰恰是天地创生之"和"，那么，受众主体当下便可能通过"人籁""地籁"和"天籁"中的任何一条途径感受到"和"的境界。以境界为导向，"作乐"和"奏乐"的过程就不再那么重要，"赏乐"也不必执着于枝节。

"赏乐"若是执着于一般"声""音"的枝节处，就会误入歧途。所以，庄子强调：

---

① 参见王顺然：《"丧"：庄子"吾丧我"的另一重隐喻——兼论"想象"的工夫何以可能》，《中国哲学史》2023 年第 5 期，第 28—31 页。

> 是故骈于明者,乱五色,淫文章,青黄黼黻之煌煌非乎?而离朱是已。多于聪者,乱五声,淫六律,金石丝竹黄钟大吕之声非乎?而师旷是已。(《骈拇》)

> 而且说明邪,是淫于色也;说聪邪,是淫于声也;说仁邪,是乱于德也;说义邪,是悖于理也;说礼邪,是相于技也;说乐邪,是相于淫也;说圣邪,是相于艺也;说知邪,是相于疵也。(《在宥》)

越是在某一方面有专攻的人,越容易落入对枝节的追求、落入耳目欲望的迷障中。像师旷,他对"奏乐"的造诣越高超,便越难以从"五声六律""金石丝竹"的泥潭中脱身。即使他在某一刹那通过所奏之乐感受到了"和",他也会被世俗之纷扰再次拉回到耳目之欲当中。在庄子看来,乐师的职业使师旷必须要满足观众"赏乐"的要求,师旷如此,是被他的"天赋"所累。

庄子对于"乐"的讨论,有对老子思想的继承和发展。如果我们把"和"作为"乐教"的目的,那么孔子构建"作乐""奏乐"和"赏乐"的工夫与境界,就是他针对人心之"仁"所发之论,他把"乐教"工夫落在人心之"仁"上,来告诉修习乐教的普通人如何通过一步步的努力达至"和"的境界。但是,偶然达至"和"的境界,并不意味着能够永久地保持在这种状态之上,常人一朝达至"和"的境界也很容易就堕落了下来。[1]"乐"在演奏过程中

---

[1] 《论语·雍也》中孔子对颜回的评价是"三月不违仁",也就是说,以颜回之资也只能在"不违背仁"之境界上坚持三个月。

随着时间的推进,"诗""曲""舞"等都在不断变化。如果在某一刹那,因为诗篇、情景,甚至金钟清越的一响,我们内心达至一种与自然"和"、与乐"和"、与天地"和"的奇妙状态,但下一时刻的演奏,又将我们再次拉回到具体的乐章表演之中。每一刹那的"奏乐"都有可能唤醒我们内心对"和"的感悟,其"入人也深,化人也速",这是"乐"成教的优势。但乐章演奏的流动性、形式变换的多样性等,也让我们很难保持"和"的境界。老、庄针对这个问题给出了解决办法。无论是老子的"无声"之乐,还是庄子的"人籁""地籁""天籁",其一贯的思路是化解掉人为变化对体悟境界的影响。既然"奏乐"(也就是"人籁")是随着演奏的进行而不断变化的,只可以一刹那令人感受到"和"之境界,那么我们不妨努力借助自然界发出的、相对稳定的"地籁"去感受"和"之境界。如果通过"地籁"可以达至"和"之境界,其持续的时间将会比依靠"人籁"要持久。一旦可以直接契悟"天籁""无声"之乐的"和",那必然是"心"可以不借助外力在"和"之境界如如呈现。老庄对治的,并非是普通人,是有过体悟经验的人,他们更关注如何长久地保持"和"的境界。与其说老庄对儒家"乐教"有批判,不如说老庄对儒家"乐教"有补充、有更高的期待。

老、庄对那些执着于技艺、受限于形式而忘乎"乐"之本质的现象十分不满,并认为对"乐"之"和"的追求可以不假"人籁"直接透过"无声"之自然而达成,他们对"乐制"采取一种消解的态度。但客观地说,实践中通过"地籁""天籁"达至"和"的境界是很难的。如在"南郭子綦"和"颜成子游"对"天籁"的讨论中，不仅没办法直接对"天籁"进行描述，而且"天籁"又和"吾丧我"互为表里。这些隐士高人都难以体会天道，更何况普通人？老庄对"乐"之相关制度的消解固有其可取之处，然而在实践中并不见得比孔子重塑"作乐""奏乐"和"赏乐"的做法更高明。

比之老庄而言，墨子对"乐"的批判要彻底得多。先说说墨子对"作乐"的批评，《墨子·三辩第七》曰：

> 程繁问于子墨子曰："夫子曰：'圣王不为乐'，昔诸侯倦于听治，息于钟鼓之乐；士大夫倦于听治，息于竽瑟之乐；农夫春耕夏耘，秋敛冬藏，息于瓴缶之乐。今夫子曰：'圣王不为乐'，此譬之犹马驾而不税，弓张而不弛，无乃非有血气者之所能至邪？"
>
> 子墨子曰："昔者尧舜有茅茨者，且以为礼，且以为乐。汤放桀于大水，环天下自立以为王，事成功立，无大后患，因先王之乐，又自作乐，命曰《护》，又修《九招》。武王胜殷杀纣，环天下自立以为王，事成功立，无大后患，因先王之乐，又自作乐，命曰《象》。周成王因先王之乐，又自作乐，命曰《驺虞》。周成王之治天下也，不若武王。武王之治天下也，不若成汤。成汤之治天下也，不若尧舜。故其乐逾繁者，其治逾寡。自此观之，乐非所以治天下也。"
>
> 程繁曰："子曰：'圣王无乐。'此亦乐已，若之何其谓圣王无乐也？"子墨子曰："圣王之命也，多寡之。食之利也，以知饥而食之者，智也，因为无智矣。今圣有乐而少，此亦

无也。"①

墨子所说的"为乐",近于我们所说的"作乐"。墨子答弟子程繁有关"圣人不为乐"之论述,正是墨子阐明其对"作乐"问题的态度。在此番问答中,程繁的发问直接显示了墨学一派对"乐"的基本认识——"乐"是圣王工作之余用以娱乐休息的形式。我们需要指出的是,墨学一派出身百姓,对"乐"之成教的含义缺少更深刻的体贴;同时,在"礼崩乐坏"的大环境下,"乐"的概念已经被普遍地错用、错解,墨家便顺势消解了"乐"中本有的德性意涵。有了这种观念,墨子自然会认为:其一,如果出于为天下百姓谋利益的立场,圣王本人就应该多工作、少休息,适当的休息也不必要求复杂的"乐";其二,这圣王之所以一代不如一代,也正是因为他们越来越注重休息、娱乐,为此创作复杂的"乐"而浪费了不少心神;其三,进一步说,圣王如不"作乐"便可更多地为天下人谋福利。我们且不把墨子对"作乐"的批判推到如此极端,单从他注意到圣王之"乐"一代比一代复杂之情况来看,墨子与孔子的见解还是有相似之处的。② 当然,墨子和孔子的差异是十分明显的:其一,墨子对"乐"之成教作用并不认可;其二,墨子最为关注的是如何养天下、富天下,正所谓"仁人之事者,必务求兴天下之利,除天下之害。将以为法乎天下,利人乎即为,不利人乎即止。且夫仁者之为天下度也,非为其目之所

---

① 吴毓江撰:《墨子校注》,北京:中华书局,2006年,第61—62页。
② 孔子就认为帝舜的《韶》是尽善尽美,相比之下,周武王的《大武》则只是尽美未尽善,这就是说并非越是复杂的"乐"就越美。

美，耳之所乐，口之所甘，身体之所安，以此亏夺民衣食之财，仁者弗为也"①。如此一来，"作乐"真就是多此一举、劳民伤财的典范。

接着，我们说说墨子对"奏乐"问题的看法。墨子讲：

> 仁之事者，必务求兴天下之利，除天下之害。将以为法乎天下。

这是墨子讨论问题的基本标尺，只要对某种行为做评价，墨子就强调"上考圣王之事，下度万民之利"，讨论"奏乐"的问题也不能离开这个基本标尺。② 在这个大前提下，墨子对"奏乐"与兴利除害之关系做出了基本的判断：

> 今王公大人虽无造为乐器，以为事乎国家，非直掊潦水、折壤坦而为之也，将必厚措敛乎万民，以为大钟鸣鼓、琴瑟竽笙之声。……以其反中民之利也。然则乐器反中民之利亦若此，即我弗敢非也。然则当用乐器譬之若圣王之为舟车也，即我弗敢非也。
>
> 民有三患：饥者不得食，寒者不得衣，劳者不得息，三者民之巨患也。然即当为之撞巨钟，击鸣鼓，弹琴瑟，吹竽笙，而扬干戚，民衣食之财将安可得乎？即我以为未必然

---

① 吴毓江撰：《墨子校注》，第379页。
② 参见王顺然：《仁义并举 儒墨相合——以唐君毅先生〈墨子之义道〉一文分析》，台湾《鹅湖月刊》第523期，第26—40页。

也。……然即当为之撞巨钟，击鸣鼓，弹琴瑟，吹竽笙而扬干戚，天下之乱也，将安可得而治与？即我未必然也。[1]

引文第一段是解释有关"奏乐"与"兴利"的关系。上古圣王造车船的目的是方便百姓的交通，如果王公大臣把制造乐器当作关乎社稷的国家大事来看，也应当是以"乐器"惠及百姓生活为目的。而事实上，但凡制造乐器必定要征敛百姓的财物，越是需要制作精美又巨大的钟鼓乐器，就越是要横征暴敛。如此一来，完全看不出有关"奏乐"与"兴利"有何利益关系。引文第二段是解释"奏乐"与"除害"的关系。老百姓的苦难是没饭吃、没衣穿、辛苦之余得不到休养，而且天下又盗贼横行、祸乱四起，这些都不是"奏乐"能解决的，也就是说，"奏乐"是除不了害的。不仅仅是不能"兴利除害"，墨子还发现"奏乐"可能还会"兴害"、产生不良后果：

今王公大人惟毋处高台厚榭之上而视之，钟犹是延鼎也，弗撞击，将何乐得焉哉？其说将必撞击之。惟勿撞击，将必不使老与迟者。老与迟者，耳目不聪明，股肱不毕强，声不和调，明不转朴。将必使当年，因其耳目之聪明，股肱之毕强，声之和调，明之转朴。使丈夫为之，废丈夫耕稼树艺之时；使妇人为之，废妇人纺绩织纴之事。今王公大人唯毋为乐，亏夺民衣食之财，以拊乐如此多也。

---

[1] 吴毓江撰：《墨子校注》，第380—381页。

> 昔者齐康公兴乐万，万人不可衣短褐，不可食糠糟。曰："食饮不美，面目颜色不足视也；衣服不美，身体从容不足观也。"是以食必粱肉，衣必文绣，此掌不从事乎衣食之财，而掌食乎人者也。①

如果为"奏乐"而选取耳聪、体健之人②，这些人因为"奏乐"的需要而不能参加生产劳动，这对于百姓之利绝对是一种巨大的伤害。这些参与奏乐的人既不能从事生产，而且他们日常的基本消耗还比别人多得多。比如齐康公为了能让每一个表演"万舞"的人都面色红润、肢体健硕、衣服锦绣，就专门用丰盛的食物和上好的织绣供养这些演员。这些演员不能去从事生产创造财富，反而以强健的身躯消耗着财物，于天下而言便是大害，是故墨子曰："姑尝厚措敛乎万民，以为大钟鸣鼓、琴瑟竽笙之声，以求兴天下之利，除天下之害，而无补也。"③

以上就是墨子对"奏乐"的基本立场。需要补充的是，墨子反对"奏乐"也和他的"非攻"、反对不义战争的思想有关系。我们讨论"奏乐"问题时曾提到，"乐舞"是古代演绎战队阵型的一种形式，比如齐康公所欣赏的"万舞"，就是武舞的一种。这类"乐"都宣示着某种战争的信念，因此必然受到墨子的戒备。

---

① 吴毓江撰：《墨子校注》，第380页。
② 这与我们前文讲祭祀"奏乐"以四种盲人为主的观念稍有区别，四种盲人是掌管乐器演奏的，而这里健康的人是表演"乐舞"的。墨子强调这些舞者需要身强体壮也是有现实支持的。
③ 吴毓江撰：《墨子校注》，第381页。

最后，我们来谈谈墨子对于"赏乐"的看法。墨子评判"赏乐"也是以"兴天下之利，除天下之害"为标尺，墨子认为欲望是个体的，但利害是社会性的，"赏乐"可以满足个体的欲望，这是墨子承认的：

> 是故子墨子之所以非乐者，非以大钟鸣鼓琴瑟竽笙之声以为不乐也，非以刻镂华文章之色以为不美也，非以犓豢煎炙之味以为不甘也，非以高台厚榭邃野之居以为不安也。[1]

但墨子更为关注的是"乐"不仅能够满足个体的欲望，也能够引动个体的欲望。这就成了墨子讨论"赏乐"问题的起点，墨子对"奏乐"的讨论始终围绕着"赏乐"可以"引动人的耳目之欲以至沉迷其中"来谈，故《非乐上》说道：

> 今天下之士君子，以吾言不然，然即姑尝数天下分事，而观乐之害。王公大人蚤朝晏退，听狱治政，此其分事也。士君子竭股肱之力，亶其思虑之智，内治官府，外收敛关市、山林、泽梁之利，以实仓廪府库，此其分事也。农夫蚤出暮入，耕稼树艺，多聚叔粟，此其分事也。妇人夙兴夜寐，纺绩织纴，多治麻丝葛绪，捆布縿，此其分事也。今惟毋在乎王公大人说乐而听之，即必不能蚤朝晏退，听狱治政，是故国家乱而社稷危矣。今惟毋在乎士君子说乐而听之，即必不

---

[1] 吴毓江撰：《墨子校注》，第380页。

能竭股肱之力，亶其思虑之智，内治官府，外收敛关市、山林、泽梁之利，以实仓廪府库，是故仓廪府库不实。今惟毋在乎农夫说乐而听之，即必不能蚤出暮入，耕稼树艺，多聚叔粟，是故叔粟不足。今惟毋在乎妇人说乐而听之，即不必能夙兴夜寐，纺绩织纴，多治麻丝葛绪捆布縿，是故布縿不兴。曰：孰为大人之听治而废国家之从事？曰乐也。①

在墨子看来，"赏乐"具有引动耳目之欲的普遍性，容易使受众"沉迷放纵"。换言之，追逐情欲的"赏乐"行为将受众导向了沉迷的状态，这会使赏乐的人耽误他自己的社会、生活职责。在墨子看来，耽误自己的职责就是不能兴利除害，不能为天下人带来好处。所以，追逐情欲的"赏乐"行为就是不被容许的。墨子进一步又指出：

今大钟鸣鼓、琴瑟竽笙之声，既已具矣，大人锈然奏而独听之，将何乐得焉哉？其说将必与人。与君子听之，废君子听治；与贱人听之，废贱人之从事。今王公大人惟毋为乐，亏夺民之衣食之财以拊乐，如此多也。②

这种因"赏乐"而引发的对耳目之欲的追求，极具传染性。从王公大臣以降，越来越多的人出于对耳目之欲的不断摄取聚集起来，把这种追求耳目之欲的种子，种到了每个参与的个体之中。

---

① 吴毓江撰：《墨子校注》，第383页。
② 吴毓江撰：《墨子校注》，第381页。

所谓"君臣上下同听之"在墨子看来，就是欲望的种子在每个人心中萌芽的表现，是上下交相害的表现。这种上下交相害的情况愈演愈烈，必然使国家的政治堕落。

墨子基于"仁之事者，必务求兴天下之利，除天下之害。将以为法乎天下"的基本标准，将"作乐""奏乐"和"赏乐"的问题逐一批判：其一，圣王出于休息的目的"作乐"，所以"作乐"只要能满足基本的需要就可以，不必不断追求精美。当然，在墨家的实践观中，没有"乐"就更好了。其二，为了保证"奏乐"的效果，王公大臣挪用很多社会资源以满足"奏乐"的需要，这是不能为天下"兴利除害"的，所以需要禁止。其三，"赏乐"普遍地引发了受众的耳目之欲，使他们放纵于"赏乐"而无心生产、无心为天下谋利，所以需要抵制。

相比于老庄而言，墨子对"乐"有一种近乎偏执的抵触。墨子不把"乐"落在"和"上讲，也不把"乐"作为调和人情的方式，而是将其落在个人情欲上讲。"乐"的产生、"乐"的作用、"乐"的发展演变等，在墨子看来，无一不是暗含着个人情欲追求。如果回到墨子哲学的基本立场来看，这种讲法有他的合理性。当墨子将"义"作为价值的最高准则时，"利"就成为衡量"义"的标尺。这里的"利"是社会性的，是"兼爱"意义下的"利"，而不是满足个体欲望的"利"。满足个人的情欲就要从他处夺利，夺取他人之利就不满足公天下、兴天下之利，而乐在创建、发展的每一步都离不开对个人情欲的满足，每一步都以"私利"侵"公利"。

墨子的观点和态度有些极端，但也有其现实意义，尤其在"礼坏乐崩"的时代,"乐"更多地表现为情欲的放纵,儒家的"乐教"也确实受到根本的冲击。作为孔门后学的荀况,如何为"乐"正名,如何回应墨子的观点?我们可以将荀子的论证分为两步。第一步,荀子将情和欲分开,指出节制人欲的任务可以依靠"礼"来完成,而这个"礼"近于社会规范,是不依赖"乐"而产生的、具有客观基础的"礼":

> 礼起于何也?曰:人生而有欲,欲而不得,则不能无求;求而无度量分界,则不能不争;争则乱,乱则穷。先王恶其乱也,故制礼义以分之,以养人之欲,给人之求。使欲必不穷乎物,物必不屈于欲。两者相持而长,是礼之所起也。①

节制人欲,主要在于"节"。"节"是在承认人欲合理部分的基础上,在其"顺是"的过度处斩断。全盘地斩断人欲会带来动乱,先王制定"礼"来合理分配利益,做到"养人之欲,给人之求"。基于这个前提,先王之"乐"有"和鸾之声,步中《武》《象》,趋中《韶》《护》"的效果,这并非是放纵"人欲",而只是满足人"养耳"的正常要求。换言之,先王是依照"所以养耳"的"礼"规范了"作乐"的行为。荀子将"作乐"问题落在"礼"上谈,已经为先王之"乐"与"人欲"之间加了一层限制。

然而,谈"礼"对人欲的节制多少还在"乐"的外围,在以"乐"成教的内部,"乐"能否对人欲加以限制呢?在《荀子·乐

---

① 王先谦撰:《荀子集解》,第346页。

论》中,荀子进一步从"作乐""奏乐"和"赏乐"三方面,展现了"乐"于实践中调和人情、节制人欲的作用,也是荀子回应墨子的第二步。①

首先,所谓"君子乐得其道,小人乐得其欲;以道制欲,则乐而不乱;以欲忘道,则惑而不乐","乐"对人情感的引动,正是它能够节制人欲的重要基础,先王制作"乐"就是疏导人情,节制其放纵:

> 先王恶其乱也,故制《雅》《颂》之声以道之,使其声足以乐而不流,使其文足以辨而不諰,使其曲直、繁省、廉肉、节奏足以感动人之善心,使夫邪污之气无由得接焉。是先王立乐之方也,而墨子非之,奈何!

> 乐者,先王之所以饰喜也。军旅鈇钺者,先王之所以饰怒也。先王喜怒皆得其齐焉。是故喜而天下和之,怒而暴乱畏之。

> 夫民有好恶之情而无喜怒之应则乱。先王恶其乱也,故修其行,正其乐,而天下顺焉。故齐衰之服,哭泣之声,使人之心悲;带甲婴胄,歌于行伍,使人之心伤;姚冶之容,郑、

---

① 相较于孟子而言,荀子对于"乐"的讨论比较多;在《乐论》以外的很多篇目之中,荀子都对"乐"的作用有所谈及,也不忘在相应篇目中对墨子批评一番。本书因讨论需要,只就《乐论》的内容加以说明。参见北京大学《荀子》注释组:《荀子新注》,北京:中华书局,1979年,第322页。

卫之音，使人之心淫；绅端章甫，舞《韶》歌《武》，使人之心庄。故君子耳不听淫声，目不视女色，口不出恶言。此三者，君子慎之。①

以上三段材料皆出自《乐论》，主要观念是相通的。三段文字都强调喜怒皆为人情之必然，喜怒若不能正当地发出就是乱，而先王"作乐"就是为了疏导喜怒、节制暴乱。因此，荀子认为墨子无视"乐"可节制人欲的放纵是不正确的。

其次，"乐"不仅仅是节制，还能够引导、调适，这种引导就表现在"赏乐"的过程中：

故听其《雅》、《颂》之声，而志意得广焉。

故乐在宗庙之中，君臣上下同听之，则莫不和敬；闺门之内，父子兄弟同听之，则莫不和亲；乡里族长之中，长少同听之，则莫不和顺。……故乐者，天下之大齐也，中和之纪也，人情之所必不免也。是先王立乐之术也，而墨子非之，奈何！②

"乐"的不同艺术形式都会对受众的耳目感受产生作用，为受众塑造出中和的感受，透显出"和"的境界，也就是"乐"以成教的状态。这种塑造，是"赏乐"过程中"乐"对人情的引导。

---

① 王先谦撰：《荀子集解》，第379—381页。
② 王先谦撰：《荀子集解》，第379—380页。

所以，荀子认为墨子无视"乐"可以引人向善的作用也是不对的。

同时，这种引导作用也在实践中有所表现。可以说，"奏乐"活动有助于人向着"和"的境界提升：

> 执其干戚，习其俯仰屈伸，而容貌得庄焉；行其缀兆，要其节奏，而行列得正焉，进退得齐焉。

> 君子以钟鼓道志，以琴瑟乐心，动以干戚，饰以羽旄，从以磬管。故其清明象天，其广大象地，其俯仰周旋有似于四时。

> 声乐之象：鼓大丽，钟统实，磬廉制，竽笙肃和，管籥发猛，埙篪翁博，瑟易良，琴妇好，歌清尽，舞意天道兼。鼓，其乐之君邪。故鼓似天，钟似地，磬似水，竽笙、管籥似星辰日月，鞉、柷、拊、鞷、椌、楬似万物。曷以知舞之意？曰：目不自见，耳不自闻也，然而治俯仰、诎信、进退、迟速莫不廉制，尽筋骨之力以要钟鼓俯会之节，而靡有悖逆者，众积意𧦝𧦝乎！①

君子在"奏乐"的实践活动中疏导其性情，也在"奏乐"中不断地感受与自然之"和"、与乐之"和"以及与天地之"和"。恰似先王所设"学校"教育中，选士、俊士等寓修身于"奏乐"

---

① 王先谦撰：《荀子集解》，第383—384页。

之中的情形。所以，荀子认为墨子不能体贴"奏乐"作为一种德性实践的工夫更是不对的。

站在回应墨子"非乐"的立场上，荀子认为"乐教"可以形成对"人欲"的有效节制与引导。不同于孔子从"仁"上讲"乐"，荀子论"乐"，更加强调其社会性意义，这是对孔子思想的时代性转化。尤其是对于"礼"或者说制度而言，荀子更注重独立的"礼"的价值，并强化了"礼"对"人欲"节制的意义，所以在"作乐""奏乐"和"赏乐"的各个环节也必须考虑并遵守"礼"的规范。

综合本节的讨论，我们通过梳理老、庄、墨、荀各家在"乐教"思想上与孔子的对话，简单说明了各家对于"乐教"的态度及各自对于"乐教"精神核心的判断。有了诸家思想做参照，孔子以制度辅助"乐"而挺立人心之"仁"、达至"和"之境界的思想变得更加清晰。同时，孔子对"乐教"精神的判定，在荀子处得到又一次的展开，而荀子对"乐教"节制、引导"人欲"作用的诠释，增强了"乐教"的社会性价值，进一步完善了先秦儒家的乐教思想，心、性、情等概念在乐教思想的整体结构中得到了妥善的安置。至此，我们对先秦儒家乐教的讨论就告一段落。

附录一　部分文献综述

为方便查阅，我们将对部分文献书目做一个简单的介绍，可以先从导言中讲到的"第一代"研究说起：

吉联抗在 1963 年出版的《吕氏春秋中的音乐史料》[1]分"大乐""侈乐"等篇，辑录了传统经典中有"乐""音"等字的文段。继而在 1980 年、1981 年分别出版的《春秋战国音乐史料》[2]和《秦汉音乐史料》[3]，前者取《春秋左传》《国语》《战国策》和《史记》为辑录文本，犹以史实为择取重点，后者取《史记》（与前书无重复，以《秦始皇本纪》为界）、《汉书》《后汉书》和《西京杂记》为辑录文本，亦以史实为择取重点。同时，吉联抗在 1983 年出版的《孔子、孟子、荀子乐论》[4]进一步将《论语》《孟子》《荀子》三书中的相关文段收集、注译。

人民音乐出版社出版的《中国古代乐论选辑》[5]一书，参与编

---

[1] 吉联抗：《吕氏春秋中的音乐史料》，上海：上海文艺出版社，1978 年。
[2] 吉联抗：《春秋战国音乐史料》，上海：上海文艺出版社，1980 年。
[3] 吉联抗：《秦汉音乐史料》，上海：上海文艺出版社，1981 年。
[4] 吉联抗：《孔子、孟子、荀子乐论》，北京：人民音乐出版社，1983 年。
[5] 文化部文学艺术研究院音乐研究所编：《中国古代乐论选辑》，北京：人民音乐出版社，1981 年。

写人员为吴钊、赵宽仁、伊鸿书、古宗智等,后由吉联抗修订公开出版。该书有几个特点:首先,材料选择的时间跨度长,包含从先秦一直到明清学者文选;其次,材料选择的取向不同,不再以史料、史实为择取标准,而是将讨论"乐"、评价"乐"放在了首位。这种选择的标准突出"思想性",淡化了历史故事中表达的史实意义;同时,该书将思想史的流变呈现了出来,为研究者提供了不少方便。值得注意的是,该书修改了"音乐"一说,而单用一个"乐"字。但因篇幅所限,该书未将各家的观点分别说明。

蔡仲德注译《中国音乐美学史资料注译》[1],增订了不少文献内容,并对传统文献加上了必要的注释。在每一部分文献之前,添写了该作品的历史背景与音乐思想的综述,但该书又回到了"音乐"的概念中。

考夫曼(Walter Kaufmann)编写的《乐经论》[2]汇集四书五经所记的所有有关"乐"的内容。该书完全用西方乐律概念、音乐理论来解释传统中国乐律。其中对《周礼》相关文段的强调,也显示了西方学者对于中国传统乐论的兴趣所在。但出于对传统中国乐器史、思想史知识的缺乏,该书很多结论并不扎实,例如:以平均律解释五度相生不能避免其中产生的音差等等。考夫曼自己也认为:"本书旨在探讨中国传统四书五经的一些有关音乐的文献材料,而不必在意其他的分类系统。我们就是要针对中国古代音乐史找到些信息、做出些贡献。考虑到文献失传或文字缺失,

---

[1] 蔡仲德:《中国音乐美学史资料注译(增订版)》,北京:人民音乐出版社,2007年。

[2] Walter Kaufmann, *Musical References in the Chinese Classics*, Detroit: Information Coordinators, 1976.

我们不可能重现一个清晰的状况，但是我们还是可以找到一些可以被把握的事实，用以弥补乐教的缺失，而为音乐家们提供些帮助。"[1] 从某个角度说，以"音乐"（music）翻译、解释"乐"的方式，就这样被带到了西方。

辑录、汇编可以算是"第一代"的研究工作，在"乐教"研究中，辑录、汇编的工作有些特点，尤其在文献不足考的情况下，辑录、汇编往往以"声""音""乐"概念，或者艺术表演、乐器演奏等形式为线索，可以说是由"器"而"道"，这和其他传统的辑录标准有所不同。

辑录、汇编之后的"第二代"研究开始注重对传统"乐教"思想的整体性定位。

黄友棣的《中国音乐思想批判》[2]对中国传统音乐批判的很严厉。黄氏认为音乐对现代人没有传统的那么有用，既不能形成教育，也不能疏导社会风气，古人说音乐都是连着怪力乱神，更不能相信。这里很明显地反映出传统文化剧变下，学者的心态和对传统的否定与质疑。但另一方面，这里表述的问题对"乐教"研究而言不能轻易绕过。

徐复观的《中国艺术精神》[3]是艺术研究的代表性书目，虽然其集中讨论"乐教"的篇幅不多，但也有不少灼见值得留意。比如他讲，"而当一个儿童受到《韶》乐的感动，'其视精，其心端'的时候，可以说这是乐对于一个儿童纯朴心灵所能发生的感动作

---

[1] 参见 Walter Kaufmann, *Musical References in the Chinese Classics*, p.11。
[2] 黄友棣：《中国音乐思想批判》，台北：乐友书房，1965 年。
[3] 徐复观：《中国艺术精神》，上海：华东师范大学出版社，2001 年。

用"。这里所用的"感动"是传统"乐教"的重要概念，需要进一步展开解释。

《孔子的乐论》①一书，其作者是日据时期台湾音乐家江文也，原书名为《上代支那正乐考——孔子音乐论》。该书既体现出江文也的音乐家立场，也表达了其民族性立场。江氏在解释传统"乐教"时，情感的表达很丰富，具有"体知"的感动。

蔡仲德的《中国音乐美学史论》②是在《中国音乐美学史资料注译》一书的基础上深入思想的归类与把握。比如虢文公的"省风"说、师旷的"以乐听风"说、医和的"中声"说等，这种分类定性方便将学说与人物联系起来，使人物和学说更加鲜活。但遇到孔子这样思想丰富而完整的人物，他对"乐"的很多判断并不适合独立地标签化，不然其音乐思想就变得割裂。

蒋孔阳的《先秦音乐美学思想论稿》③讨论了先秦时代有关音乐的美学思想。该书较蔡氏《中国音乐美学史论》，更注意对先秦诸子学脉的区别，是在诸子思想下解释各自乐教的观念。

修海林的《中国古代音乐美学》④强调音乐美学理论与时代的关系，强调音乐美学的"历时性"。该书对音乐相关概念的解释比较准确，但对礼乐、仁义等问题的论证主要依赖对文本的直译。

祁海文的《儒家乐教论》⑤主要讨论先秦两汉的儒家乐教思想，

---

① 江文也：《孔子的乐论》，台北：台湾大学出版中心，2004年。
② 蔡仲德：《中国音乐美学史论》，北京：人民音乐出版社，1988年。
③ 蒋孔阳：《先秦音乐美学思想论稿》，北京：人民文学出版社，1986年。
④ 修海林：《中国古代音乐美学》，福州：福建教育出版社，2004年。
⑤ 祁海文：《儒家乐教论》，郑州：河南人民出版社，2004年。

注重儒家乐教观念的起源与演进。作者认为理解传统"乐教"精神，应该把伦理和审美合二为一，从道德情感中体验美的境界。从章节结构看，作者注重"乐教"的发展性，但章节以时代与人物为纲，"乐教"的内在一致性反而被弱化，导致"乐"与政治、道德、审美等各个面向的关系过于独立。

杨华的《先秦礼乐文化》[①]将"礼乐"合论，注重分疏"乐"与"礼"之间"自为"和"人为"的结合过程，在"乐由中出，礼自外作"一节中也集中讨论了先秦礼乐文化与政治建设的关系。但杨氏研究偏重礼，对乐舞的疏解也注重其礼典化和神秘化的状态。

许兆昌的《先秦乐文化考论》[②]一书，对不同时期的一些事件进行了独立的考证，比如"虞舜乐文化零证"一节，就将舜的家族作乐一事进行了较为详尽的梳理。第四章"乐舞与周代礼制生活"讨论了不同的乐舞对应着不同的礼，又有不同的仪式节奏，是很好的复原工作。

贾海生的《周代礼乐文明实证》[③]一书中，《周公所制乐舞通考》《洛邑告成祭祀典礼所奏乐歌考》《周成王行礼所用乐歌考》等数文对周初之乐考证较为详实。

针对"乐教"思想的整体观照，有不少专门以《乐记》为研究对象的成果。

王菡在《〈礼记·乐记〉之道德形上学》[④]一书中，通过中西

[①] 杨华：《先秦礼乐文化》，武汉：湖北教育出版社，1997年。
[②] 许兆昌：《先秦乐文化考论》，哈尔滨：黑龙江人民出版社，2010年。
[③] 贾海生：《周代礼乐文明实证》，北京：中华书局，2010年。
[④] 王菡：《〈礼记·乐记〉之道德形上学》，台北：文史哲出版社，2002年。

对照，探讨"武"乐所定义之美感，以《乐记》记载孔子等人论述"武"乐的内容，讲述解读"乐"所言之物，进一步解释《乐记》包含的艺术美，讨论了《乐记》与康德的道德形上学的关系。

薛永武的《〈礼记·乐记〉研究》[①]运用阐释学的方法，对"大乐与天地同和""惟君子为能知乐""乐由中出""惟乐不可以为伪"等许多命题进行了诠释。

王祎的《〈礼记·乐记〉研究论稿》[②]偏重对文本文字的梳理训释及历史背景的解读，对于《乐记》在历朝历代的研究发展也进行了编排整理。

相比整体观照而言，学者逐渐开始注意"乐教"的很多独特价值，可以称之为"第三代"研究。

陈昭瑛的《儒家美学与经典诠释》[③]一书，虽然不是直接讨论乐教问题的作品，但其中"孔子诗乐美学中的整体性观点"一章，诗乐的提法值得注意。此章所论之整体性，强调主客统一、形式内容统一都是很重要的观念。

林明照的《先秦道家的礼乐观》[④]关注到先秦道家并非一味否定礼乐，而是为礼乐建立了一套形上的基础。

黎国韬的《先秦至两宋乐官制度研究》[⑤]是有关中国传统乐文化的研究中很有特色的成果，它跳出了"乐"的艺术性的限制，

---

① 薛永武：《〈礼记·乐记〉研究》，北京：光明日报出版社，2010年。
② 王祎：《〈礼记·乐记〉研究论稿》，暨南大学博士学位论文，2009年6月。
③ 陈昭瑛：《儒家美学与经典诠释》，台北：台湾大学出版中心，2005年。
④ 林明照：《先秦道家的礼乐观》，台北：五南图书出版公司，2007年。
⑤ 黎国韬：《先秦至两宋乐官制度研究》，广州：广东人民出版社，2009年。

转而从乐官这个群体反观传统"乐教"。但在"礼坏乐崩"的过程中，传统的乐官职能发生了很大的偏转，该书对此没有太多照顾。

蔡幸娟的《音乐治疗：中国古代医学与音乐治疗》[①]一书，是"乐"论在跨专业、交叉学科研究中的代表，为乐论研究的进一步发展打开了视域。但客观说，"音乐治疗"与中国传统"音乐"，甚至传统"乐教"有没有直接的关系，或者关系有多密切是很难解释的问题。

另外，很多英语世界的研究成果也值得关注。

库克（Scott Bradley Cook）所写的 *Unity and Diversity in the Musical Thought of Warring States China*[②]是少有的、分析很细致的外文乐论著作，除去后文以孔、孟、老、墨、庄、荀及《吕氏春秋》为纲，分疏各家乐论思想外，该书在第一章对声、音、乐概念也有所讨论。只是该书在说明了声、音、乐的形式内涵之后，立即转向讨论音乐对社会、人格等方面的作用。另外，库克对中国传统乐律的解释，容易造成中国音律体系与西方音律体系同质的错觉。

杜志豪（Kenneth J. DeWoskin）的 *A Song for One or Two: Music and the Concept of Art in Early China*[③]是从音乐研究说起的。其第三章关于音乐、听觉和心灵（Music, Hearing, and the Mind）的研

[①] 蔡幸娟：《音乐治疗：中国古代医学与音乐治疗》，台北：五南图书出版公司，2015年。

[②] Scott Bradley Cook, *Unity and Diversity in the Musical Thought of Warring States China*, Michigan: A Bell & Howell Company, 1997.

[③] Kenneth J. DeWoskin, *A Song for One or Two: Music and the Concept of Art in Early China*, The University of Michigan, 1982.

究视角很独到。只是杜志豪的讨论也只是文本的翻译，并多以《庄子》及《淮南子》为主。

陈佳的 *How Can One Be Perfected by Music?*[①] 讨论了儒家乐教如何通过音乐教化人格的问题，该书继承了汉语界讨论儒家音乐哲学、乐教等的观念，对于中国传统乐教与西方古典哲学关于音乐审美、美学的相关论述很有创见，且极富现实感。但是其讨论音乐本身的部分稍显不足，对乐教的兴起及在夏、商、周传承只有寥寥数言，对乐教之宗教、政治、伦理和美学等问题的解释尚有深化的空间，对中国传统乐的艺术形式也未有谈及。

2013 年，朴素晶（Park So Jeong）发表的 *Musical Thought in the Zhuangzi: A Criticism of the Confucian Discourse on Ritual and Music*[②] 一文，是她一系列音乐研究中的一篇，该文通过比较《庄子》对于"声""音""乐"概念的讨论，建立对《乐记》之"声""音""乐"概念的理解，这种尝试很有意义。但文中对于"声""音""乐"概念在库克的《乐记》注释翻译中的甄定，还有待商榷。

"乐教"研究不能离开对相关技术问题的解释，比如乐器、律历、天文星象等，此处列举几部作品以供参考。

[①] Jia Chen, *How Can One Be Perfected by Music?— Contemporary Educational Significance of Chinese Pre-Qin Confucian Thought on Yue Jiao (Music Education)*, Submitted in partial fulfillment of the requirements for the degree of Doctor of Philosophy in Educational Policy Studies in the Graduate College of the University of Illinois at Urbana-Champaign, 2012.

[②] Park So Jeong, "Musical Thought in the Zhuangzi: A Criticism of the Confucian Discourse on Ritual and Music", *Journal of Dao*, 12, 2013.

《语言与音乐》[1]一书收录了杨荫浏《语言音乐学初探》、孙从音《戏曲唱腔和语言的关系》、武俊达《谈京剧唱腔的旋律和字调》三篇有关语言与音乐的文章,这个论证的视角很重要。语言、音乐都是音的内容,算是同源而生的两种形态。这两种形态又如何再被结合在一起,自然是重要的问题。

薛宗明的《中国音乐史(乐器篇)》[2],直接按照金、石、丝、竹的分类对乐器的发展进行总结,但是这种办法在应用过程中还有很多细节难以解释。

李纯一的《中国上古出土乐器综论》[3],结合了传统分类办法和现代科技的要求,在讨论乐器材质的同时,也兼顾音高测准的问题。该书主要研究对象散在全国各地文博考古单位,考古材料以1987年底前发表为主。

程贞一在《黄钟大吕——中国古代和十六世纪的声学成就》[4]一书中通过对中国古典音律的研究,论证先秦时期中国律学传统中所包含的科技精神,其律学体系所囊括的五行、阴阳、十二律等解释传统,是一套完整的、独特的学说。但更加系统解释乐律内容的著作,是吴南薰的《律学会通》[5]。

王友华的《先秦编钟研究》[6]是编钟研究的专著,包括对于编

---

[1] 杨荫浏等:《语言与音乐》,北京:人民音乐出版社,1983年。
[2] 薛宗明:《中国音乐史(乐器篇)》,台北:台湾商务印书馆,1983年。
[3] 李纯一:《中国上古出土乐器综论》,北京:文物出版社,1996年。
[4] 程贞一:《黄钟大吕——中国古代和十六世纪的声学成就》,上海:上海科技教育出版社,2007年。
[5] 吴南薰:《律学会通》,北京:科学出版社,1964年。
[6] 王友华:《先秦编钟研究》,桂林:广西师范大学出版社,2013年。

钟实物的研究部分，编钟排列的相关研究则涉及律制的转变。编钟的由兴及衰在一定程度上也代表着先秦乐文化的兴衰，及音乐世俗化的兴起。

以上是对部分先秦乐论研究的简单介绍，有助于我们快速了解学界相关议题研究的现状。

附录二　郑玄注《礼记正义·乐记》分篇
（附《史记·乐书》辑《乐记》佚文及其他）[①]

乐本篇

凡音之起，由人心生也。人心之动，物使之然也。感于物而动，故形于声。声相应，故生变，变成方，谓之音。比音而乐之，及干戚、羽旄，谓之乐。

乐者，音之所由生也，其本在人心之感于物也。是故其哀心感者，其声噍以杀。其乐心感者，其声啴以缓。其喜心感者，其声发以散。其怒心感者，其声粗以厉。其敬心感者，其声直以廉。其爱心感者，其声和以柔。六者，非性也，感于物而后动。

是故先王慎所以感之者。故礼以道其志，乐以和其声，政以一其行，刑以防其奸。礼、乐、刑、政，其极一也，所以同民心而出治道也。

凡音者，生人心者也。情动于中，故形于声。声成文，谓之音。是故治世之音，安以乐，其政和。乱世之音，怨以怒，其政乖。亡国之音，哀以思，其民困。声音之道，与政通矣。

宫为君，商为臣，角为民，徵为事，羽为物。五者不乱，则

[①] 本附录为正文讨论篇目引用之方便，不涉及佚文考证。另，《礼记·乐记》与《史记·乐书》的文本差异在正文讨论中会有说明。

无怗懘之音矣。宫乱则荒，其君骄。商乱则陂，其官坏。角乱则忧，其民怨。徵乱则哀，其事勤。羽乱则危，其财匮。五者皆乱，迭相陵，谓之慢。如此，则国之灭亡无日矣。

郑、卫之音，乱世之音也，比于慢矣。桑间、濮上之音，亡国之音也，其政散，其民流，诬上行私而不可止也。

凡音者，生于人心者也。乐者，通伦理者也。是故知声而不知音者，禽兽是也。知音而不知乐者，众庶是也。唯君子为能知乐。是故审声以知音，审音以知乐，审乐以知政，而治道备矣。是故不知声者，不可与言音。不知音者，不可与言乐。知乐，则几于礼矣。礼乐皆得，谓之有德。德者得也。是故乐之隆，非极音也。食飨之礼，非致味也。清庙之瑟，朱弦而疏越，壹倡而三叹，有遗音者矣。大飨之礼，尚玄酒而俎腥鱼。大羹不和，有遗味者矣。是故先王之制礼乐也，非以极口腹耳目之欲也，将以教民平好恶而反人道之正也。

人生而静，天之性也。感于物而动，性之欲也。物至知知，然后好恶形焉。好恶无节于内，知诱于外，不能反躬，天理灭矣。夫物之感人无穷，而人之好恶无节，则是物至而人化物也。人化物也者，灭天理而穷人欲者也。于是有悖逆诈伪之心，有淫泆作乱之事。是故强者胁弱，众者暴寡，知者诈愚，勇者苦怯，疾病不养，老幼孤独不得其所，此大乱之道也。

是故先王之制礼乐，人为之节。衰麻哭泣，所以节丧纪也。钟鼓干戚，所以和安乐也。昏姻冠笄，所以别男女也。射、乡食飨，所以正交接也。礼节民心，乐和民声，政以行之，刑以防之。礼、乐、刑、政，四达而不悖，则王道备矣。

乐论篇

乐者为同，礼者为异。同则相亲，异则相敬。乐胜则流，礼胜则离。合情饰貌者，礼乐之事也。礼义立，则贵贱等矣。乐文同，则上下和矣，好恶著，则贤不肖别矣。刑禁暴，爵举贤，则政均矣。仁以爱之，义以正之，如此，则民治行矣。

乐由中出，礼自外作。乐由中出，故静。礼自外作，故文。大乐必易，大礼必简。乐至则无怨，礼至则不争。揖让而治天下者，礼乐之谓也。暴民不作，诸侯宾服，兵革不试，五刑不用，百姓无患，天子不怒，如此，则乐达矣。合父子之亲，明长幼之序，以敬四海之内，天子如此，则礼行矣。

大乐与天地同和，大礼与天地同节。和，故百物不失；节，故祀天祭地。明则有礼乐，幽则有鬼神。如此，则四海之内，合敬同爱矣。礼者，殊事合敬者也。乐者，异文合爱者也。礼乐之情同，故明王以相沿也。故事与时并，名与功偕。

故钟鼓管磬，羽籥干戚，乐之器也。屈伸俯仰，缀兆舒疾，乐之文也。簠簋俎豆，制度文章，礼之器也。升降上下，周还裼袭，礼之文也。故知礼乐之情者能作，识礼乐之文者能述。作者之谓圣，述者之谓明。明圣者，述作之谓也。

乐者，天地之和也。礼者，天地之序也。和故百物皆化，序故群物皆别。乐由天作，礼以地制。过制则乱，过作则暴。明于天地，然后能兴礼乐也。

论伦无患，乐之情也。欣喜欢爱，乐之官也。中正无邪，礼之质也。庄敬恭顺，礼之制也。若夫礼乐之施于金石，越于声音，用于宗庙社稷，事乎山川鬼神，则此所与民同也。

乐礼篇（3、5）[①]

王者功成作乐，治定制礼。其功大者其乐备，其治辩者其礼具。干戚之舞，非备乐也。孰亨而祀，非达礼也。五帝殊时，不相沿乐。三王异世，不相袭礼。乐极则忧，礼粗则偏矣。及夫敦乐而无忧，礼备而不偏者，其唯大圣乎。

天高地下，万物散殊，而礼制行矣。流而不息，合同而化，而乐兴焉。春作夏长，仁也。秋敛冬藏，义也。仁近于乐，义近于礼。乐者敦和，率神而从天。礼者别宜，居鬼而从地。故圣人作乐以应天，制礼以配地。礼乐明备，天地官矣。天尊地卑，君臣定矣。卑高已陈，贵贱位矣。动静有常，小大殊矣。方以类聚，物以群分，则性命不同矣。在天成象，在地成形，如此，则礼者，天地之别也。地气上齐，天气下降，阴阳相摩，天地相荡，鼓之以雷霆，奋之以风雨，动之以四时，暖之以日月，而百化兴焉。如此，则乐者，天地之和也。化不时则不生，男女无辨则乱升，天地之情也。

及夫礼乐之极乎天而蟠乎地，行乎阴阳而通乎鬼神，穷高极远而测深厚。乐着大始，而礼居成物。著不息者，天也。著不动者，地也。一动一静者，天地之间也。故圣人曰"礼乐"云。

[①] 数字为《礼记·乐记》与《史记·乐书》辑录文段顺序之差异，此段在《礼记·乐记》中为第三节，而在《史记·乐书》中为第五节，下同。

乐施篇（4、3）

昔者，舜作五弦之琴以歌《南风》，夔始制乐以赏诸侯。故天子之为乐也，以赏诸侯之有德者也。德盛而教尊，五谷时熟，然后赏之以乐。故其治民劳者，其舞行缀远。其治民逸者，其舞行缀短。

故观其舞，知其德，闻其谥，知其行也。《大章》，章之也。《咸池》，备矣。《韶》，继也。《夏》，大也。殷、周之乐尽矣。

天地之道，寒暑不时则疾，风雨不节则饥。教者，民之寒暑也，教不时则伤世。事者，民之风雨也，事不节则无功。然则先王之为乐也，以法治也，善则行象德矣。

夫豢豕为酒，非以为祸也，而狱讼益繁，则酒之流生祸也。是故先王因为酒礼。壹献之礼，宾主百拜，终日饮酒而不得醉焉，此先王之所以备酒祸也。故酒食者，所以合欢也。乐者，所以象德也。礼者，所以缀淫也。是故先王有大事，必有礼以哀之。有大福，必有礼以乐之。哀乐之分，皆以礼终。乐也者，圣人之所乐也，而可以善民心。其感人深，其移风易俗，故先王著其教焉。

乐言篇

夫民有血气心知之性，而无哀乐喜怒之常，应感起物而动，然后心术形焉。是故志微、噍杀之音作，而民思忧。啴谐、慢易、繁文、简节之音作，而民康乐。粗厉、猛起、奋末、广贲之音作，而民刚毅。廉直、劲正、庄诚之音作，而民肃敬。宽裕、肉好、顺成、和动之音作，而民慈爱。流辟、邪散、狄成、涤滥之音作，而民淫乱。

是故先王本之情性，稽之度数，制之礼义，合生气之和，道五常之行，使之阳而不散，阴而不密，刚气不怒，柔气不慑，四畅交于中，而发作于外，皆安其位，而不相夺也。然后立之学等，广其节奏，省其文采，以绳德厚，律小大之称，比终始之序，以象事行，使亲疏、贵贱，长幼、男女之理，皆形见于乐，故曰："乐观其深矣。"

土敝则草木不长，水烦则鱼鳖不大，气衰则生物不遂，世乱则礼慝而乐淫。是故其声哀而不庄，乐而不安，慢易以犯节，流湎以忘本。广则容奸，狭则思欲。感条畅之气，而灭平和之德。是以君子贱之也。

乐象篇

凡奸声感人，而逆气应之。逆气成象，而淫乐兴焉。正声感人，而顺气应之。顺气成象，而和乐兴焉。倡和有应，回邪曲直，各归其分，而万物之理，各以其类相动也。是故君子反情以和其志，比类以成其行。奸声乱色，不留聪明；淫乐慝礼，不接心术；惰慢邪辟之气，不设于身体。使耳、目、鼻、口、心知、百体，皆由顺正，以行其义。

然后发以声音，而文以琴瑟，动以干戚，饰以羽旄，从以箫管。奋至德之光，动四气之和，以著万物之理。是故清明象天，广大象地，终始象四时，周还象风雨。五色成文而不乱，八风从律而不奸，百度得数而有常。小大相成，终始相生，倡和清浊，迭相为经。故乐行而伦清，耳目聪明，血气和平，移风易俗，天下皆宁。

故曰：乐者，乐也。君子乐得其道，小人乐得其欲。以道制欲，则乐而不乱；以欲忘道，则惑而不乐。

是故君子反情以和其志，广乐以成其教。乐行而民乡方，可以观德矣。德者，性之端也。乐者，德之华也。金石丝竹，乐之器也。诗，言其志也。歌，咏其声也。舞，动其容也。三者本于心，然后乐器从之。是故情深而文明，气盛而化神，和顺积中，而英华发外，唯乐不可以为伪。

乐者，心之动也。声者，乐之象也。文采节奏，声之饰也。君子动其本，乐其象，然后治其饰。是故先鼓以警戒，三步以见方，再始以著往，复乱以饬归。奋疾而不拔，极幽而不隐。独乐其志，不厌其道，备举其道，不私其欲。是故情见而义立，乐终而德尊，君子以好善，小人以听过。故曰：生民之道，乐为大焉。

乐也者，施也。礼也者，报也。乐，乐其所自生，而礼，反其所自始。乐章德，礼报情，反始也。

所谓大辂者，天子之车也。龙旗九旒，天子之旌也。青黑缘者，天子之宝龟也。从之以牛羊之群，则所以赠诸侯也。

乐情篇

乐也者，情之不可变者也。礼也者，理之不可易者也。乐统同，礼辨异。礼乐之说，管乎人情矣。

穷本知变，乐之情也。著诚去伪，礼之经也。礼乐偩天地之情，达神明之德，降兴上下之神，而凝是精粗之体，领父子君臣之节。

是故大人举礼乐，则天地将为昭焉。天地欣合，阴阳相得，煦妪覆育万物，然后草木茂，区萌达，羽翼奋，角骼生，蛰虫昭苏，羽者妪伏，毛者孕鬻，胎生者不殰，而卵生者不殈，则乐之道归焉耳。

乐者，非谓黄钟、大吕、弦歌、干扬也，乐之末节也，故童者舞之。铺筵席，陈尊俎，列笾豆，以升降为礼者，礼之末节也，故有司掌之。乐师辨乎声诗，故北面而弦。宗祝辨乎宗庙之礼，故后尸。商祝辨乎丧礼，故后主人。是故德成而上，艺成而下，行成而先，事成而后。是故先王有上有下，有先有后，然后可以有制于天下也。

魏文侯篇

魏文侯问于子夏曰："吾端冕而听古乐，则唯恐卧。听郑卫之音，则不知倦。敢问：古乐之如彼，何也？新乐之如此，何也？"

子夏对曰："今夫古乐，进旅退旅，和正以广，弦匏笙簧，会守拊鼓。始奏以文，复乱以武。治乱以相，讯疾以雅。君子于是语，于是道古。修身及家，平均天下。此古乐之发也。"

"今夫新乐，进俯退俯，奸声以滥，溺而不止，及优、侏儒，糅杂子女，不知父子。乐终，不可以语，不可以道古。此新乐之发也。今君之所问者乐也，所好者音也。夫乐者，与音相近而不同。"

文侯曰："敢问何如？"

子夏对曰："夫古者天地顺而四时当，民有德而五谷昌，疾疢不作而无妖祥，此之谓大当。然后圣人作为父子君臣，以为纪纲。纪纲既正，天下大定。天下大定，然后正六律，和五声，弦歌《诗》《颂》，此之谓德音，德音之谓乐。《诗》云：'莫其德音，其德克明。克明克类，克长克君。王此大邦，克顺克俾。俾于文王，其德靡悔。既受帝祉，施于孙子。'此之谓也。今君之所好者，其溺音乎？"

文侯曰："敢问溺音何从出也？"子夏对曰："郑音好滥淫志，宋音燕女溺志，卫音趋数烦志，齐音敖辟乔志。此四者，皆淫于色而害于德，是以祭祀弗用也。《诗》云：'肃雍和鸣，先祖是听。'夫肃，肃敬也。雍，雍和也。夫敬以和，何事不行？为人君者，谨其所好恶而已矣。君好之，则臣为之。上行之，则民从之。《诗》云：'诱民孔易。'此之谓也。然后圣人作为鼗、鼓、椌、楬、埙、篪。此六者，德音之音也。然后钟、磬、竽、瑟以和之，干、戚、旄、狄以舞之，此所以祭先王之庙也，所以献、酬、酳、酢也，所以官序贵贱各得其宜也，所以示后世有尊卑长幼之序也。钟声铿，铿以立号，号以立横，横以立武。君子听钟声，则思武臣。石声磬，磬以立辨，辨以致死。君子听磬声，则思死封疆之臣。丝声哀，哀以立廉，廉以立志。君子听琴瑟之声，则思志义之臣。竹声滥，滥以立会，会以聚众。君子听竽、笙、箫、管之声，则思畜聚之臣。鼓鼙之声讙，讙以立动，动以进众。君子听鼓鼙之声，则思将帅之臣。君子之听音，非听其铿枪而已也，彼亦有所合之也。"

宾牟贾篇

宾牟贾侍坐于孔子，孔子与之言，及乐，曰："夫《武》之备戒之已久，何也？"对曰："病不得众也。"

"咏叹之，淫液之，何也？"对曰："恐不逮事也。"

"发扬蹈厉之已蚤，何也？"对曰："及时事也。"

"《武》坐，致右宪左，何也？"对曰："非《武》坐也。"

"声淫及商，何也？"对曰："非《武》音也。"

子曰："若非《武》音，则何音也？"对曰："有司失其传也。

若非有司失其传,则武王之志荒矣。"子曰:"唯!丘之闻诸苌弘,亦若吾子之言是也。"

宾牟贾起,免席而请曰:"夫《武》之备戒之已久,则既闻命矣,敢问迟之迟而又久,何也?"

子曰:"居!吾语汝。夫乐者,象成者也;总干而山立,武王之事也。发扬蹈厉,大公之志也。《武》乱皆坐,周、召之治也。且夫《武》,始而北出,再成而灭商,三成而南,四成而南国是疆,五成而分周公左、召公右,六成复缀以崇。天子夹振之而驷伐,盛威于中国也。分夹而进,事早济也。久立于缀,以待诸侯之至也。且女独未闻牧野之语乎?武王克殷反商,未及下车而封黄帝之后于蓟,封帝尧之后于祝,封帝舜之后于陈,下车而封夏后氏之后于杞,投殷之后于宋,封王子比干之墓,释箕子之囚,使之行商容而复其位。庶民弛政,庶士倍禄。济河而西,马散之华山之阳而弗复乘;牛散之桃林之野而弗复服,车甲衅而藏之府库而弗复用,倒载干戈,包之以虎皮,将帅之士,使为诸侯,名之曰'建櫜',然后知武王之不复用兵也。散军而郊射,左射《狸首》,右射《驺虞》,而贯革之射息也。裨冕搢笏,而虎贲之士说剑也。祀乎明堂而民知孝。朝觐,然后诸侯知所以臣,耕藉,然后诸侯知所以敬。五者,天下之大教也。食三老、五更于大学,天子袒而割牲,执酱而馈,执爵而酳,冕而总干,所以教诸侯之弟也。若此则周道四达,礼乐交通。则夫《武》之迟久,不亦宜乎!"

乐化篇

君子曰：礼乐不可斯须去身。致乐以治心，则易、直、子、谅之心油然生矣。易、直、子、谅之心生则乐，乐则安，安则久，久则天，天则神。天则不言而信，神则不怒而威，致乐以治心者也。致礼以治躬，则庄敬，庄敬则严威。心中斯须不和不乐，而鄙诈之心入之矣。外貌斯须不庄不敬，而易慢之心入之矣。

故乐也者，动于内者也。礼也者，动于外者也。乐极和，礼极顺，内和而外顺，则民瞻其颜色而弗与争也，望其容貌而民不生易慢焉。故德辉动于内，而民莫不承听。理发诸外，而民莫不承顺。故曰：致礼乐之道，举而错之天下，无难矣。

乐也者，动于内者也。礼也者，动于外者也。故礼主其减，乐主其盈。礼减而进，以进为文。乐盈而反，以反为文。礼减而不进则销，乐盈而不反则放，故礼有报而乐有反。礼得其报则乐，乐得其反则安。礼之报，乐之反，其义一也。

夫乐者，乐也，人情之所不能免也。乐必发于声音，形于动静，人之道也。声音动静，性术之变，尽于此矣。故人不耐无乐，乐不耐无形。形而不为道，不耐无乱。先王耻其乱，故制《雅》、《颂》之声以道之，使其声足乐而不流，使其文足论而不息，使其曲直、繁瘠、廉肉、节奏，足以感动人之善心而已矣，不使放心邪气得接焉。是先王立乐之方也。

是故乐在宗庙之中，君臣上下同听之，则莫不和敬；在族长乡里之中，长幼同听之，则莫不和顺；在闺门之内，父子兄弟同听之，则莫不和亲。故乐者，审一以定和，比物以饰节，节奏合以成文。所以合和父子君臣，附亲万民也。是先王立乐之方也。

故听其《雅》、《颂》之声，志意得广焉；执其干戚，习其俯仰诎伸，容貌得庄焉；行其缀兆，要其节奏，行列得正焉，进退得齐焉。故乐者天地之命，中和之纪，人情之所不能免也。夫乐者，先王之所以饰喜也。军、旅、铁、钺者，先王之所以饰怒也。故先王之喜怒，皆得其侪焉。喜则天下和之，怒则暴乱者畏之。先王之道，礼乐可谓盛矣。

师乙篇

子贡见师乙而问焉，曰："赐闻声歌各有宜也，如赐者宜何歌也？"师乙曰："乙，贱工也，何足以问所宜？请诵其所闻，而吾子自执焉。宽而静、柔而正者宜歌《颂》。广大而静、疏达而信者宜歌《大雅》。恭俭而好礼者宜歌《小雅》。正直而静、廉而谦者宜歌《风》。肆直而慈爱者宜歌《商》。温良而能断者宜歌《齐》。夫歌者，直己而陈德也。动己而天地应焉，四时和焉，星辰理焉，万物育焉。

故《商》者，五帝之遗声也。商人识之，故谓之《商》。《齐》者，三代之遗声也，齐人识之，故谓之《齐》。明乎商之音者，临事而屡断；明乎齐之音者，见利而让。临事而屡断，勇也。见利而让，义也。有勇有义，非歌孰能保此？故歌者上如抗，下如队，曲如折，止如槁木，倨中矩，句中钩，累累乎端如贯珠。故歌之为言也，长言之也。说之，故言之；言之不足，故长言之；长言之不足，故嗟叹之；嗟叹之不足，故不知手之舞之，足之蹈之也。"子贡问乐。

奏乐篇（《史记·乐书》）

凡音由于人心，天之与人有以相通，如景之象形，响之应声。故为善者天报之以福，为恶者天与之以殃，其自然者也。

故舜弹五弦之琴，歌《南风》之诗而天下治；纣为朝歌北鄙之音，身死国亡。舜之道何弘也？纣之道何隘也？夫《南风》之诗者生长之音也，舜乐好之，乐与天地同意，得万国之欢心，故天下治也。夫朝歌者不时也，北者败也，鄙者陋也，纣乐好之，与万国殊心，诸侯不附，百姓不亲，天下畔之，故身死国亡。

而卫灵公之时，将之晋，至于濮水之上舍。夜半时闻鼓琴声，问左右，皆对曰"不闻"。乃召师涓曰："吾闻鼓琴音，问左右，皆不闻。其状似鬼神，为我听而写之。"师涓曰："诺。"因端坐援琴，听而写之。明日，曰："臣得之矣，然未习也，请宿习之。"灵公曰："可。"因复宿。明日，报曰："习矣。"即去之晋，见晋平公。平公置酒于施惠之台。酒酣，灵公曰："今者来，闻新声，请奏之。"平公曰："可。"即令师涓坐师旷旁，援琴鼓之。未终，师旷抚而止之曰："此亡国之声也，不可遂。"平公曰："何道出？"师旷曰："师延所作也。与纣为靡靡之乐，武王伐纣，师延东走，自投濮水之中，故闻此声必于濮水之上，先闻此声者国削。"平公曰："寡人所好者音也，愿遂闻之。"师涓鼓而终之。平公曰："音无此最悲乎？"师旷曰："有。"平公曰："可得闻乎？"师旷曰："君德义薄，不可以听之。"平公曰："寡人所好者音也，愿闻之。"师旷不得已，援琴而鼓之。一奏之，有玄鹤二八集乎廊门；再奏之，延颈而鸣，舒翼而舞。平公大喜，起而为师旷寿。反坐，问曰："音无此最悲乎？"师旷曰："有。昔者黄帝以大合鬼神，今君德义薄，不足以听之,听之将败。"平公曰:"寡人老矣,所好者音也,愿遂闻之。"师旷不得已,援琴而鼓之。一奏之,有白云从西北起;再奏之,大风至而雨随之,飞廊瓦,左右皆奔走。平公恐惧,伏于廊屋之间。晋国大旱,赤地三年。

听者或吉或凶。夫乐不可妄兴也。

乐义(器)篇

太史公曰:夫上古明王举乐者,非以娱心自乐,快意恣欲,将欲为治也。正教者皆始于音,音正而行正。故音乐者,所以动荡血脉,通流精神而和正心也。故宫动脾而和正圣,商动肺而和正义,角动肝而和正仁,徵动心而和正礼,羽动肾而和正智。故乐所以内辅正心而外异贵贱也;上以事宗庙,下以变化黎庶也。琴长八尺一寸,正度也。弦大者为宫,而居中央,君也。商张右傍,其余大小相次,不失其次序,则君臣之位正矣。故闻宫音,使人温舒而广大;闻商音,使人方正而好义;闻角音,使人恻隐而爱人;闻徵音,使人乐善而好施;闻羽音,使人整齐而好礼。夫礼由外入,乐自内出。故君子不可须臾离礼,须臾离礼则暴慢之行穷外;不可须臾离乐,须臾离乐则奸邪之行穷内。故乐音者,君子之所养义也。夫古者,天子诸侯听钟磬未尝离于庭,卿大夫听琴瑟之音未尝离于前,所以养行义而防淫佚也。夫淫佚生于无礼,故圣王使人耳闻雅颂之音,目视威仪之礼,足行恭敬之容,口言仁义之道。故君子终日言而邪辟无由入也。

孔子学琴[①]

孔子学琴于师襄子。襄子曰:"吾虽以击磬为官,然能于琴。今子于琴已习,可以益矣。"孔子曰:"丘未得其数也。"有间,曰:"已习其数,可以益矣。"孔子曰:"丘未得其志也。"有间,曰:"已习其志,可以益矣。"孔子曰:"丘未得其为人也。"有间,孔子有所缪然思焉,有所睪然高望而远眺,曰:"丘迨得其为人矣。黬而黑,颀然长,旷如望羊,奄有四方,非文王,其孰能为此?"师襄子避席,垂拱而对曰:"君子圣人也,其传曰《文王操》。"

子路鼓瑟

子路鼓瑟,孔子闻之,谓冉有曰:"甚矣由之不才也。夫先王之制音也,奏中声以为节,入于南,不归于北。夫南者,生育之乡,北者,杀伐之城。故君子之音,温柔居中,以养生育之气。忧愁之感,不加于心;暴厉之动,不在于体也。夫然者,乃所谓治安之风也。小人之音则不然,亢厉微末,以象杀伐之气;中和之感,不载于心;温和之动,不存于体。夫然者,乃所以为乱之风。昔者舜弹五弦之琴,造《南风》之诗,其诗曰:'南风之熏兮,可以解吾民之愠兮;南风之时兮,可以阜吾民之财兮。'唯修此化,故其兴也勃焉。德如泉流,至于今王公大人,述而弗忘。殷纣好为北鄙之声,其废也忽焉,至于今王公大人,举以为诫。夫舜起布衣,积德含和,而终以帝。纣为天子,荒淫暴乱,而终以亡。非各所修之致乎?今由也匹夫之徒,曾无意于先王之制,而习亡国之声,

---

[①] 以下两段为孔子与乐相关之事迹,因正文讨论引用之故,节录如下,出处见正文讨论。

岂能保其六七尺之体哉?"冉有以告子路。子路惧而自悔,静思不食,以至骨立。夫子曰:"过而能改,其进矣乎!"

参考文献

中文书籍：

班固著，颜师古注：《汉书》，北京：中华书局，1983年。

北京大学《荀子》注释组：《荀子新注》，北京：中华书局，1979年。

陈来：《古代思想文化的世界》，北京：生活·读书·新知三联书店，2009年。

陈立疏证，吴则虞点校：《白虎通疏证》，北京：中华书局，1994年。

陈少明：《经典世界中的人、事、物》，上海：上海三联书店，2008年。

陈士珂辑：《孔子家语疏证》，上海：上海书店，1984年，

陈戍国点校：《周礼·仪礼·礼记》，长沙：岳麓书社，2006年。

陈昭英：《儒家美学与经典诠释》，台北：台湾大学出版中心，2005年。

程贞一：《黄钟大吕——中国古代和十六世纪的声学成就》，上海：上海科技教育出版社，2007年。

丁绵孙：《中国古代天文历法基础知识》，天津：天津古籍出版社，1989年。

杜预注，孔颖达疏：《春秋左传注疏》，北京：北京大学出版社，2000年。

范晔撰，李贤等注：《后汉书》，北京：中华书局，2001年版。

龚建平：《意义的生成与实现——〈礼记〉哲学思想》，北京：商务印书馆，2005年。

郭齐家：《中国古代学校》，北京：商务印书馆，1998年。

郭齐勇主编：《儒家文化研究》（《礼学研究专号》），上海：上海三联书店，

2010年。

《国语逐字索引》，香港：香港中文大学中国文化研究所、商务印书馆，1999年。

汉语大字典编辑委员会：《汉语大字典》，成都：四川辞书出版社、武汉：湖北辞书出版社，1986年。

韩钟恩：《音乐意义的形而上显现并及意向存在的可能性研究（增订版）》，上海：上海音乐学院出版社，2012年。

何晏注，邢昺疏：《论语注疏》，北京：北京大学出版社，2000年。

吉联抗：《春秋战国音乐史料》，上海：上海文艺出版社，1980年。

吉联抗：《孔子、孟子、荀子乐论》，北京：人民音乐出版社，1983年。

吉联抗：《两汉论乐文字辑译》，北京：人民音乐出版社，1980年。

吉联抗：《吕氏春秋中的音乐史料》，上海：上海文艺出版社，1978年。

吉联抗：《秦汉音乐史料》，上海：上海文艺出版社，1981年。

基维（Peter Kivy）、刘洪、杨燕迪：《音乐哲学导论：一家之言》，上海：华东师范大学出版社，2012年。

贾海生：《周代礼乐文明实证》，北京：中华书局，2010年。

蒋孔阳：《先秦音乐美学思想论稿》，北京：人民文学出版社，1986年。

江文也：《孔子的乐论》，台北：台湾大学出版中心，2004年。

孔安国传，孔颖达疏：《尚书正义》，北京：北京大学出版社，2000年。

黎国韬：《先秦至两宋乐官制度研究》，广州：广东人民出版社，2009年。

李纯一：《先秦音乐史》，北京：人民音乐出版社，1994年。

李纯一：《中国上古出土乐器综论》，北京：文物出版社，1996年。

李零：《郭店楚简校读记》，北京：中国人民大学出版社，2007年。

李泽厚：《美的历程》，北京：中国社会科学出版社，1984年。

李泽厚、刘纲纪：《中国美学史》，安徽：安徽文艺出版社，1999年。

陆玖：《吕氏春秋》，北京：中华书局，2011年。

马宗荣：《中国古代教育史》，贵阳：文通书局，1942年。

牟宗三：《心体与性体（第一册）》，台北：正中书局，1990年。

牟宗三：《中国哲学十九讲》，台北：台湾学生书局，2002年。

欧阳修、宋祁撰：《新唐书》，北京：中华书局，1975年。

彭松：《中国舞蹈史（秦、汉、魏、晋、南北朝部分）》，北京：文化艺术出版社，1984年。

钱玄、钱兴奇编著：《三礼辞典》，南京：江苏古籍出版社，1998年。

瑞德莱：《音乐哲学》，王德峰、夏巍、李宏昀译，上海：上海人民出版社，2007年。

司马迁：《史记》，北京：中华书局，1982年。

孙希旦撰，沈啸寰、王星贤点校：《礼记集解》，北京：中华书局，1989年。

唐君毅：《生命存在与心灵境界》，台北：台湾学生书局，1977年。

唐君毅：《中国哲学原论（原道篇）》，台北：台湾学生书局，1993年。

文化部文学艺术研究院音乐研究所编：《中国古代乐论选辑》，北京：人民音乐出版社，1981年。

王菡：《〈礼记·乐记〉之道德形上学》，台北：文史哲出版社，2002年。

王克芬：《中国舞蹈发展史》，上海：上海人民出版社，2004年。

王阳明：《王阳明全集》，上海：上海古籍出版社，2006年。

王友华：《先秦编钟研究》，桂林：广西师范大学出版社，2013年。

王志民、黄新宪：《中国古代学校制度考略》，北京：首都师范大学出版社，1998年。

威廉·冯·洪堡：《论人类语言结构的差异及其对人类精神发展的影响》，姚小平译，北京：商务印书馆，1999年。

卫湜：《礼记集说》，扬州：广陵古籍刻印社，1996年。

魏徵等撰：《隋书》，北京：中华书局，1973年。

伍康妮：《春秋战国时代儒、墨、道三家在音乐思想上的斗争》，北京：音乐出版社，1960年。

吴南熏：《律学会通》，北京：科学出版社，1964年。

许慎：《说文解字》，香港：中华书局，2000年。

许兆昌：《先秦乐文化考论》，哈尔滨：黑龙江人民出版社，2010年。

徐复观：《中国艺术精神》，上海：华东师范大学出版社，2001年。

徐复观：《中国人性论史·先秦篇》，上海：上海三联书店，2001年。

薛宗明：《中国音乐史（乐器篇）》，台北：台湾商务印书馆，1983年。

薛永武：《〈礼记·乐记〉研究》，北京：光明日报出版社，2010年。

杨伯峻：《春秋左传注》，北京：中华书局，1990年。

杨天宇：《礼记译注》，上海：上海古籍出版社，2004年。

杨华：《先秦礼乐文化》，武汉：湖北教育出版社，1997年。

于润洋：《现代西方音乐哲学导论》，长沙：湖南教育出版社，2002年。

杨荫浏：《中国音乐史纲》，台北：学艺出版社，1980年。

乐声：《四种常用乐器的制作》，北京：人民音乐出版社，1975年。

乐黛云：《跨文化之桥》，北京：北京大学出版社，2002年。

郑玄注，孔颖达疏：《礼记正义》，北京：北京大学出版社，2000年。

朱熹：《四书章句集注》，北京：中华书局，1983年。

朱熹：《朱子全书》，上海：上海古籍出版社、合肥：安徽教育出版社，2002年。

张岱年：《中国伦理思想研究》，江苏：江苏教育出版社，2005年。

周敦颐撰，徐洪兴导读：《周子通书》，上海：上海古籍出版社，2000年。

中国人民解放军一五五三部队特务连理论组、中央五七艺术大学音乐学院理论组：《商鞅、荀况、韩非音乐论述评注》，北京：人民音乐出版社，1975年。

《中国大百科全书·心理学》，北京：中国大百科全书出版社，1991年。

郑玄注，贾公彦疏：《周礼注疏》，北京：北京大学出版社，2000年。

中文论文（部分）：

陈鼓应：《先秦道家之礼观》，《汉学研究》（台北）2000 年第 1 期。

郭齐勇：《郭店楚简身心观发微》，《郭店楚简国际学术研讨会论文集》，湖北：湖北人民出版社，2000 年。

刘心明：《〈礼记·乐记〉作于公孙尼子说辨误》，《山东大学学报》2002 年第 1 期。

林桂榛、王虹霞：《"乐"字形、字义综考》，《音乐与表演》2014 年第 3 期。

李濂：《礼乐一元论》，《清华学报》1936 年第 1 期。

林明昌：《孔子鼓瑟不弹琴考——由琴瑟兴替论儒道音乐美学》，第十六届欧洲汉学会议（2006 年）会议论文。

孙星群：《一派"乐"观的反映——非乐说与反对音乐说》，《艺术学》2000 年第 1、2 期。

王祎：《〈礼记·乐记〉研究论稿》，暨南大学博士学位论文，2009 年 6 月。

薛永武：《人乐与天地同和——论〈乐记〉天人相谐的和合神髓》，《理论学刊》2006 年第 1 期。

薛永武：《从先秦古籍通例谈〈乐记〉的作者》，《文学遗产》2005 年第 6 期。

杨振良：《〈礼记·乐记〉音乐观初探》，台湾花莲师范学院，八十学年度师范学院教育学术论文。

乐胜奎：《郭简乐论及其主旨》，《中国哲学史》2001 年第 3 期。

赵永恒、王先胜：《黄帝年代之历法钩沉》，《科学》（上海）2005 年第 5 期。

外文文献：

横田庄一郎：《富永仲基の"楽律考"：儒教と音楽について》，东京都：朔北社，2006 年。

Andrew Bowie, ed., *Music, Philosophy, and Modernity*, London: Cambridge

University Press, 2007.

Constantijn Koopman, Stephen Davies, "Musical Meaning in a Broader Perspective", *Journal of Aesthetics and Art Criticism*, 59, 2001.

Fritz Kornfeld, *Die Tonale Struktur Chinesischer Musik*, Druck: St. Gabriel-Verlag, 1955.

Gabriel Marcel, ed., *Music and Philosophy*, Milwaukee: Marquette University Press, 2005.

James O. Young, *Critique of Pure Music*, New York: Oxford University Press, 2014.

Jerrold Levinson, ed., *Philosophy and Music*, Maryland: University of Maryland-College Park, 2009.

Jia Chen, *How Can One Be Perfected by Music?— Contemporary Educational Significance of Chinese Pre-Qin Confucian Thought on Yue Jiao (Music Education)*, Submitted in partial fulfillment of the requirements for the degree of Doctor of Philosophy in Educational Policy Studies in the Graduate College of the University of Illinois at Urbana-Champaign, 2012.

Leonard B.Meyer, *Emotion and Meaning in Music*, London: The University of Chicago Press, 2015.

Macdonald Critchley, R. A. Henson, ed., *Music and The Brain: Studies in the Neurology of Music*, Southampton: The Camelot Press, 1980.

Manfred Clynes, ed., *Music, Mind, and Brain: The Neuropsychology of Music*, New York: Plenum Press, 1983.

Patrik N. Juslin, John A.Sloboda, ed., *Handbook of Music and Emotion: Theory, Research, Applications*, London: Oxford Press, 2012.

Patrik N. Juslin, Daniel Västfjäll, " Emotional Responses to Music: The Need to Consider Underlying Mechanisms", *Behavioral and Brain Sciences*, 31, 2008.

Park So Jeong, "Musical Thought in the Zhuangzi: A Criticism of the

Confucian Discourse on Ritual and Music", *Journal of Dao*, 12, 2013.

R. A. Sharp, *Philosophy of Music: An Introduction*, Bucks: Acumen, 2004.

Richard Parncutt, *Harmony: A Psychoacoustical Approach*, Berlin: Springer-Verlag, 1989.

Roger Scruton, "Rhythm, Melody, and Harmony", *The Routledge Companion to Philosophy and Music*, New York: Routledge, 2011.

Shun-ran Wang, "On Confucian Appreciation of Drama: Reading of the Record of Music", Singapore: Music and Philosophy in Early China (Conference, Nov 27th 2015).

Song Hye-jin, "Confucian ritual music of Korea: tribute to Confucius and royal ancestors", Seoul: Korea Foundation, 2008.

Theodor W. Adorno, Robert Hullot-Kentor,ed., *Philosophy of New Music*, Minnesota: University of Minnesota Press, 2006.

Timothy Richard, ed., *A Paper on Chinese Music*, Shanghai: Shanghai Literary and Debating Society, 1899.

Walter Kaufman, *Musical References in the Chinese Classics*, Detroit: Information Coordinators, 1976.

William Pole, *The Philosophy of Music*, New York: Harcourt, Brace & Company, Inc., 1924.

Yuhwen Wang, "The Ethical Power of Music: Ancient Greek and Chinese Thoughts", *Journal of Aesthetic Education*, Vol. 38, No. 1, 2004.

后 记

我想，遗憾与感恩大概是出版后记应有的主题，前者是对正文最后一个句号的意犹未尽，后者是对全书数千个段落的浮想联翩。我也想从遗憾与感恩两面，讲讲与本书相关的、文字外的故事。

2015年，南洋理工大学（NTU）举办了一场主题为"乐：早期中国之音乐与哲学"（Music and Philosophy in Early China）的研讨会，与会学者十数人，主要是英语世界研究中国传统乐论的学者，我讲的是《儒家如何赏乐：以〈乐记〉为中心》（On Confucian Appreciation of Musical-Drama: Reading of *Yue Ji*）。与大多学者讲"音乐"（music）、讲"音乐性""旋律性"不同，我特别强调早期"乐"中艺术形式的多样性与其仪式表演近似戏剧的基本形态。茶歇时，普鸣（Michael Puett）教授开玩笑说我好像走错了会场。我知道这玩笑里有对我意见的批评，但我说，我经常有走错会场的感觉，我参加的、听说的关于"礼乐文明"的会议多半在讨论"礼"，这次来参加专门讨论"乐"的会议，大家又都在讨论音乐。此后我经常想，如果学界统计一个传统概念英译错位程度的榜单，那排名最高的一对应该不是"龙"和"dragon"，估计是"乐"和"music"。这种对译所隐藏的理解惯性很难调整,尽管我在写作、校对过程中,不断地提醒自己注意兼顾"乐"中多样的艺术形式、讲明仪式礼乐与戏剧的相似关系,但对类似舞蹈、诗颂等艺术形式的思考,很难像对音乐那样有着直接的意识。这样看,我论辩所关注的,与其说是"聊音乐问题"的专家意见,毋宁说是自身难以纠正的思维惯性。

这一思维惯性产生的根源,可能来自传统文献对"声""音""乐"概念的连用。像《乐记》这类乐论经典,多半是讲完"声"再讲"音"、讲"乐",这就让我们习惯了在"声""音"的概念脉络中去理解"乐"。比如,唐君毅先生在解释"礼乐关系"时说:

> 礼之中固恒有乐,乐恒连于诗。……又乐恒连于身体之动作而成舞,而舞亦当合于礼。……乐以音声之表现为主,而连于言。……体气之转动,显为声之高下,有一定之比例,而成乐音。乐音之相继,有节奏而相和,即成乐。声可表情,则音乐亦可表情。(《中国哲学原论(原道篇II)》)

唐先生对礼乐关系的解释很准确,也照顾到"乐"中不同艺术形式,并没有偏执于音乐。但这段引文中不同关联词的选择,很能体现出我前面所说的思维惯性。其后半段言"成",表现出"声""音""乐"概念之间紧密的承接脉络,而前半句用"恒连于",让人有一种由"再反思"而得来"应然"的间隔感。这种间隔感也代表着思考中容易产生的顿挫。

在这不易被察觉的"前见"中,不仅诗辞、舞蹈等艺术形式成为音乐的附庸，乐传统作为社会文化形态的丰富性，也被潜藏在"乐"的理论体系之下，不易被察觉。今年8月份，香港中文大学通识教育部举办了一场关于《论语》的经典研读会，我以新近刊布的《乐风》《五音图》和《798号楚墓竹简》等出土乐书的释读问题及其涉及的先秦知识体系为切入点，再次解释了先秦乐教的整体性与系统性。邓小虎教授随后提问说，荀子对"乐"的基本判断是"礼别异、乐和同"与"乐（yue）者，乐（le）也"，这两句又如何在先秦乐教的整体性中进行理解？按我的回应，"礼别异、乐和同"是在周公"制礼作乐，颁度量，而天下大服"（《礼记·明堂位》）所开启的周代政治文化情境中讲。周公以礼乐制度改革殷商宗法传统，要凝聚各邦国的政治与文化。在朝见典礼上，既有台上、台下位次尊卑的区分，也有"纳夷蛮之乐于大庙"的融合汇通。前者"别异"而后者"和同"，都具有情境的真实性。与此不同，"乐者，乐也"是从"乐"的理论内部讲，点出"乐"内在的、能感通"美""善"的内核。这样看，"礼别异、乐和同"偏重描述乐传统丰富的社会文化内涵，"乐者，乐也"则偏重说明"乐"理论中的重要问题。但也不难感觉到，面对大多的乐论文本，我们还是更习惯在理论脉络中、而不是在历史文化情境中去解读。比照我们读《论语》《孟子》时，愿意去面对情境、把握情境。我们去讨论孔门的"在陈绝粮"、分析孟告的"仁义之辩"，都会把理论问题情境化、现实化。可一到乐论文本，我们便恨不得将每一句话都去抽象地理解、理论性地构造。类似"礼别异、乐和同"这样的话，我们之所以倾向去讲它体现着"礼"与"乐"的本质区别，也是受到了"前见"难以规避的影响。

无论是思维的惯性，还是理论化的倾向，这些难以彻底清除的问题会在审读、修改书稿的过程中，时不时让我升起无能为力的遗憾。所幸这数年间，我尽力弥补思想、视域的局限，修正、精简文本的叙述，现在也基本表达了我能说的内容。何况，我所无力的遗憾，也是时候向诸位前贤、同仁请教，拙书的刊布势在必行。

拙书的出版，要感恩的太多，只讲封面就有很多故事。原本提交商务印书馆的书名是《先秦乐教研究》，成都分馆的刘玥妍总编辑说这个题目太普通，建议改作《先秦乐教：从德性生命到理想社会》，我觉得很好，从善如流。我请岳麓书院陈仁仁教授惠赐墨宝，他特意以简帛书体题写书名，这个字体尤其符合先秦乐教的"气质"。现在这个时代，阅读的渠道越来越多，买书有时候是一种审美的选择。什么样子最好，没有定论。但我觉得越简单的，越经得起潮流变换，于是就请责编帮忙沟通。这里得说一句，要是有人觉得封面不好看，是我的责任。

讲到感恩，拙书的写作离不开郭齐勇、郑宗义和杨儒宾三位先生的指导。郭齐勇、郑宗义两位先生分别是我硕士、博士阶段的授业恩师，对我的指导远不止于本书的写作。杨儒宾先生是我博士答辩委员会的主席，他早前就知道我的研究方向，在他几次访港的旅程中，专门找我谈论过先秦礼乐的问题，而我电邮呈寄给他的文章，他也会逐一给予指点。拙书请三位先生赐序，是给"小"书戴上"大"帽子。三位先生很照顾，都高兴地表示祝贺。郭师最早给我，还几次来信过问细节。疫情后，郭师身体不如从前，几番劳神修订让我诚惶诚恐。宗义师不久后也电邮寄来序文，有一次在港聚会，他和我说，序文虽只有千余字，他也用了一周时间完成。宗义师一直是个非常认真的人，答应的事情总是尽心力去完成，这也深刻地影响了我。杨先生寄来较晚，过了原来约定的时间。后来得知他刚刚当选院士，拨冗赐序殊为不易，也是对我的殷殷期望。

从武汉大学、香港中文大学，再到深圳大学，求学、工作，这一路得到了很多师友真诚的、不同方式的指点与帮扶，他们或许与本书的写作、出版没有直接的关系，不便在此罗列，但我内心一直深深感激。还有父母、妻女、家人，他们偶然表现出的、对我工作的好奇，已让我感到振奋、体会到"哲学"的用途。

王顺然

深圳大学六合苑

图书在版编目(CIP)数据

先秦乐教：从德性生命到理想社会 / 王顺然著．
—北京:商务印书馆,2024. — ISBN 978-7-100-24316-2
(2025.7重印)
Ⅰ. K892.9
中国国家版本馆CIP数据核字第2024RY1825号

权利保留,侵权必究。

先秦乐教
从德性生命到理想社会
王顺然　著

商　务　印　书　馆　出　版
(北京王府井大街36号　邮政编码100710)
商　务　印　书　馆　发　行
山 东 临 沂 新 华 印 刷 物 流
集 团 有 限 责 任 公 司 印 刷
ISBN 978-7-100-24316-2

2024年11月第1版　　开本889×1194 1/32
2025年 7月第2次印刷　　印张11
定价:78.00元